〔正誤表〕お詫びと訂正

『“グローバル”から“グローバル・アジア”の時代へ　アジアビジネス　成功への道』の記載内容に誤りがございました。

深くお詫びするとともに、下記の通り訂正いたします。

	誤	正
P18 6行目	日本は国際連合を脱退します。	日本は国際連盟を脱退します。
P53 16行目	2016年には合意されるようですが	2022年に発効しましたが

アジアビジネス

成功への道

グローバルから
グローバル・アジアの時代へ

平沢 健一
Kenichi Hirasawa

はじめに

アジアが大きく変わり始めています。

米国、欧州、中国の現地法人経営に20年間携わり、56ヵ国をビジネスで回ってきました。アジアを見て15年余り。主に中国が仕掛ける世界を視野に入れた大きな野望と、力をつけてきたアジアの国々の変貌。そして、その中で一歩間違えると退潮の波にさらされる恐れのある日本の内向き志向と、アジアで誤解されている日本の素晴らしさ。これらが今回、この本の出版を思い立った一番の理由です。

中国企業、中国人が一気に世界であふれ始め、英国の憧れの車ジャガーがインド企業に買収され、韓国のKポップやサムスン、LGのスマホやテレビがアジアを席巻し、フェラーリやハーレーダビッドソンがインドネシアで世界一売れているのを見るにつけ、時代の激しい変化を感じます。

これまで日本はアジアの一員にもかかわらず、その意識を持つ日本人が少なかったと思います。明治維新以来、富国強兵の旗印の下「脱亜入欧」のスローガンを掲げて西欧文化を一心不乱に取り入れてきたのが原因の一つです。戦後もこの風潮は変わらず、幸いにも近代化を成し遂げて世界有数の経済大国になりました。

そのためか相変わらず西欧に憧れ、アジアを上から目線でとらえる傾向が残っていることは残念でなりません。

しかしながら潮目は一気に変わってきました。世の中はまさに混沌《こんとん》の時代を迎えていますが、「21世紀はアジアの時代」が現実のものになり始めてきたのです。今こそ「脱欧入亜」＝「パックス・アジアーナ」の考えが必要だと思います。アジアの若者は目を輝かせ、喜々として国際化に突き進み始めています。アジアの経済発展には、アジアの人材が大きく育ち始め、自信がついてきたことが大きく影響しています。アジア企業がグローバル競争に割って入り、米国フォーチュン誌の「グローバル５００企業売上高（２０１４年）」で１３６社と急増しています。私が欧米で15年余り現地法人経営をして中国に入った20年前はわずか14社だったことを考えますと隔世の感があります。特に中国は突出しており、98社が入った一方、日本は１８０社から3分の1に激減しました。これからはさらに、中国企業とインド・ＡＳＥＡＮ企業が入ってくるはずです。

米国は常に世界のナンバーワンを目指すという強い自負があります。そして欧州は、その米国より自分たちが本流という意識を持っています。また中国や韓国はしたたかに世界の潮流を読んで、自分たちの立ち位置を変えてきています。インドは政治・経済でいよいよ全方位を目指して実利を取ろうとしてきています。アジアの人たちは植民地で苦しんできたことを糧に、ますます世界に飛び込み始めています。昨年末、ＡＳＥＡＮでＡＥＣ（ASEAN Economic Community）が誕生したのが良い事例です。

こうした世界の激しい潮流に対して、日本は厳しく自分たちを律して、力強い日本、日本企業、日本人をつくり出すための教育が今こそ欠かせません。また日本の力を知り抜き、それをアジアから世界へつないでいくという本当の意味での現場主義を実現するためのグローバル教育や、志が高く、タフで腹の座った「人間力のある企業人」を育成しなければなりません。

私は10年ほど前から、日本経済新聞社やグローバルビジネス企業支援の日本在外企業協会、中国研究のプロが集う日中関係学会などでグローバルビジネス研究会、アジア新興国ビジネス研究会、中国ビジネス研究会などを主宰してきました。これらの研究会の中には50回を数えるものまであり、企業の役員経験者や大学教授、そして現役の部課長など老若男女様々な皆さんでグローバルリーダーとしての論理的思考力、交渉力を磨いてきています。

今回、「アジアとグローバルに目を向けよ！」「グローバル・アジア・ネゴシエーター出でよ！」の旗印を掲げ、グローバル・アジアをテーマに本書をまとめることにしました。特に第2章では、アジア各国の現場で苦労し、どう喝やつらい経験を跳ね返して立派な実績を築き上げた方々の生々しい体験を披歴していただきました。若手起業家、企業の経営経験者、大学教授など使命感にあふれる現役・ＯＢなど、ご多忙にもかかわらず快くご協力いただいた皆様に感謝申し上げます。

また産業能率大学出版部の坂本清隆氏には執筆にあたり多くのヒントや励ましを戴きお礼を申し上げます。

本書がグローバルやアジアで活躍を目指す人達の参考になれば望外の大幸です。

２０１６年6月　平沢　健一

目次

Global Asia

第2章

"多様なアジア"はこう攻める——59

疾風怒濤《どとう》！ アジア14ヵ国14人の成功事例を模範グローバル・アジアリーダーに学ぶ

中国で憧れのブランドへ——「感動常在」で中国を攻める！
キヤノン株式会社 専務執行役員、キヤノン中国社長 小澤 秀樹——60

全国中小企業から絶賛されている現代の辻《つじ》説法師——韓国ビジネス状況と今後の行方
愛知淑徳大学ビジネス学部・ビジネス研究科 学部長・研究科長・教授 真田 幸光——69

多様なアジアはこう攻める——タイ政府に信頼される経験を踏まえて直言
タイ政府政策顧問 長崎大学教授 松島 大輔——83

苦闘の末につかんだ成功！インドネシアのビジネス状況と今後の行方
有限会社スラマット 代表取締役 茂木 正朗——91

ベトナムの総合食品業界において、真のエクセレントカンパニーになる
ベトナム味の素社 社長 本橋 弘治——99

なぜミャンマーで宝石業（採掘・加工・販売）を興したのか？
株式会社モリス 代表取締役社長 森 孝仁——108

マレーシアで起業し、マレーのトラになる！
株式会社 アールオーアイ（ＲＯＩ）代表取締役 **恵島 良太郎** —— 116

フィリピンの模範現法づくり —— フィリピンのビジネス最新事情
矢崎トレス工業株式会社 取締役副社長 **川上 陽** —— 125

カンボジアで大人気 —— カンボジアにおける小売ビジネスについて
イオンカンボジア社長 **大野 恵司** —— 137

イデオロギーを超えて —— 一族・一党でラオスに同化する
ラオスジャパン開発研究所 所長・経済学博士
ラオス首相府 永久顧問 **鈴木 基義** —— 146

日本ならではの提案で存在感を高める —— 中央アジアビジネス状況と将来
日本貿易振興機構（ジェトロ）タシケント事務所長 **下社 学** —— 155

〝ニッポンのＥＣを世界基準に〟シンガポールから国際ＥＣプロデュース会社を！
株式会社 エクストラコミュニケーションズ 代表取締役社長 **前野 智純** —— 163

インドでのシェアトップ構築とインド進出の課題
ヒーローホンダ元社長 **藤崎 照夫** —— 171

グローバルビジネスを知り抜く経営者 —— バングラデシュビジネスの特性と可能性
株式会社小島衣料オーナー **小島 正憲** —— 181

第1章

Global Asia

やってきたグローバル・アジアの時代

――日米欧中亜ビジネス経験から読み解く

第1節　世界の実相

――西へ動く潮流と時代認識、アジアの時代と日本の立ち位置

現在の人類はアフリカで誕生し、初めに東に進んだようです。その後、白色人種は西アジアから欧州へ行き、黄色人種はアジアに行き西進を始めたと聞きます。また、古代の都市文明は今から3500〜5000年前、中国―メソポタミア（イラク周辺）―エジプトで花開き、その後ギリシャ―ローマ―トルコ―スペイン―オランダ―英国―フランス―英国―米国と、さらに西を目指す勢いです（**図表1**）。

世界は、未曽有の「混沌《こんとん》の時代」に突入しており、答えのない疑問だらけの世の中になってきました。イスラム国（ＩＳ）、紛争、難民、格差、環境など様々な問題が一挙に噴出しています。

太平洋を挟んだ欧米の同盟関係が弱まり、世界の安全保障システムが揺らいでいます。欧州がリスクの火種になってきました。英国は中国、フランスはロシア、ドイツはトルコと関係を深める可能性があることは要注意です。習近平がエリザベス女王の招きでバッキンガム宮殿に泊まったことは世界を驚かせました。

私はこれまでメソポタミアを除き、米国、欧州、中国、アジアと、世界を東へ東へと35年間56の国

図表1　グローバルビジネスの進展と世界の潮流

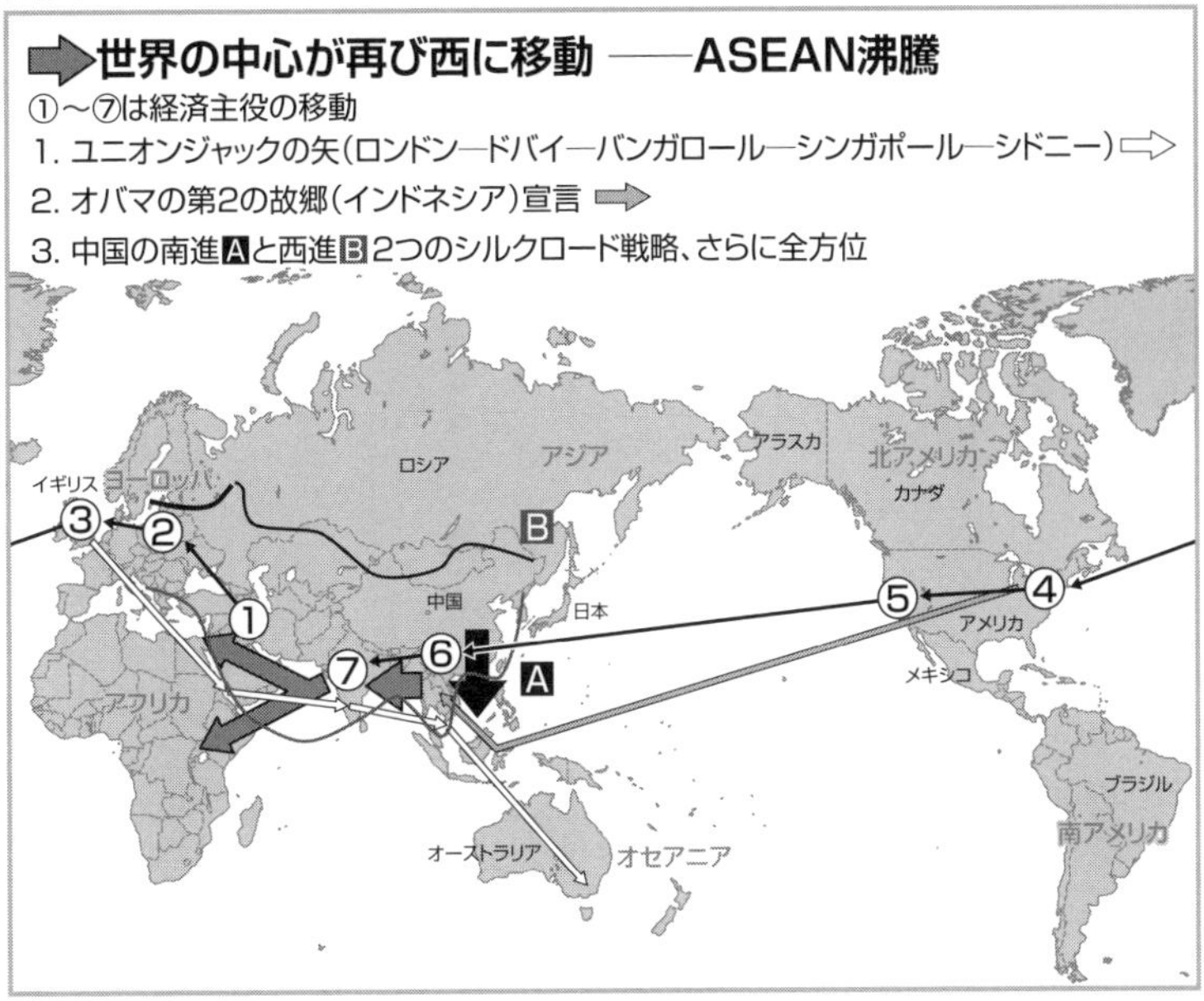

を駆け巡り、4ヵ国20年の現地法人経営をやってきました。その経験をベースに「アジアの時代」が到来し、アジアから世界へグローバル発信をする時代になってきたことをお話ししてみたいと思います。そもそもラテン語でアジアとは「日が昇る地域」であり、ヨーロッパは「日が沈む地域」を表すそうです。アジアが世界をリードする時代を予見し、日本がその一翼を担っていくために何をすべきかを提案していきたいと思います。

　ところで「グローバル」とはどういう意味なのでしょうか。

　一般的には、「社会的あるいは経済的な関連が、旧来の国家や地域などの境界を越えて、地球規模に拡大して様々な変化を引き起こす現象である」と言われています。

「アジアの時代到来」の意味

アジアの定義と領域についてお話ししましょう。アジアは、カスピ海から北極海まで線を引き、黒海から地中海に向けて線を引いて、さらにスエズ運河からアフリカ大陸と分けた部分から東が対象となり、地球の面積の12分の1でヨーロッパの面積の4倍以上になると言われています。

そのアジアで日本と中国のＧＤＰ（購買力平価ベース）合計が米国とＥＵのＧＤＰ合計に達したことは驚きを禁じ得ません。さらに今後は大国インドが人口でも中国を抜き、経済でも世界の中心選手の一人として出現してくることは間違いありません。世界経済の歴史をひも解けば、１８００年頃まではアジアが60～70％の大きなシェアを持っていました。欧州は20～30％で、米国はごくわずかだったのです。紆余《うよ》曲折をたどり、19世紀は欧州が世界を制し、20世紀は米国、そして21世紀はアジアの時代になってきました。世界の中心がアジアに移動してきたのです。１９８０年代に米国に赴任し、この当時ですら米国にいる白人の黄色人蔑視に数回遭遇した私は格別の感慨を持ってしまいます。南部では「ジャップ」と言われ、数人の若者に囲まれたこともありました。

アジアのいくつかの指標を見てみましょう。

まず、２０００年から２０５０年の世界の人口推移です（**図表2**）。アジアの人口は２０１０年時点で当時の世界人口（約70億人）の半分を超え、40億人を抱えました。中国が13・4億人、インドは12・3億人、ＡＳＥＡＮ（東南アジア諸国連合）は5・9億人です。次にアジアの中間所得層（世帯可処分所得

図表2　世界の人口推移　（出所：国連世界人口推計2022年版）

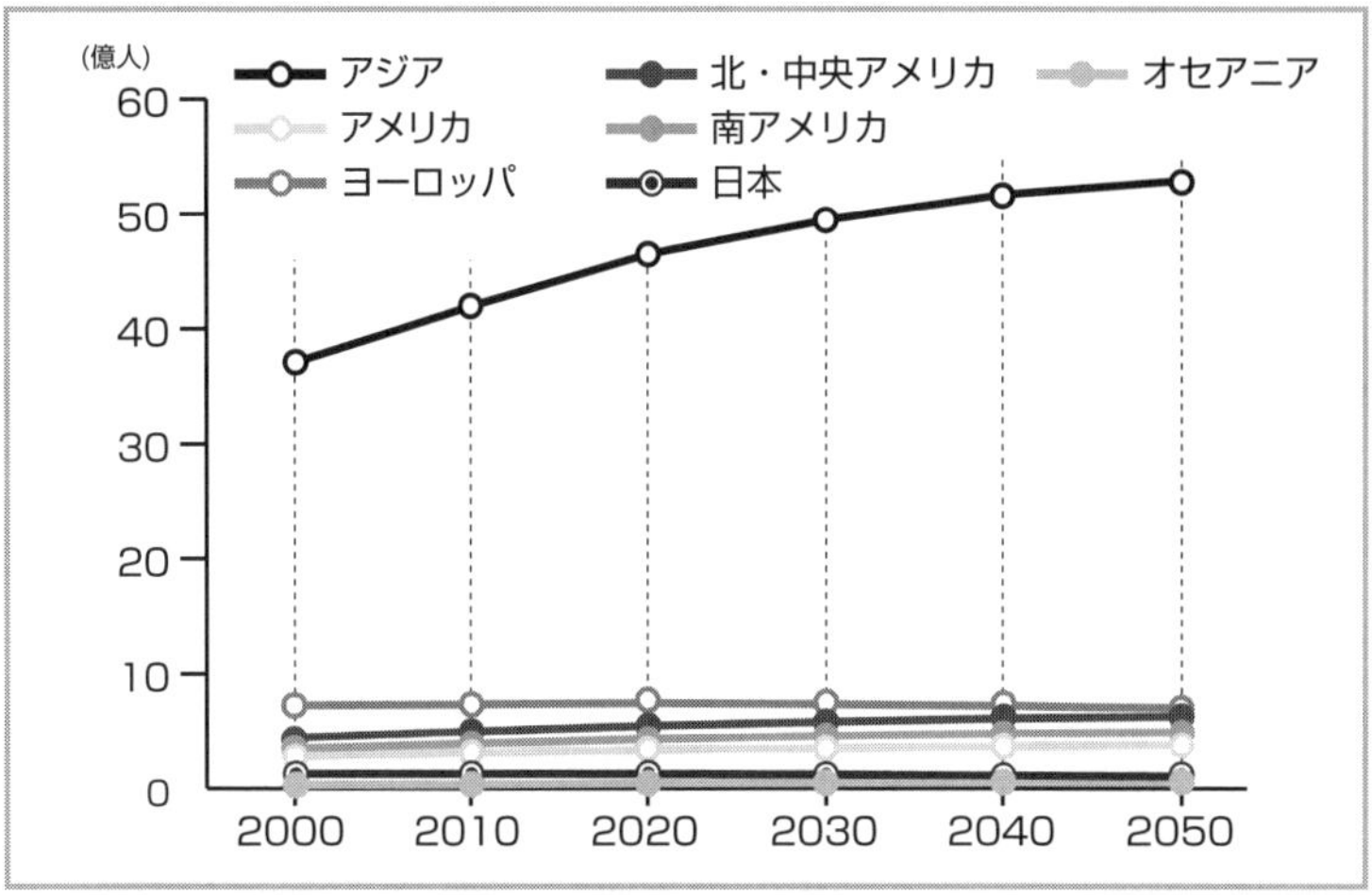

5000～3万5000ドル）の推移（**図表3**）を見ると、2000年の2・2億人が2010年には9・4億人になり、2020年には20億人に拡大、アジアの富裕層（世帯可処分所得3万5000ドル以上）の推移（**図表4**）を見ると、2020年には2・3億人になるとの予想でした。中間所得層と富裕層を合わせるとアジア新興国全体の3分の2を占める見込みで、人口が減少する日本は改めてこの現実に身震いしなくてはいけません。

ASEANにおける日本のライバルとして、中国が急浮上しています。中国が2015年57ヵ国で創設したアジアインフラ投資銀行（AIIB）は、加盟国が大幅に増え、陸と海のシルクロード戦略はさらに勢いを増していきそうです。

インドもまた永い眠りから覚め、一気にグローバル競争の前線に出てきました。世界のIT業界などはインド人経営者がめじろ押しです。アジアの大国2つが世界を圧倒しようとしています。

図表3　アジアの中間所得層推移　（出所：Global Study ASIA）

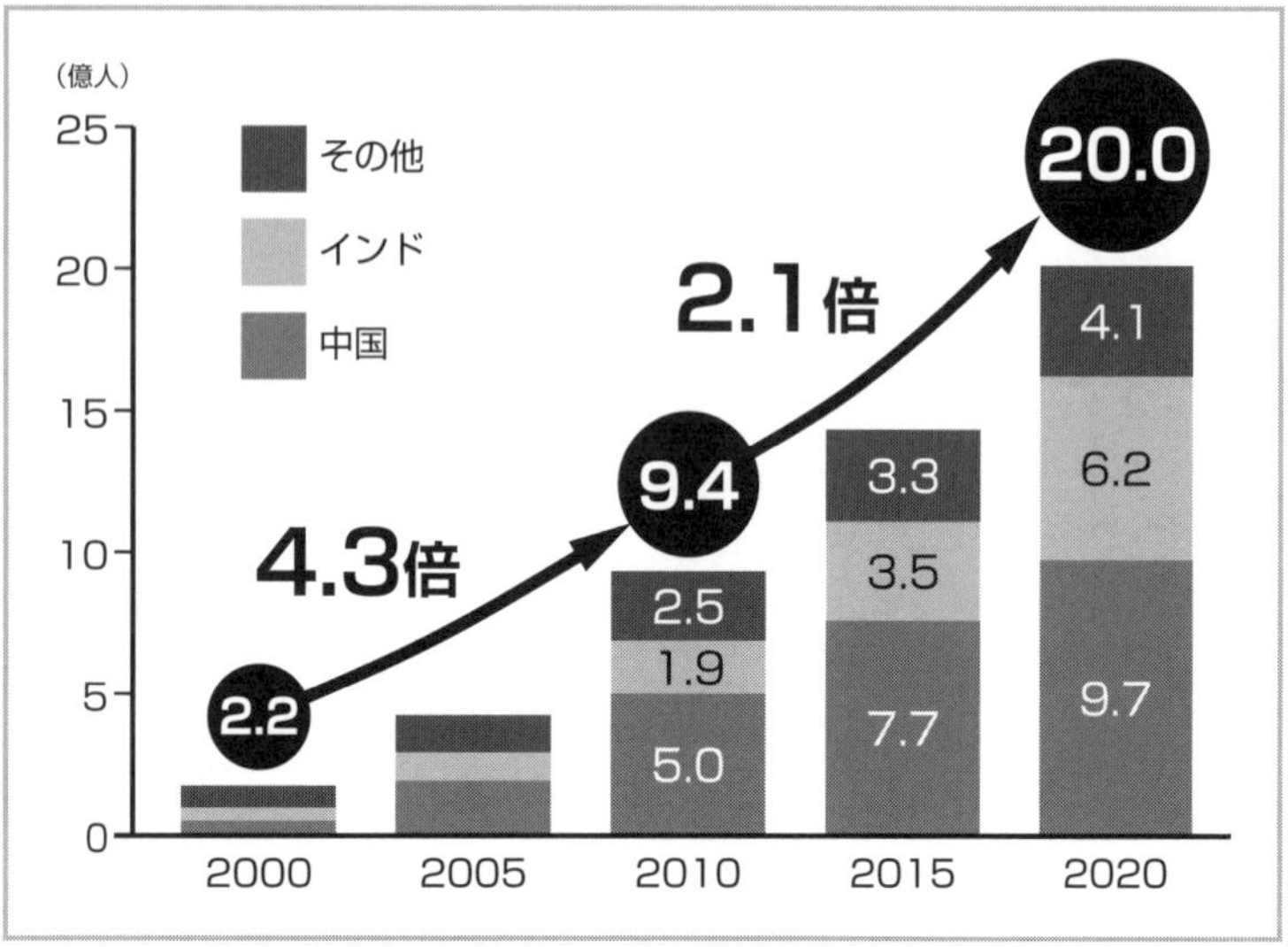

図表4　アジアの富裕層推移　（出所：Global Study ASIA）

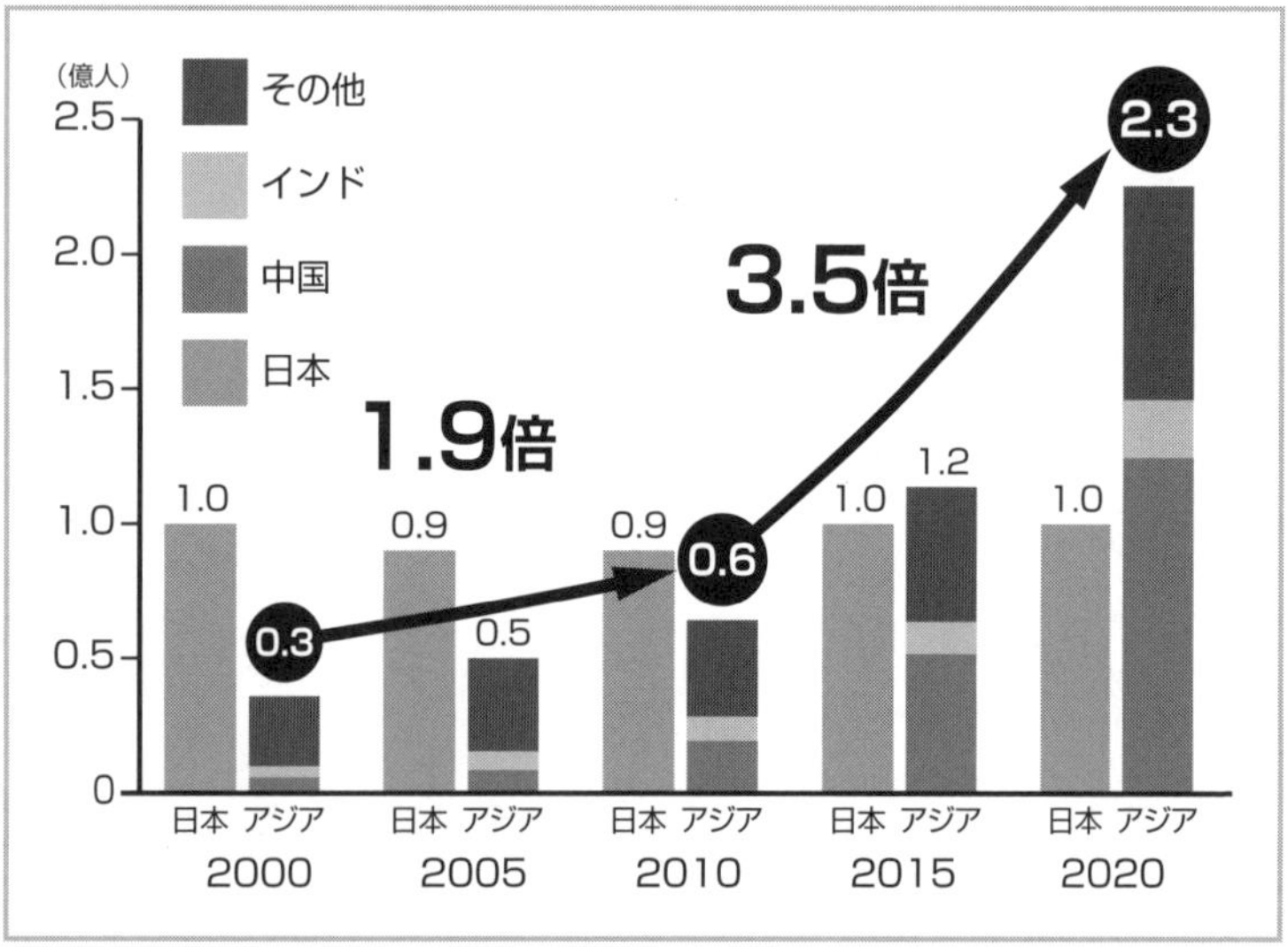

図表5　アジア主要国の人口関連指標

		中国	インド	インドネシア	パキスタン	バングラデシュ	フィリピン	ベトナム	タイ	ミャンマー	マレーシア	日本	アメリカ
人口（2022年）	百万人	1,425.88	1,417.17	275.5	235.82	171.18	115.55	98.18	71.69	54.17	33.93	123.95	338.28
人口（2030年）	百万人	1,415.60	1,514.99	292.15	274.03	184.42	129.45	102.7	72.06	56.98	–	120.11	352.16
人口（2050年）	百万人	1,312.63	1,670.49	317.22	367.8	203.9	157.89	107.01	67.88	59.92	–	104.68	375.39
若年人口（10～24歳）	百万人	247.23	379.97	67.35	72.49	48.68	32.17	20.99	13.18	–	–	17.07	65.9
平均年齢（中央値）	歳	38.5	27.9	29.6	20.4	26.7	24.7	32.4	39.7	29.3	30.3	48.7	37.9
合計特殊出生率	人	1.18	2.01	2.15	3.41	1.95	2.73	1.94	1.32	2.13	1.79	1.31	1.66
平均寿命	歳	78.6	67.2	67.6	66.4	73.7	72.2	74.6	79.7	67.3	76.3	84.8	78.2
識字率（15～24歳）	%	100	90	100	65	96	99	99	99	96	97	–	–
中等教育就学比率	%	93	77 (2023)	99	42	72	94	97	110 (2023)	76	85	102 (2021)	102
貧困率	%	0.5	22.5	2.7	4.4	14.3	2.7	1.8	0.1	1.4	–	–	–
人間開発指数（193カ国中）	順位	75	134	112	164	129	113	107	66	144	63	24	20

（注）データは基本的に2022年時点の数字。ただし、2022年以外の数字を用いる場合は()内にて表示。貧困率は、国際貧困ライン以下の人口割合。
（資料）総務省統計局「世界の統計2024年」、『世界子供白書2023』(UNICEF)
サイト：worldometers（https://www.worldometers.info/）、
世界銀行（https://data.worldbank.org/indicator/SE.SEC.ENRR?end=2023&start=1978）

図表5は２０２２年の総務省統計局「世界の統計２０２４」で、アジア主要国の人口関連指標をまとめたものです。人口はそれぞれ２０２２年、30年、50年における国連による推計値（中位推計）です。まず２０３０年に予想されることは、インドの人口が中国の人口に追いついて逆転するということです。インドネシア、パキスタン、バングラデシュなどアジアの人口大国は引き続き増加傾向にあり、ベトナムが1億人の大台にのります。タイは２０３０年以降人口増加が止まり、日本は減少が続きます。

　年齢構成を比較すると、若者（10～24歳）の人口に関しては、既にインドは3・79億人と中国の2・47億人を大きく上回って世界一となっています（2022年）。また、平均年齢を見ると、アジア主要国では中国とタイが30歳台後半と飛び抜けて高く、対照的にパキスタン、フィリピンの低さが目立ちます。要因の1つは出生率です。中国、ベトナムの合計特殊出生率（一人の女性が生涯に産む子供の数）は2を下回り、タイに至っては日本と同レベルです。一方、パキスタンは3を上回っています。これらの数値には宗教的背景もあると考えられます。

さらに2050年の人口予測を見ると、ついにインドが世界一の人口となり、中国とタイが人口減少に転じます。日本の人口減少は更に加速し、1億人割れが視野に入ってきます。

以上は1つの予測ではあるものの、人口動態を見る限りアジア各国の動きは様々であり、したがってアジアにおける成長センターも今後次々と変化していくことが予想されます。

日本の立ち位置

そうした状況下、日本はどうすればよいのでしょうか。

長きにわたり世界をビジネスで回って日本に帰ってくると、日本の良いところと悪いところがはっきり見えてきます。

世界的な経営コンサルティング会社のA・T・カーニーが実施した『2024年 海外直接投資先信頼度指数調査』によると、第1位は米国（12年連続）、第2位はカナダ（2年連続）で、日本は前年の3位から7位に沈みました。この調査は世界のグローバル企業大手企業のCEO、COO、

ＦＤＩ（海外直接投資）担当役員を対象に実施しただけに深刻です。

ただ、欧米の力は確実に弱くなってきました。私は日本が、弱体化する西欧クラブの一員になってはいけないと思いますし、中国だけを持ち上げる人たちにも反対します。

このような時代こそ、日本が不動の自信を持つことが極めて重要だと思います。世界で起こっている混沌の時代の未曽有な問題解決に真摯《しんし》に割って入れる国は日本をおいて他にないのではないでしょうか。

例えば、過去において、日本はフィリピンの政情面でも貢献しており、フィリピンのイスラム過激派で、反政府闘争を続けるモロ・イスラム解放戦線（ＭＩＬＦ）とフィリピン政府との仲介を行っています。２０１１年には、日本政府の仲介でアキノ大統領が極秘来日し、ＭＩＬＦの最高指導者ムラド・エブラヒム議長と8月4日に東京近郊で非公式会談を行いました。政府・ＭＩＬＦのトップ同士の会談は初めてのことでした。アキノ大統領は、ＭＩＬＦとの和平において「日本の貢献は計り知れない」と謝意を示しています。フィリピン建国の父で、フィリピンの子供たちからも尊敬され、日本を愛したホセ・リサールの胸像は、日比谷公園にあるのです。私も時々お参りしています。

また日本は、歴史的にトルコとも信頼関係にあります。２０１５年12月に封切られた日本とトルコ合作の映画「海難１８９０」は、和歌山沖で遭難したトルコ船の乗組員多数を地元住民が懸命に救助した物語で、それ以来両国の熱い友情関係が続いています。そして、この映画の後半では１９８５年、イラン・イラク戦争で緊張が高まるテヘランに取り残された日本人に焦点が当てられます。日本大使館はトルコに救出を依頼しますが、テヘラン空港にいたたくさんのトルコ人が同意してくれ、トルコからの救援機2機に日本人全員を乗せてくれ、自分たちは陸路でトルコに向かいました。

トルコの人たちは日本が大好きです。私もイスタンブールを訪れた折、こうしたことを痛感しました。

さらに、日本とイランの伝統的な友好関係も特筆されます。日本はこれまで米国とは一線を画し、イランと独自の関係を築いてきました。

1950年代、イランの原油が国際市場から締め出された時期にも、日本の石油会社が原油を買い付けましたが、1979年のイラン革命の時にも米国とイランが国交を断絶したにもかかわらずイランから原油を買い続けました。イランはこの時のことを決して忘れていないと言います。

1953年の「日章丸事件」も皆で記憶しなくてはいけません。そして、その時の日本の石油会社は、当時まだ中小企業にすぎませんでした。大英帝国下の影響にあったイランは、第2次世界大戦後独立していましたが、英国資本が石油資源を独占していました。そうした状況下、イランは石油の国有化を宣言したのです。怒った英国は軍艦を派遣し、買い付けタンカーを撃沈すると表明しました。日本は米国の統治下で経済発展の足かせがきつく、イラン国民の窮状とあわせ憂慮した石油会社社長は極秘裏にタンカーの日章丸を派遣しました。衝突を恐れる日本政府などからの多くの困難を次々と解決し、武装していない日章丸が見事、世界第2の海軍力を持つ英国を向こうに回し、海上封鎖を突破して目的を果たしたと言います。世界中が驚き、連日、新聞の一面で報道され、イランも日本の蛮勇とも言うべき快挙に驚いて称賛したと聞きます。

その他、日本を尊敬し、高い評価をする国は枚挙にいとまがありません。日本は今（注・2016年当時）、犬猿の仲のロシアとトルコの間を取り持つこともできるのではないでしょうか。

また、サウジアラビアと日本の皇室は大変親しい関係にあります。

さらに経済的な交流では、自動車、金属加工、水処理、IT分野など、多数の投資案件が進捗《しんちょく》しています。日本は、官民共同でサウジアラビアに学校をつくるなど、サウジアラビアの人材育成や経済発展に対して貢献をしており、日本のアニメファンや日本語を学ぶ人たちも多いと聞きます。

ロシアも北方問題が依然足踏み状態とは言え、モスクワやサンクトペテルブルクでも日本嫌いな人に会ったことはありませんでした。領土問題は誤った認識を大半の人が持っていると思います。日本はもっと激しく抗議し、日本側が正しいことをケンカ腰でもよいから毅然《きぜん》とした反論を徹底してやらねばなりません。一方的な言いがかりに対しては激しく言い返さないと、彼らは自分らの言い分を相手が了解したと勝手に思い込む習性があるのです。ロシア訪問時に現地ロシア人の営業所長から聞かされました。

第2節　アジアの近代史における10大出来事を確認する

グローバルビジネスを担当する者は、まず自国の歴史を知らなくてはなりません。知らないと外国の人たちに軽く見られてしまいます。そしてグローバルやアジアの歴史（とりわけ近代史）に好奇心を持つべきです。

歴史は繰り返します。過去を学ぶことは未来を知ることであり、歴史から学ばない者は、同じ過ちを繰り返してしまいます。正しい歴史を知らないと、簡単にだまされてしまいます。海外ビジネスでは大変重要なことです。歴史を勉強していればすぐに矛盾に気づいてだまされにくくなります。最近、若者が「日本はアメリカと戦ったんだって？」と言ったのを耳にして愕然《がくぜん》としました。日本人が歴史を知らないと国家が滅びることもあり得ると思います。

人類の歴史は、どこに行っても闘争と戦争の歴史です。そして勝ち残るためには歴史の知識が間違いなく必要です。かつて朝日新聞が日中韓台米英豪の識者20人に、アヘン戦争から冷戦終了まで（1840年から1989年）の150年間に起こった東アジアの10大出来事を聞きました。ここではせんえつですが、ビジネスパーソンとして必要な「私が選ぶ、アジアにおける10大出来事」について解説させていただきます（順不同）。

アジアに関わる方はぜひ、この10の出来事（過半が戦争）を知ってほしいと思います。

特に、戦後約80年たった今もなお中国や韓国と仲良くなれない原因を真摯に研究していくことが大切です。2つの隣国は引っ越せません。いたずらに卑屈にならず、日本に占領された他のアジアの諸国がなぜ日本を評価してくれるのかとあわせ考えていくべきです。

第1次世界大戦

1914年～1918年、人類史上最初の世界大戦です。戦争はアフリカ、中東、東アジア、太平洋、インド洋と広範にわたり、世界の多数の国が参戦しました。日本も日英同盟に基づいてドイツへ宣戦布告して参戦。ドイツ支配の中国青島《ちんたお》や南洋諸島を攻略し、悪名高い「対華21ヵ条」を北京政府に要求しました。早いうちから日本は世界大戦に参画し、中国を攻撃しました。この戦争の5年間で日本のGDPは3倍になり、明治維新以来の対外債務はなくなり、初めて債権国になりました。

現在まで続く中東問題はこの時がきっかけです。英国がユダヤから資金援助を受けるために「三枚舌外交」を展開、パレスチナにユダヤ国家を認め、イスラエルが建国されました。

また英国、フランス、ロシアは共に「サイクス・ピコ協定」を秘密裏に結び、勝手にこの地域の国境線を引きました。現在問題になっているシリアやISの中東を巻き込んだ紛争の原因をつくってしまったのです。この戦争ではフランス国内で14億発の砲弾が使用され、そのうち1割が不発弾で地中から処理するには700年かかると言われています。

アヘン戦争

1840年～1842年、清と英国の間で行われた戦争です。当時のヨーロッパでは紅茶が大流行となり、清から大量の紅茶を輸入していた英国は大幅な貿易赤字となっていました。その赤字分を銀で支払っていたのですが限界を感じ、自国で輸入を禁止していた麻薬であるアヘンに変えることにしました。衰退期に入っていた清も輸入禁止をしていましたが大ヒットしてしまったのです。アヘンの輸入量が紅茶の輸出量を上回り、銀も流出し経済危機に陥ってしまったということです。かかる事態に清の皇帝は厳しく取り締まり、大臣の林則徐（リン・ソクジョ）はアヘン2万3000箱を没収して海に捨て、香港を割譲しました。

他国にアヘンの貿易を迫り、アヘンの密輸を認めないからと言って戦争を仕掛け、圧倒的な力で虐殺し、多数の中国人をアヘンでめちゃめちゃにした上、国土の一部を取り上げて金まで取る英国の横暴ぶりに世界が怒りを感じたのが真相です。この後、日本にもペリーが浦賀に4隻の軍艦を率いて来航し、開国を迫りました。有名な次の歌が当時の日本のうろたえぶりを象徴しています。「太平の眠りを覚ます上喜撰《じょうきせん》（高級なお茶）たった四杯で夜も眠れず」

1年後、7隻の軍艦で再来日したペリーの威嚇に、日本は125年続いた鎖国をやめ、開国をし、英国、ロシア、オランダとも同様の条約を結びました。

明治維新

アヘン戦争の結果を見た日本の幕末の志士たちは、日本の近代化が必要だと悟り、1867年に明治維新を起こしました。それまでの白人が独占していた西洋近代文明を有色人も身につけることができることを証明したのです。他のアジア諸国が諦めていたにもかかわらず、日本は西洋の知識や技術を会得してしまったのです。中国やインドは「白人には従わざるを得ない」と考えたのに対して、日本は敢然と挑戦し自分のものにしました。中国やアジアの国を訪問すると、異口同音に明治維新を成し遂げた日本を高く評価してくれます。アジア、アフリカで植民地を拡大して日の出の勢いだった西洋列強に敢然と挑戦し、独立主権国家を唯一樹立した日本は世界から驚異の目で迎えられました。西洋の白人の世界で誕生した近代文明を臆することなく取り入れ、世界に打って出た日本の輝きと先人の偉大さを改めて学ばなければなりません。ただ福沢諭吉を中心に、「富国強兵」の旗印の下、「脱亜入欧」のスローガンを掲げて西欧文化を一心不乱に取り入れすぎたのは禍根を残したとも言えます。アジアを上から目線でとらえる風潮が長く続き、日本は戦争にのめり込んでいきました。

日清・日露戦争

1894年、日清戦争が起こりました。戦場はほぼ朝鮮半島でした。朝鮮の内乱につけ込んだ日本は、朝鮮を属国としていた清と張り合って朝鮮に出兵、8ヵ月で勝利し、大陸進出の足掛かりをつかみました。下関条約を結び、台湾や遼東《りょうとう》半島、澎湖《ほうこ》諸島を得たほか、約3億円の賠償金を獲得したのです。そして中国の領土を割譲させました。

1904年に起こった日露戦争は、大日本帝国とロシア帝国が、ここでも朝鮮半島と日本海を主戦場に戦いました。アジアの小国日本が大国を倒したことは世界に衝撃を与えました。米国の仲介で終戦、南樺太だけが日本領となりました。敗れたロシア帝国は、国内の政情不安のため講和に応じただけで、海軍は太平洋艦隊とバルチック艦隊が壊滅的大損害を被りましたが、陸軍はまだ粉砕されておらず強気でした。一方日本は、持てる戦力をすべて出し切り、巨額の戦時国債を発行しており、それ以上戦争を続けることは軍事上も経済上も不可能でした。日本はロシアが出してきた「賠償金は支払わないが樺太南部の割譲は認める」とする最悪の譲歩案をのむしかなかったわけです。日本国民は怒りに満ちあふれていました。

日露戦争で日本は、米国系ユダヤ人らから借金をして戦争を行い、「ロシアに勝利」したことはあまり知られていません。ただ実際には、そのユダヤ人がソビエトに金を回し、ロシアの崩壊を誘導していたと言われています。その後、太平洋戦争で日本は米国に敗戦しますが、太平洋戦争開戦時も日本は米国の借金を負っていたそうです。

日中戦争

日中戦争は1937年～1945年まで大日本帝国と中華民国（現在の台湾）が戦った戦争です。勃発当時は支那事変、1941年からの対米・英・独・蘭の太平洋戦争開戦に伴い、全体を大東亜戦争と呼びます。日中戦争は1937年（昭和12年）7月7日、北京郊外の盧溝橋《ろこうきょう》事件で起こった中国軍からの発砲に始まり、1945年8月15日、日本の無条件降伏に至るまで日本と中国は8年余り戦い続けました。日本政府は当初、不拡大方針をとりましたが、軍部は戦線を拡大して主要都市や鉄道沿線を占領し、宣戦布告のないまま全面戦争に発展しました。

日中戦争は前述のように8年間続いたと一般に言われますが、実際には日中の戦闘は1年半余りで終結し、その後日本軍はそれ以上領地を広げようとせず、占領地域でのインフラ建設や経済建設に集中したという意見もあります。当時のローマ法王も「日本の行動は、侵略ではない。日本は中国を守ろうとしているのである。日本は共産主義を排除するために戦っている。共産主義が存在する限り、全世界のカトリック教会、信徒は、遠慮なく日本軍に協力せよ」といった内容の声明を出していいます。戦後約80年、「勝てば官軍、負ければ賊軍」ということわざもあります。正しい歴史を両国で研究することが大切です。

太平洋戦争と原爆投下、日本の戦後復興と高度成長

1941年〜1945年、日本が米海軍の多数が駐留するハワイの真珠湾を攻撃して始まった戦闘差1対10の無謀な戦いです。これは米国に誘導されたという説もあります。ヨーロッパ列強の植民地化が進む中で起きました。ソビエトの直接南下が時間の問題という時で、日本は自国の経済と安全保障のため、満州国の運営が急務でした。国民が熱狂的に軍部を支援したため、軍はさらに暴走、海外列強からの非難と経済制裁を受け、日本は国際連合を脱退します。国際的な孤立に陥ったドイツと同盟を結び開戦に進み、真珠湾攻撃で米国を壊滅させました。

当初は快進撃を続けましたが、2つの戦いで大きな敗戦を喫し、以後米軍の大反撃で日本軍は全滅しました。日本中が空襲を被る中、世界が日本の敗戦を確信し、日本も降伏の準備をしていたのです。しかし米国は主に開発した原爆の効果を確かめたいという欲望から、広島、長崎に人類初の原爆投下をしました。投下の年には広島14万人、長崎9万人、被爆後5年間の間に広島で20万人、長崎で14万人、現在までの総計は広島40万人、長崎20万人の方がなくなられたと言います。戦後、米国は原爆の被害をひた隠し、大統領はいまだに謝罪もせず、被害の二都市に見舞いすら訪れていません。先述のアヘン戦争は英国が中国に、原爆は米国が日本に仕掛けた極悪非道の蛮行でした。アングロサクソンのアジアの民に対する暴挙に怒りがこみ上げてきます。その広島にオバマ大統領が訪れることになりました。

ただ戦後復興で一番大きかったのは朝鮮戦争特需でした。ここでも朝鮮が出てきます。米国は日本を共産主義からの防波堤にすべく、日本の鉱工業の復活を主導しました。おかげで最新技術を入手できたほか、米国式の大量生産技術を学ぶ機会を得て、一気に高度成長実現に走っていけたのです。また、日本人のたぐいまれな勤勉さと努力、そして国を思うひたむきさが高度成長を実現させたとも言えましょう。また周辺に、今のような中国、韓国、アジア諸国の力が何もなかったことが幸いだったわけです。

戦後、日本は欧米に対するコンプレックスと、アジアにおいては自分たちだけが近代国家だという差別感情を、主に米国によって植え付けられてきたと言われています。戦後約80年たっても、相変わらず世界に例を見ないほど米国に従属し続ける日本を真剣に総括しないと、日本は力をつけてきたアジアの諸国から尊敬されないと考えます。

インドの独立

宗主国英国は第2次世界大戦で疲弊し、イスラム国家（東西パキスタン）を分離独立させられないことを自覚し、インドから手を引きました。そのため独立を主張するガンディーらの運動でインドは１９４７年に独立し、初代首相にネルーが就任しました。結局、ヒンドゥー教徒を中心とするインド連邦とイスラム教徒の東西パキスタンに分裂して発足しましたが、いまだに両国紛争が続いています。インドは中立非同盟国家を目指しますが、１９４８年にガンディーが射殺され、娘のインディラも首相になりましたが暗殺され、さらにその息子のラジーブ・ガンディーも凶弾に倒れました。インドとパキスタンはカシミール紛争も抱え、中国との領土問題も未解決です。世界6番目の核保有国のインドの人口は2021年に約14億人に達して中国と同水準となり、その後さらに増え続け中国を上回り、2050年には16億人に達し世界一となり、富裕層が激増すると予想されています。

朝鮮戦争

朝鮮戦争はソ連と米国の代理戦争で、日本の敗戦により北朝鮮を支配したソ連側の北朝鮮人民共和国が朝鮮半島を統一支配するために起こしました。バックにはソ連と中国がいて、ソ連は短期決戦で勝利することを確信していたのです。一時は北朝鮮軍が優勢で半島南部まで押し寄せました。米軍が中部にある背後の仁川《いんちょん》に上陸した後は逆に中部まで押し返され、38度線のあたりで休戦が決定されました。一時米国は原爆の投入も考えました。双方で400万人もの死者が出たこの戦争は、現在も南北朝鮮両国、北朝鮮と米国の間に平和条約の締結がなく緊張状態が続いています。米国は、ここでも遠いアジアに来て戦争をしました。

ベトナム戦争

第2次世界大戦前のベトナムはフランスの植民地でした。第2次世界大戦でフランスがドイツに降伏すると日本軍が進駐、その後日本が敗北すると1945年、ホー・チ・ミンがベトナム民主共和国を建国します。フランスはこれに逆らい、南部に米国をバックにした傀儡《かいらい》政権をつくりました。ただ、この政権は、汚職と農民の反乱で基盤がぜい弱のため、ソ連の援助を受けた北ベトナムは南ベトナム解放民族戦線（通称ベトコン）を結成して内戦が勃発しました。ここにきて米国はアジアの共産化を阻止すべく4000名の部隊を派遣し介入します。さらに1964年、米国はトンキン湾事件（双方が攻撃を受けたと主張しました）で本格的に参戦、北ベトナムに大爆撃を開始します。米国の爆撃量は255万トンだったそうで、日本が太平洋戦争で被弾した量の20倍近くでした。それでも北ベトナム軍はめげることなく10年かけて、最終的に54万人を投入した米国に勝利します。米国はまたもやアジアで戦争をしてしまいました。

バンドン会議と東南アジア諸国の経済発展・民主化

バンドン会議（アジア・アフリカ会議）は1955年、インドネシアのバンドンで開催されたアジア・アフリカの有色人種国による初めての会議で、日本を含め29ヵ国が参加しました。インドネシアのスカルノ、インドのネルー、中国の周恩来、エジプトのナセルなどのリーダーが参加し、民族独立、人種平等、世界平和、友好協力など平和十原則を決議しました。

2015年、バンドン会議60周年記念のジャカルタでの総会で安倍総理は『Unity in diversity～共に平和と繁栄を築く』というテーマで、「今後アジア・アフリカの平和と繁栄に向けて、共に努力をしていこう、共に進んでいこう」というメッセージを発信しました。上述してきたアジアで起こった様々な悲劇的な戦争を再び起こしてはなりません。

東南アジア諸国連合（ASEAN）は、東南アジア10ヵ国の経済・社会・政治・安全保障・文化に関する地域協力機構で、本部所在地はバンドン会議のあったインドネシアのジャカルタです。域内の総人口は今や6億7900万人（2022年）を超えており、4億5000万人（2022年）の欧州連合（EU）よりも多く、人口増加率も高く、GDPの合計は日本のGDPの8割強の規模です。2015年末、このASEANで経済共同体（AEC）が発足しました。EUまでには程遠いのですが、文化、価値観、宗教、言語の異なる10ヵ国が関税撤廃を目指し、高水準のモノの自由化を成し遂げようとしています。

直面する様々な課題を解決するために、私たちアジア人は結束が重要です。この素晴らしい多様性を大切にしながら、私たちの子や孫のために、共に平和と繁栄を築き上げていかなくてはならないと思います。アジアで多くの戦争をしてきた米国が、ここ数年アジア回帰を始めたことは象徴的なことです。

第3節 アジアの国で日本人が残した遺産

次ページの**図表6**は、アジアの各国で「日本人の素晴らしさ」という遺産を残した代表的日本人を示しています。戦後約80年、中国と韓国は事あるごとに日本の「戦争責任」を追及しています。これに輪をかけるように、日本国内でも政治家、学者や評論家、新聞などマスコミの一部が日本の悪逆非道ぶりを糾弾しています。そのため、多くの日本国民がアジアのすべての国で日本が嫌われていると思い込んで萎縮してしまい、日本人としての自信を持てなくなっている事例が散見されます。特に中国や韓国などの共闘で「卑屈」な態度になってしまいがちです。しかし、こんな素晴らしい国は世界を回ってみてもありません。アジアの各国で、日本、日本人は際立って高く評価されています。

19世紀、アジアの各国は西欧列強の侵犯を受け、植民地化が進んでいました。こうした中で、日本は人材養成が先であると、教育でたくさんの貢献をしてきました。私は大学院でアジアの留学生たちを教えてきましたが、こうした話を彼らからたくさん聞かされました。

そのおかげで「日本に行ってみたい」と言う日本びいきは今でも圧倒しています。

インバウンドで日本への旅行者が激増していますが、こうしたアジアの事実をみんなが知るべき

図表6　「日本人の素晴らしさ」という遺産を残した代表的日本人

●**タイ**　山田長政、政尾藤吉、安井てつ
●**台湾**　八田與一、後藤新平、児玉源太郎、新渡戸稲造、西郷菊次郎、鳥居信平、明石元二郎、広枝音右衛門、六氏先生、森川巡査、明石総督、末永仁、磯永吉
●**中国**　梅屋庄吉、宮崎滔天、山田良政、金子新太郎、石間徳次郎、稗田憲太郎、林弥一郎、萩原定司、横川次郎、八木寛、武村泰太郎、舩木完、北村義夫、岸富美子、藤田良徳、浅野芳男、大塚有章、山田辰一、高橋範子、児玉綾子、井上林、中田慶雄、砂原恵、川越敏孝、筒井重雄
●**マレーシア**　山川寛、藤井啓史、川上潤一郎、佐本四郎、森敬湖
●**インド**　杉山龍丸、頭山満、相馬愛蔵、鈴木修
●**ベトナム**　浅羽佐喜太郎、中原光信、井川省、杉良太郎
●**ミャンマー**　今成拓三、鈴木敬司(南益世)、杉井満、面田紋司(アウンサン)
●**インドネシア**　土屋競、姉歯準平、柳川宗成、今村均、原田熊吉、市来龍夫、金子智一
●**韓国**　野口遵、梨本宮方子、浅川巧
●**フィリピン**　高山右近、内藤如安、家田昌彦、奥田碩、アイ・ジョージ

です。

それでは、ごく一部の方を紹介しましょう。

タイ　政尾藤吉《まさおとうきち》

愛媛県大洲市出身で大洲藩御用商人政尾勝太郎の長男です。

慶應義塾と同人社を経て、1889年に東京専門学校（現在の早稲田大学）英語普通科を卒業しました。1890年、関西学院の神学部に入学し、翌年に米国への留学に出発しました。

最初、テネシー州ヴァンダービルト大学神学部に入学しましたが、1893年に方向転換し、ウェストバージニア大学ロースクールに入学して1895年に卒業しました。1896年、イェール大学

を卒業し、法学修士号を得、翌年には同大学から民事法博士号を得ました。帰国後、ジャパン・タイムズの記者となりましたが、外務省の委嘱でシャム（タイ）に派遣されました。1898年、総務顧問補佐となり、1902年に法律顧問、1903年に主席法律顧問に就任し1913年まで務めました。刑法、民法、商法など法典編纂の功績で侯爵に叙任され、王族待遇を受けました。タイの教科書に「タイ近代法の父」と記載され尊敬されています。1921年（大正10年）にバンコクで客死した時にタイ政府は国葬の礼で遇したと言います。

台湾　八田與一

八田は、台湾では中学校の歴史教科書にも掲載され、子供からお年寄りまで、最も尊敬される日本人です。彼の功績は、戦前、台湾の農業用水施設としてのダムや関連施設を建設したことにあり、中でも最大の偉業は、台南の烏山頭《うさんとう》水庫（ダム）と嘉南《かなん》用水路です。このダムと水路の建設のおかげで、台湾最大の穀倉地帯が生まれました。八田はその後、太平洋戦争に出陣しましたが、1942年（昭和17年）5月、陸軍の命令によってフィリピンの綿作灌漑《かんがい》調査のため大洋丸に乗船し、五島列島付近で米国海軍の潜水艦の雷撃にあい撃沈され、八田も巻き込まれて死亡しました。没後、日本政府から正四位勲三等が贈られたそうです。妻の外代樹《とよき》も夫の八田の後を追うようにして烏山頭ダムの放水口に投身自殺を遂げてしまいました。毎年、烏山頭ダムでは、八田の命日である5月8日に慰霊祭が行われています。土木作業員の労働環境を適切なものにするため尽力したこと、危険な現場にも進んで足を踏み入れたこと、事故の慰霊事業では日本人も台湾人も分け隔てなく行ったことなど、八田の人柄によるところも大きく、エピソードも多く残されていると言います。

中国　梅屋庄吉

梅屋はアジアを駆け巡り、香港を拠点に実業家として成功を収めました。映画製作を中心に生み出された1兆円ほどの財を投じ、中国で「建国の父」と尊敬を集める孫文《そんぶん》が目指した辛亥《しんがい》革命の成功を支援したと言います。1895年（明治28年）に中国革命を企図した孫文と香港で知り合いました。1913年（大正2年）に孫文が袁世凱《えんせいがい》に敗北し日本に亡命した後も、「君は兵を挙げよ、我は財をもって支援す」と言って、たびたび孫文への援助を続けました。孫文の死後も彼の業績を後世に伝えようと現在の価格で1億5000万円も費やして孫文像を作成し中国に寄贈、広州、マカオ、南京に設置されました。こうした事実は時の主席の江沢民《こうたくみん》や胡錦濤《こきんとう》、習近平《しゅうきんぺい》も当然知っていたはずですが、なぜか中国の中では知らない人が断然多いのです。日比谷公園の中にあるレストラン松本楼は梅屋庄吉のお孫さんが経営しておられ、胡錦濤前主席も訪問されました。

マレーシア　森敬湖

森は3歳の時にマレーシアに移住しました。第2次世界大戦で英国軍に連行された上、刑務所に収監され、その後シンガポール、インドにも連行されました。その後苦労の末に校長になり、初代首相アブドウラ・ラーマンの絶大な信頼を受け、日本との友好親善、政治・経済交流などの橋渡し役を任されました。私財を投じてＹＭＣＡの建設や、貧しくて学業を続けられない学生のために森敬湖奨学資金を設けるなどマレーシア国家の発展に貢献し、この奨学金制度は現在も引き継がれています。さらに日本企業のマレーシア進出を親身になって助けたほか、マレーシア政府よりKesatria Mangku Negaraを受章したのです。

インド　杉山龍丸

インドからパキスタンまでの砂漠地帯４７０キロのユーカリ街道を私財をなげうってつくり上げました。総本数は約26万本です。ユーカリの木は地下水を吸い上げて大地を潤し、そのおかげで周辺では稲作をはじめ麦や芋の栽培も可能となりました。祖父の夢野久作は作家で、杉山が43歳の時にインドに行くことを勧めました。杉山は飢餓状況を調査し、杉山農園の地所４・６万坪を売却してインドの緑化事業に尽力しました。インドの人々に「独立の父」はガンジーで、「緑の父」は杉山龍丸とたたえられ尊敬の念を抱かれています。また夢野や杉山の「アジアはアジア自身で立て。絶対に他国が侵略してはならない」という信念と、インドの青年への心を込めた教育活動は、ネルー首相に深い感銘を与えたそうです。象のインディラが日本へ贈られ、インドで親日家が多いのも、杉山の一貫した心からの活動があったからだと思います。そう言えばモディ首相が最初に訪れたのは日本でした。

ベトナム　浅羽佐喜太郎

帝国大学医科大学（現在の東京大学医学部）卒業後、神奈川県小田原市などで医院を開業しました。慈善活動にも熱心で地域発展にも力を尽くしました。1907年（明治40年）、故郷に帰っていた浅羽は、道端で行き倒れになっていたベトナムの民主主義運動家だったグエン・ダーイ・バットを助けたのです。そしてグエンに対して東亜同文書院（後の東亜同文書院大学）への入学手続きをして学費まで支払い、金銭的な援助をしました。これが同じベトナムの民主主義運動家のファン・ボイ・チャウの耳に入り、2人の交流が始まったそうです。ファンは1905年（明治38年）に来日し、大隈重信や犬養毅の支援を通じて、ベトナムの青年を日本に留学させる東遊運動（ドンズー運動）を興していましたが、浅羽はそんなファンに対し、大金を提供して彼を4年も助けました。こうした経過は日本でもテレビドラマで紹介され、20世紀の初め「東遊運動」と呼ばれる日本を舞台にしたベトナムの革命運動はベトナムでも大きく報道されました。

ベトナム　杉良太郎

1989年からベトナムの孤児を81人養子として迎えてきました。杉は初めてベトナムの孤児院を訪問した89年、隣国タイから大量のお菓子とおもちゃを持参しましたが、孤児たちは「お父さん、お母さんが欲しい」と言って喜ばず、その場で杉は4人を養子にすることにしたそうです。以来、里子を81人にまで増やし続けており、ベトナムでも大変な尊敬を集め、国家主席より外国人に贈る最高位の勲章を受賞しました。

ミャンマー　鈴木敬司

1941年から1942年にかけて存在した日本軍の特務機関「南機関」の機関長で陸軍大佐でした。ビルマ（現在のミャンマー）の独立運動の支援を任務とし、ビルマ独立義勇軍の誕生に貢献しました。また彼は「ビルマ建国の父」であり、アウンサンスーチーの父のアウンサン将軍（日本名・面田紋次）を懸命に支援したのです。アウンサンは「ビルマ独立義勇軍」を組織し、日本軍と共に過酷な英国軍を駆逐しました。その後支配的な態度に変わった日本軍に反対し、さらなる独立戦争を戦い抜きました。最後は英国軍に暗殺されたと言います。鈴木は今日の日本とミャンマーとの友好関係の基礎を築いたとも評価されています。ミャンマー政府は1981年4月、ミャンマー独立に貢献した鈴木ら旧日本軍人7人に、国家最高の栄誉「アウンサン・タゴン（＝アウン・サンの旗）勲章」を授与しています。長い軍政と軟禁の後、アウンサンスーチーさんがいよいよミャンマーをけん引することになりました。

インドネシア　市来龍夫

日本敗戦後もジャワに残留し、祖国防衛義勇軍（ペタ：日本軍の支援で結成）の幹部として独立戦争を戦い、東部ジャワで戦死した市来龍夫《いちきたつお》（インドネシア名はアブドル・ラフマン）は国立英雄墓地（カリバタ）に独立英雄として埋葬されています。1958年に訪日したスカルノ大統領は、陸軍通訳の市来龍夫と、海軍通訳の吉住留五郎をたたえる一文を書きました。その一文を刻んだ顕彰碑が、東京・芝の青松寺に建てられています。私も伺ってきました。

インドネシア　金子智一

祖国日本の敗戦の中でも、オランダからの独立を誓い合ったインドネシア人との約束を忘れず、自分の人生をインドネシア独立に賭けた人です。インドネシア独立の功労者で、スハルト大統領からインドネシアの最高功労勲章「ナラリア勲章」を授与されました。

フィリピン　奥田碩《ひろし》

トヨタにいた奥田碩は上司との折り合いが悪く、事実上マニラに島流しにされました。しかし奥田は落ち込むことなく、必死に仕事に取り組んだそうです。奥田はまず、地元デルタ・モーター社の未回収になっている代金の回収を成し遂げました。この会社のオーナーが当時のマルコス政権にも通じていることを知った奥田は、マルコス政権との人脈を築き上げ、代理店への経理システムを大幅に改善しました。さらに遅れに遅れていたエンジンの契約に対しても、その交渉力で巨額の賠償金をフィリピン政府が支払うことに成功しました。やがて本社も奥田の能力に驚き、帰国命令を出し豪亜部長への栄転、その後の社長、会長への昇進につながりました。

この事例から分かるように、日本企業は現場主義で海外に埋もれている人材を知り抜き、抜てきする体制づくりが重要です。泥水を飲むような経験を重ねて頑張る日本人をアジアのあちこちで見てきました。

フィリピン　高山右近

1614年11月、高山右近は他の百数十名のキリシタンたちと共に、信仰ゆえにマニラへ追放の身となります。その翌年、尊敬を受けたマニラ市民に惜しまれつつ、イントラムルスで帰天しました。高山右近や、共にこの地に追放されたジョアン内藤、その妹のジュリア内藤やその他のキリシタンたちが築き上げた日比友好の絆を永久に残すべく、記念碑が日本人街跡に建立されています。その他、前述の中国の独立に貢献した梅屋庄吉、頭山満、犬養毅、山田純三郎、宮崎滔天《とうてん》らアジア主義者はフィリピンの独立運動にも貢献しています。

韓国　浅川巧

韓国の首都ソウル郊外の共同墓地に、浅川巧《あさかわたくみ》という一人の林業技士が眠っています。彼が生活した当時の朝鮮半島は、日本による植民地統治の下、朝鮮の人たちへの蔑視や差別が当然のように行われていました。そんな社会情勢の中、彼は自らの意志で朝鮮の国と文化と人々を理解し、そして心から愛し、朝鮮半島の風土に合った育苗法を開発するなど朝鮮の緑化に尽力しました。彼の墓の碑文には、ハングルで「韓国の山と民芸を愛し、韓国人の心の中に生きた日本人、ここ韓国の土となる」と刻まれています。「日本人と韓国人の真の交流」があり、お互いにお互いを尊敬し、尊重して生きていくということを実践しました。

タイの元首相・ククリット・プラモートはこう語っています。

「日本のおかげでアジア諸国はみな独立した。日本というお母さんは難産して母体をそこなったが、生まれた子供たちはすくすくと育っている。今日東南アジア諸国民が米英と対等に話ができるのはいったい誰のおかげであるか。それは身を殺して仁をなした日本というお母さんがあったためである。十二月八日（太平洋戦争開戦記念日）は我々にこの重大な思想を示してくれたお母さんが一身を賭して重大な決心をされた日である。我々は、この日を忘れてはならない」

太平洋戦争で犯した日本の非は決して忘れてはなりませんが、アジア各国を欧米からの醜い植民地支配から解放し、ＯＤＡ（政府開発援助）で懸命になって復興支援に全力を尽くしたことも忘れてはなりません。フランスの劇作家・詩人で、日本大使や米国大使も務めたポール・クロデールは友人の詩人に、「私はこの民族だけは滅ぼしてしまいたくないと願う民族がある。それは日本人です」と語りました。

歴史の正と負の両面をしっかり学習することが肝要だと思います。

第4節 中国が狙うASEANの大物華人と中国の野望

ASEANには3000万人以上の華僑・華人が暮らしています。インドネシア、タイ、マレーシアはほぼ600~700万人、シンガポールは300万人、ベトナム、フィリピン、ミャンマーは約100万人、カンボジアは30万人くらいです。

図表7にしめしたのは「中国僑商投資企業協会（COCEA）」の役員たちで、各国の財閥トップが結集しています。中国の国務院（内閣）の組織で華僑・華人対策を担当する部署の僑務弁公室は、華僑・華人対策を担当しています。各地にも出先を持ち、2008年1月、中国ビジネスを積極的に展開する有力企業家と手を組んで中国僑商投資企業協会を発足させました。中国政府と連携し、中国政府の指導の下で中国内外のビジネスを積極展開しようということで、いよいよ力を発揮してきました。習近平の夢である「大中華圏構想」の一環と言え、得意な地縁血縁を活用して、後述するアジアのインフラ投資などでASEANを抑え込もうとしています。ASEANとの貿易でも日本を凌駕《りょうが》し、特にインフラプロジェクトの受注に並々ならぬ決意です。中国と陸路続きのラオス、カンボジア、タイに売り込み、中国と周辺国をつなげてさらに経済圏を拡大しようということです。ま

図表7　中国が狙うアジアの大物華人

「中国僑商投資企業協会（COCEA）」

会長	タニン・チャラワノン（謝国民）	CPG総裁	タイ長者番付首位
副会長	モフタル・リアディ（李文正）	リッポーG総裁	インドネシア有力華人
副会長	ルシオ・タン（陳永栽）	LTG総裁	フィリピンの富豪
副会長	チャトリ・ソボンバニット（陳有漢）	バンコク銀行総裁	タイ有力華人
副会長	ジュハル・スタント（林文鏡）	サリムG創業者	インドネシア華人
副会長	クオック・コーンチェン（郭孔丞）	ケリーG総帥息子	マレーシア長者番付1位

中国国務院「**僑務弁公室**」の存在：中国国内外の事業を共同展開

習近平の夢と野望「**大中華圏構想**」

対中投資で地縁血縁を活用

中国西進・南進攻勢一政・商複合体と海陸シルクロード戦略

ASEAN市場で広がる「**中華連合**」

高速道路、高速鉄道、石油・ガスパイプでASEANを抑え込む

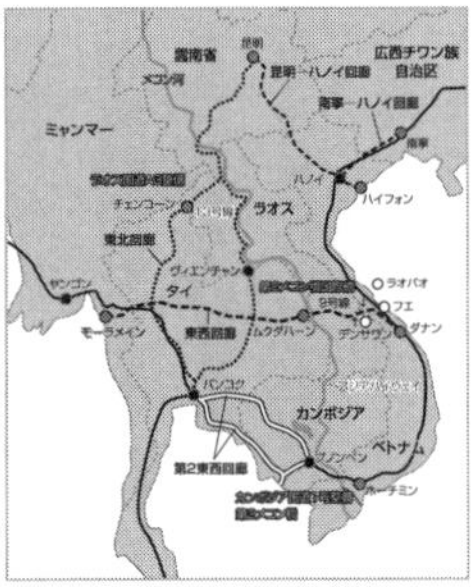

出所：fumin

た日系自動車企業が圧倒するタイで中国の上海汽車（自動車会社でGMとVWの合弁会社を持ち、中国自動車御三家の一つ）が地元企業のCPグループと合弁会社をスタートしました。以下、5名の役員とグループ会社を紹介します。

CPグループ（タイ）　タニン・チャラワノン（中国名・謝国民）

タニン・チャラワノンは、欧米・アジアの数十ヵ国の企業数百社を傘下に収め年間総売上高4兆円を数えるCP（チャロン・ポカパン）グループ（本社・タイ）の会長兼CEO。総計数百億香港ドルとも言われる一族全体の資産ゆえにタイきっての富豪として知られるほか、中国では外資企業（正大《チアタイ》集団）を率いる華僑として最初期の中国進出に成功した第一人者と

みなされています。1939年にタイのバンコクで生まれ、中国および香港で教育を受けた後、3人の兄がいましたが1969年に30歳でグループ社長に指名されました。父親と叔父が創業した飼料肥料貿易会社を、食品だけでなく流通、通信まで手掛けるCP（チャロン・ポカパン）グループに育て上げました。タクシン元タイ首相の経済顧問をはじめ、タイと中国において各種顧問を務めています。2015年に日本の伊藤忠商事、中国の中信集団（CIC）と電撃提携をしました。

リッポーグループ（インドネシア）　モフタル・リアディ（中国名・李文正）

1929年、マラン生まれのMochtar Riady（モフタル・リアディ）が1948年にリッポーバンクを設立したのがリッポーグループの始まりです。ブアナバンク、パニンバンクで銀行家として名を上げ、1975年にスドノ・サリムの誘いでBCA（セントラルアジア銀行）の共同経営者となりました。1990年の円満退社までに頭取として腕をふるい、BCAをインドネシア最大の民間銀行に育て上げたのです。リッポーバンクは2009年にCIMB Niagaに合併されますが、モフタルの息子世代がビジネスを拡大させていきます。長男のAndrew Taufan Riady（アンドリュー）はシンガポールや香港で不動産事業を成長させ、次男のJames Tjahaja Riady（ジェームス・リアディ）はリッポーグループの社長としてインドネシアを担当し、不動産事業を中心としながらも、メディア、通信、小売、医療、教育など多くの事業に参入しています。2014年に、三井物産とインドネシアでの高速携帯通信事業を共同で開始し、データセンター事業参入も発表されています。

サリムグループ（インドネシア）　ジュハル・スタント（中国名・林文鏡）

習近平人脈の、ジュハル・スタント（林文鏡）は、インドネシア華僑財閥「サリムグループ」の創始者、スドノ・サリム（中国名・林紹良）とは同郷であり、林文鏡は、林紹良の片腕として辣腕《らつわん》をふるった人物です。両者ともいわゆる『客家《はっか》』ですし、李鵬中国元首相も『客家』です。中国元党主席江沢民の勧めで指導を仰いでいるシンガポールのリー・クアンユー（李光耀）元首相は『客家』華僑の総帥的な立場にある人物でしたが、鬼籍に入られてしまいました。客家＝「東洋のユダヤ人」と呼ばれ、華僑・中国人社会に多大な勢力を持つ集団です。

LTグループ（フィリピン）　ルシオ・タン（中国名・陳永栽）

LTグループはフィリピン華人ルシオ・タンの上場持株会社で、1937年5月25日、マニラワイン商店として設立され、1947年11月17日にフィリピン証券取引所に上場されました。1995年9月22日、フィリピン証券取引委員会はアジア・パシフィック・エクィティ社への社名変更と、小売から持株会社への変更を承認しました。また1999年7月8日、アジア・パシフィック・エクィティ社時代に、株式交換で蒸留酒タンドゥアイを製造するツイン・エース・ホールディングスの所有権を100％取得しました。1999年7月30日、ツイン・エース・ホールディングスはタンドゥアイ蒸溜会社に名称を変更しています。アジア醸造所、フォーチュン・タバコ、イートン・プロパティーズ・フィリピン、フィリピン・ナショナル・バンク、アライド・バンキング・コーポレーション、ビクトリア製粉など同社の所有する資産の統合を始めています。

ケリーグループ（マレーシア）　ロバート・クオック（中国名・郭鶴年）

香港でケリーグループを率いる実業家です。息子がボウ・クオック（郭孔丞）で、1948年に兄弟一緒に郭兄弟有限公司を設立後、マレーシア国内の製糖事業で財を成したことから「砂糖王（Sugar King）」の名で知られています。1970年代には、英国の植民地である香港などに進出し、シャングリ・ラ・ホテルズ&リゾーツの経営など多角的な事業を展開するグループをつくり上げました。2009年にマレーシアの精糖企業であるPPBグループを売却し、マレーシアの製糖業から撤退したものの、2010年には子会社を通じてオーストラリア製糖企業であるスクロージェンを買収しました。依然としてアジアの製糖業に影響力を有しています。2011年2月にマレーシアの経済誌がまとめた同国内の長者番付で首位の座を確保しており、推定資産総額は500億4000万リンギ（約1兆3700億円）と言われています。

中国の野望

中国は2008年の北京オリンピック、2010年の上海万博の成功を機に、それまでの「韜光《とうこう》養晦《ようかい》」（才能や野心を隠して、周囲を油断させて力を蓄えていくという処世の姿勢）をかなぐり捨て、世界に打って出てきました。特に2015年から始めたユーラシア大陸に海と陸の2本線を通してインフラ整備を進める「新シルクロード構想」に世界が注目しています。米国が第2次世界大戦後に進めた西欧の復興を支援し、その見返りに米ドルと米国製品を世界に普及させ、米国文明と文化を広めた手法です。中国は、現代版「万里の長城」を築こうとしています。インド包囲網作戦でもある「真珠の首飾り戦略」や中央アジアからヨーロッパまでのインフラ需要を取り込み、あわせて生産過剰の素材と余剰人員を送り込むという「陸のシルクロード戦略」は圧巻で、したたかです。その他、北極や南極、さらに宇宙まで視野に入れた壮大な戦略も中国の野望が満ちあふれています。

日本にある反中国感情の裏にあるものは多分、一部分の中国人政治家やビジネスパーソン特有の傲慢《ごうまん》さと狡猾《こうかつ》さ、そして「中国脅威論」が災いしているはずです。残念ながら世界中で中国人が嫌われ誤解される理由は、この2つだと思います。「郷に入れば郷に従え」、こういう賢明さと謙虚さがないからです。

私の中国ビジネスの師匠は、香港家電王と言われた故蒙民偉氏で松下幸之助氏も認めた商才溢れるこの人から沢山の事を教えていただきました。日本と日本人、そして日本企業を心から信頼していた彼は、「日本と中国は大きく異なる。違いを知り、違いを乗り越える努力が大切だ」と言っていました。いつも多くの素晴らしい中国人を見てきただけに、こうした中国人への誤解は残念でなりません。世界から認められ始めた中国も、ここが正念場で、大きく変身していかなくてはならないでしょう。

第5節　アジアビジネスで起こっていること、知っておくべきこと

ガチョウの教訓

「ガチョウと黄金の卵」というイソップの寓話《ぐうわ》があります。

「ある日、農夫は飼っているガチョウが黄金の卵を産んでいるのを見つけて驚きました。その後もガチョウは1日に1個ずつ黄金の卵を産み、卵を売った農夫は金持ちになりました。ところが農夫は1日1個しか卵を産まないガチョウに物足りなさを感じてしまい、きっとガチョウの腹の中には金塊が詰まっているに違いないと考えるようになりました。そして欲を出した農夫はガチョウの腹を切り裂いてしまいました。ところが腹の中に金塊などはなく、ガチョウは死んでしまいました」

これは、欲張りすぎて一度に大きな利益を得ようとすると、その利益を生み出す源まで失ってしまうことがあるというたとえです。今、世界は野放しの資本主義がはびこり、国が機能しなくなってきました。何が起きてもおかしくない「混沌とした時代」が到来し、アジアの国々が急速に力をつけてきた今、この寓話の教訓は現在のアジアの国のいくつかに当てはまると思います。

私は中国に5年駐在し、2つの省を除き全部訪問しました。17年間、中国と関わり、政産官学民のたくさんの素晴らしい方々と交流できたことは私の財産です。

中国は力をつけてきたことは分かりますが、自分の国を良く見せようと、ありもしない日本のウソを国連の会議を含め世界中で触れ回っています。当然ながらほとんどの国でウソがバレており、金の卵に当たる栄誉をつかもうとして、栄誉を生み出してくれる信用性というガチョウを自ら殺してしまっているのではないでしょうか。良く思われたいならそんなに焦らず、もう少し他の国との関係も長いスパンで考えるべきです。日本は戦後、長い時間をかけて荒廃した国土の中で、我慢や忍耐と努力で培ってきた信頼や信用、そして尊敬をアジアの国から得てきました。前述のアジアの歴史は戦争の歴史で、日本もこれに参戦し、多くの苦しみをアジアの国々に与えたことを積極的に学習し、知らなくてはなりません。謝罪の気持ちを決して忘れず、謙虚になって、今こそ豊かになり始めたアジアの国々と「協力、協創、協働の3協精神」でまい進しなければならないと思います。

中国もそうです。日中両国はアジアの時代に共にイノベーションとグローバル協力をキーワードにして、今こそ世界に貢献していかなくてはなりません。アジアと世界はそれを待っているのです。中国の隅々を中国の仲間と回って、いつも皆さんに伝えることがあります。

四川省の成都の山奥の食堂で昼食を食べていた時に、私がいつもカバンに入れていた田中角栄元首相と周恩来元首相が固い握手をしている大きな写真入りの日経新聞の全面記事を取り出し、食堂のおばさんに見せました。すると「デイエンジョンシェンシャンー（田中さん）だ」と親しみを込めて叫んでくれました。私は、こうした日本や日本人を評価してくれる経験を中国でたくさんしています。同郷である田中元首相にはご存命の頃、二度お会いしました。「将来、中国は大国になるから、よく勉強しておけ！」とおっしゃったことが忘れられません。政治家を中心にした一部の反日を大きく伝えるマスコミも考え直してほしいし、反日を煽《あお》り続ける嫌日中国人に対して、時間をかけても強い執念で変えていく大切さを痛感しました。

性善説と性悪説、そして親日国の変身

日本は伝統的に「性善説」が中心で運営されており、世界でもまれな暮らしやすい、信用・信頼できる安全な国です。それだけに人を甘く見てしまうところがあります。交渉でも相手の言葉を信用しすぎてしまう性質が抜けません。しかし、こうした傾向が海外そしてアジアで通用しないのは明白です。

「性悪説」では、人間は弱い者だし、人の性が悪だからこそ、人を導く教育が大切だと言っています。悪を認めるわけではなく、もちろん人間は本質的に悪者だとは言っていません。むしろ人との交わりを積極的にやれと言っているのです。

「ウソを繰り返して相手に本当だと思い込ませる」「善人にすべて責任を押し付ける」「捏造《ねつぞう》やウソでもよいから相手を責めることが大事」「正しくやっても、だまされる方が悪い」。

海洋国家で恵まれすぎた単一民族の日本人は、こういう戦いに慣れていません。

日本人は、自分たちの感覚が世界の中で特殊なのだということを知らなくてはならないのです。

こうした中、最近、中国の破天荒な実弾攻勢に、インドネシアやタイでのインフラ投資に日本が負けてしまっているケースが出てきました。これまで親日と言われてきた両国の国づくりに言語を絶する多大な貢献をしてきた我が国の行方を注視しなければならないと思います。

ただ、日中はアジアの時代において、お互いに競争でなく前述の「3協」を推し進めるべきです。

宗教を理解することの重要性

アジアの宗教は多様で、仏教、イスラム教、キリスト教、ヒンドゥー教をはじめとして宗教の国際見本市のような地域です。ミャンマー、タイ、ラオス、カンボジアでは仏教徒が中心であり、ベトナムでは儒教、仏教および道教が混合した宗教が支配的です。またフィリピンではキリスト教が支配的であり、インドネシアやマレーシアではイスラム教が寡占状態でハラルの知識（神に従って生きるイスラム教徒＝ムスリムの生活全般に関わる考え方）が欠かせません。またインドは仏教が生まれた国ですが、今はヒンドゥー教が圧倒しています。キリスト教が圧倒する欧州に長く住んでみて、このすさまじい違いを感じます。

海外で仕事をしてみると、政治と宗教の結び付きが強いからこそ、キリスト教、ユダヤ教、仏教、神道、イスラム教、そして儒教について学習しておくことが大切です。宗教はすべて人間の考え方のもとになる価値観に表れるからです。海外に赴任して「あなたの宗教は」と問われ、思わず「ありません」と答えたら、その人は完全に評価されません。世界のことを知ろうと思うと、政治・経済だけでなく宗教への理解は必須です。とりわけアジア担当のビジネスパーソンこそ宗教に敏感になり、学習を続けなくてはいけません。ただ、政治と宗教は相手と親しくなってから話すべきで、いい加減な態度や言質は誤解を与え、すべてを失いかねませんから注意しなくてはならないと思います。

異文化の理解が国や産業間の垣根をなくす

今や、国や文化の垣根を越えたグローバルな発想、変革のリーダーシップ、課題を解決する実行力が問われる時代です。多様な文化が花開くアジアこそ、この先駆けにならねばなりません。文化はまさに、国や人の違いをほぐしてくれる〝触媒役〟を果たします。私は、多様な欧州でこの事実を学びましたが、アジアでは一層この動きが顕著になると思います。

異文化の理解は世代を超え、国境を越え、産業の違いを乗り越えて人と人との距離を縮めてくれます。同じ業界の人でも遠慮は不要です。私も欧州や中国、アジアでこの経験をたくさんしました。同業者との付き合いは今でも続いています。日本は異常なくらい、国や産業間の垣根が高い国です。

大切なことは、「異文化を理解する能力」と「異文化と交わり影響力を発揮する能力」です。この能力があれば、違った国の多様な労働環境の中でも、相手と自分との違いを理解して受け入れ、行った先の国やその国の人たちとの垣根をなくして仕事を展開でき、協力して仕事を成し遂げることができるのです。中国と韓国も同様です。

してきました。

アジアの中のグローバル教育事情

欧米のみならず、アジア、中南米、中近東、アフリカなど、世界中で韓国と中国企業の活躍が圧倒してきました。

まず韓国ではサムスン、LG、現代《ヒュンダイ》などの躍進の背景には、国を挙げてのグローバル人材育成がありました。父親を韓国に残し、母親と米国留学する子供たち、かつてニューヨーク周辺の日本人が居住していた地域は韓国人に占領されています。小学生でも夜中まで勉強させる猛烈学習塾や国を挙げてのすさまじい英語教育や英才教育など、日本の半分以下の5000万人の国で、日本より多い大学院生、圧倒的に多い米国への留学生は驚きです。学べば、努力すれば報われる徹底した能力主義・実力主義の国になりました。学生の学習熱はサムスンのグローバル戦略で火がついたのです。韓国企業は、生き残りのため徹底的にグローバル志向で、サムスン中国の本社に伺った時にも韓国語は一切聞こえませんでした。幹部に大学院卒、留学組が多数おり、目がらんらんと輝いていました。もっとも北京でゴルフをしていた時に、我々日本人を見て平気でパスしていくというマナー違反がありました。今、韓国社会でも無理を重ねた反動で社会のひずみが深刻で、超競争社会の暗い影が噴出しているようです。

中国のエリート教育における競争も誠に熾烈《しれつ》です。エリート校である清華大学や北京大学の学生の中から優秀な学生を選び、米国の一流大学への留学を目指させています。北京大学のケースでは、毎年1000万人以上の学生が入学を希望しますが、入学できるのは、このうちわずか1000人弱だけです。その中で米国の一流大学へ留学できるのは、このうちの50〜150人程度で非常に狭き門です。

私は以前、北京清華大学の教授15人に「グローバル」について講義をしたことがあります。この大学は米国のジョン・ヘイ国務長官の提言により、セオドア・ルーズベルト大統領が義和団の乱の賠償金を引き下げて捻出した資金から1911年（明治44年）に設立されました。講義中も皆さんの目がらんらんとしており、質問のラッシュに驚いたことがありました。

中国人は一般に、周恩来や鄧小平が留学したヨーロッパが好きですが、最先端の知識と優れた教育は米国にあると考えているのです。建国100年の2049年には「米国を抜いて世界覇権を握ろう」とする習近平の野心が若者にも乗り移っているように感じます。

ハーバード大学の学部・大学院を合わせた国別留学生数を1999〜2000年度と2009〜2010年度で比較すると、中国は227人から463人、韓国は183人から314人に急増しましたが、日本は151人から101人（学部はわずか5人！）に減少したと言います。また米国の大学に進学するインド人学生が加速度的に急増していると聞きます。今や米国内の外国人留学生としては2番目になるようです。科学者の12％、医師の38％、NASAの科学者の36％がインド人だと言います。

日本人の留学生数の減少は、間違いなく日本社会が活力を失っていっている証拠ではないでしょ

図表8　ASEAN7ヵ国の親日度

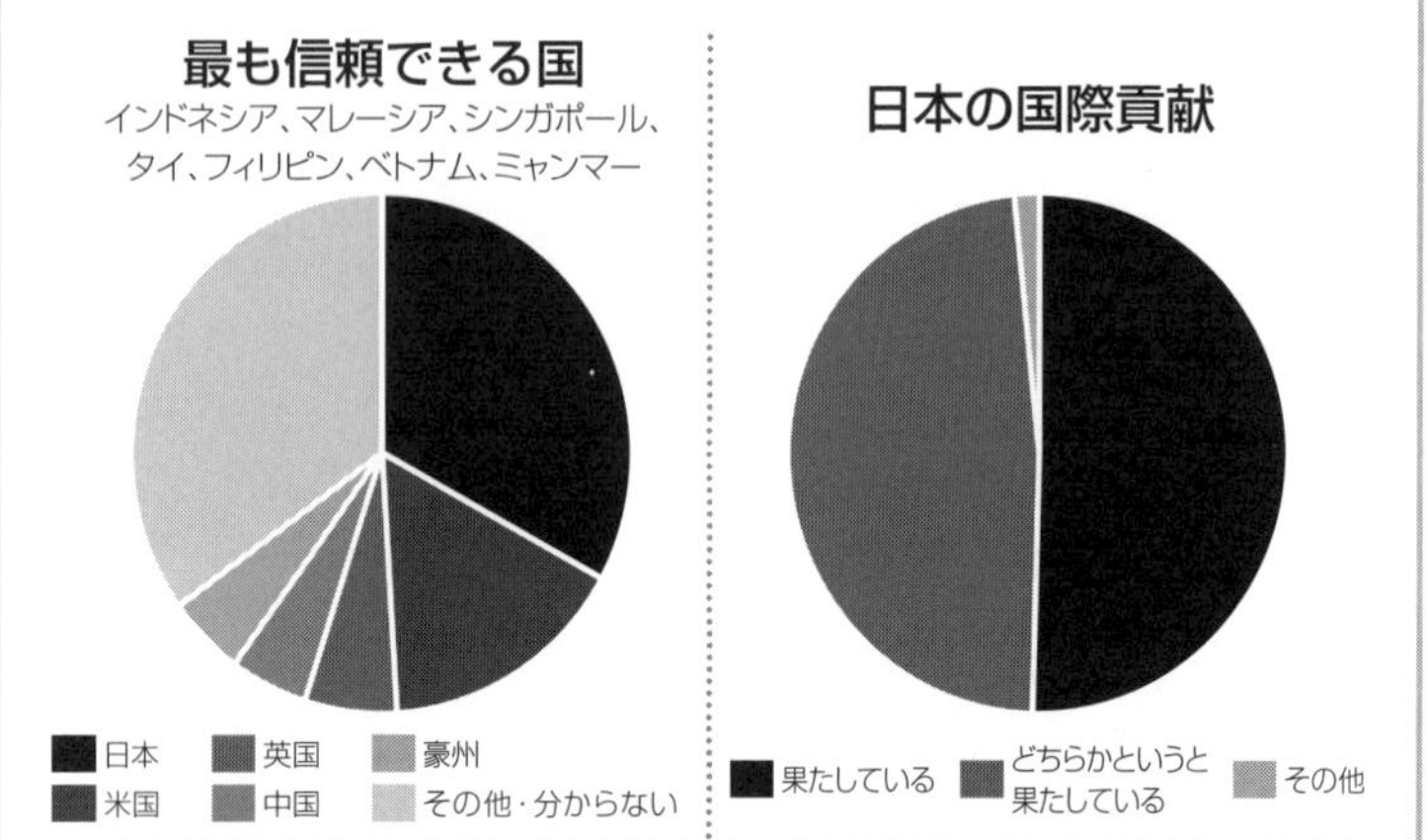

ASEANの重要なパートナー

	現在	将来
日本	65%	60%
中国	48%	43%
米国	47%	40%
韓国	37%	30%

うか。多くの優秀な日本人が世界へ飛び出し、経験を積み、世界で活躍できる人材に成長することこそが、20年以上続く日本の停滞を食い止め、再活性化させる原動力になるはずで、これは由々しき事態です。今や日本人の多数は、日本の繁栄にあぐらをかいて〝ゆでガエル〟になってしまっているのではないでしょうか。

ASEAN7ヵ国　対日世論調査

ここで2014年に外務省が実施した「ASEAN7ヵ国における対日世論調査」の結果をお伝えします。（**図表8**）インドネシア、マレーシア、フィリピン、シンガポール、タイ、ベトナム、ミャンマーで実施されました（18歳以上の識字層約300名を対象にオンライン方式）。日本

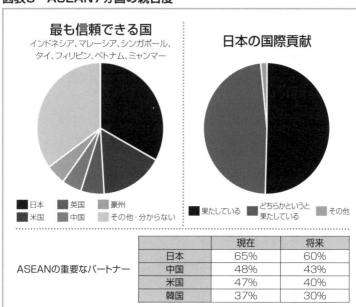

との関係については、9割以上が「友好関係にある」または「どちらかというと友好関係にある」と回答し、また同じく9割以上が日本を友邦として「信頼できる」または「どちらかというと信頼できる」と回答しており、日本との関係に関し肯定的なイメージが広範に定着していることが示されました。さらに、米国、中国など11ヵ国の中で「最も信頼できる国」として日本を選択した割合は33％であり、11ヵ国の中でトップでした。2位は米国で16％、3位は英国で6％、4位はオーストラリアと中国で5％でした。

また日本の国際貢献に対する評価については、「果たしている」と「どちらかといえば果たしている」を足すと、ほぼ100％の人が評価してくれています。

さらに「ASEANの重要なパートナーは？」の問いに対して、現在も将来も60％を超えるのは日本だけで、中国、米国、韓国を圧倒しています。

日本のODAの貢献

東南アジアを回ると、日本のODAの貢献ぶりに目を見張ります。中国などは日本の貢献を公表するケースが圧倒的に少ないと聞きますが、ASEAN諸国の国民は日本からのODAをよく知っており、感謝の言葉をいただくことが多いようです。ASEANへの支援の割合は年々低下していますが、今でも日本のODAの約50％であり、主要先進国中最大です。

ODA大綱にはその目的が次のように記されています。「我が国のODAの目的は、国際社会の平和と発展に貢献し、これを通じて我が国の安全と繁栄の確保に資することである」。これまでインフラ整備、人材育成は該当国の輸出産業を育成し、民間活動の発揮に貢献してきましたが、今後とも地球上の貧困を根絶させるような長期的視野での考え方を推進することが必要だと思います。

ただ人権や環境問題に関わる事例も多く、今後は中国が展開を始めている「海と陸のシルクロード戦略」との違いを明確にして取り組むことが肝要です。また70年代から80年代は円借款が多く、相手国の債務は膨張して累積債務問題が発生してくる国が出てきました。今後は慎重な対応が望まれます。

アジアの鉄道と道路（物流）の変革

鉄道については日中の競り合いがますます激しくなってきました。現状は中国の受注が50％で、日本の受注が18％と聞きます。タイの高速鉄道プロジェクトの第1号は中国が受注しました。また陸続きのラオス、カンボジア、タイに売り込み、中国と周辺国を連結させて、その経済圏を拡大しようと躍起になっています。インドネシアも日本が確実視されていたところ、昨年中国が受注に成功しました。またインドもASEAN間の鉄道事業に取り組み始め、まずミャンマーへの結合線路の建設を完了しました。シンガポールや他の南アジア、北部タイに連結し、ベトナムへの連結も狙っています。さらにマレーシアのクアラルンプールとシンガポールを結ぶ高速鉄道は2017年着工、2022年開通を目指し、受注合戦が本格化してきました。日本、中国、韓国、カナダ、フランス、ドイツが激しく競っており、韓国は企業や協会、政府機関など50以上の組織が組んで受注を目指しています。日本は安全性で高い評価がありますが、関連企業が多すぎて価格競争力で問題があるようです。

日本はASEANに40年以上投資を続け、圧倒的に最大の生産拠点を持っている国です。それだけに国境を越えた交通網づくりは死活的に重要です。安全性だけでなく正確性や環境、地元への配慮など日本が強みとするインフラのオペレーションと交渉力の強化、国を挙げてのASEANの人脈づくりに一段と注力しなくてはなりません。

道路については**図表9**を見てください。日本のJICA（国際協力機構）が中心となり、ベトナム、ラオス、タイ、ミャンマーを結ぶ東西回廊と、ベトナム、カンボジア、タイ、ミャンマーを結ぶ南部経済大動脈の整備が進んできました。メコン諸国の経済発展で重要な役割を担う2つの経済回廊は、道路、橋、港湾の建設であり、該当5ヵ国支援の重点分野の1つで、物流は飛躍的に改善されます。東西回廊の完成

図表9　ASEAN内道路網　南北回廊と東西回廊

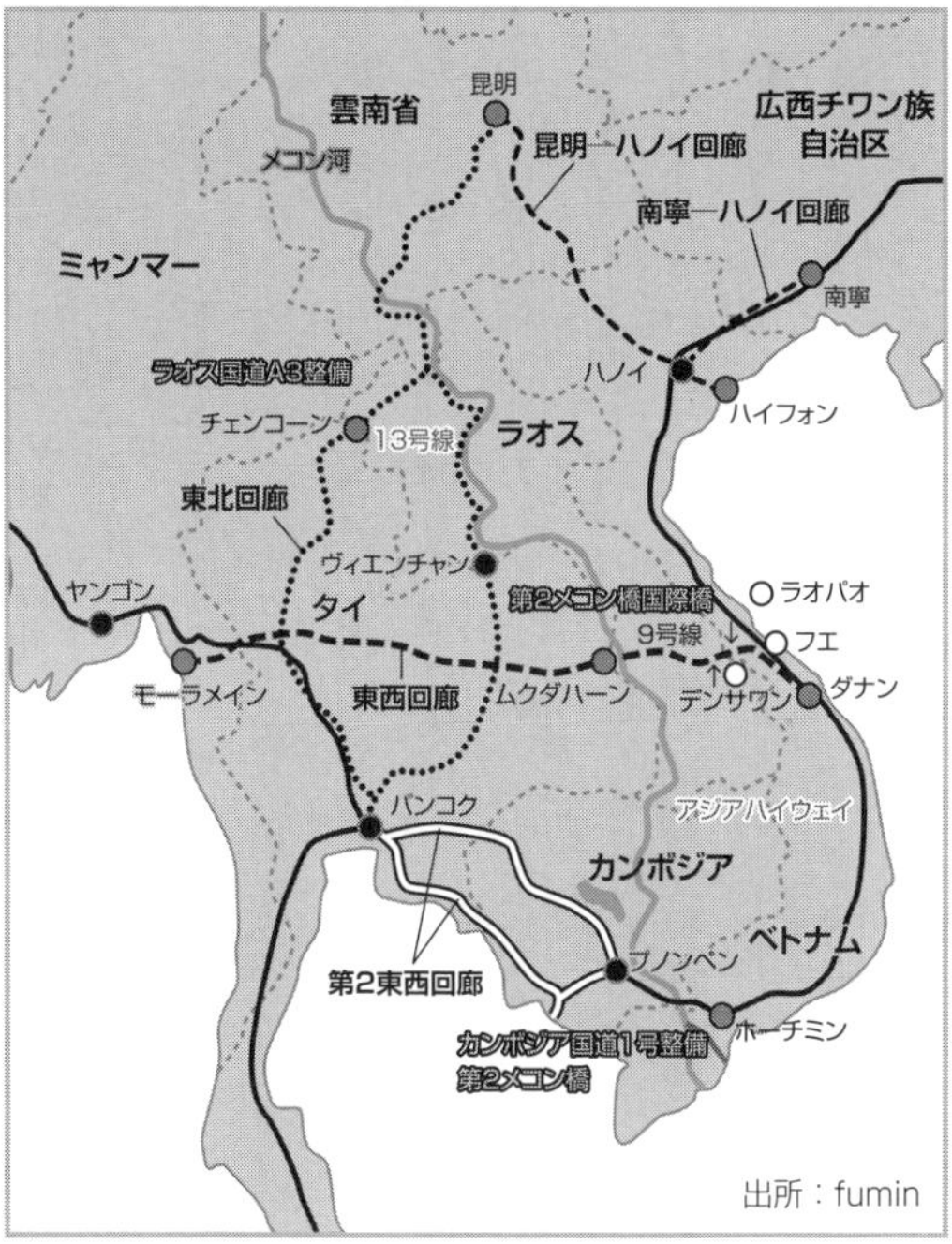

で、ハノイとバンコクの輸送時間は船便で2週間かかったのが、陸路で4日に短縮されました。

またミャンマールートが完成すると、これまでのマラッカ海峡利用のルートと比べ、劇的な時間の短縮と費用の低減が可能になります。この他、シームレスな物流を実現するため２０２０年を目指し、「アジア・カーゴ・ハイウェイ」構想を提案し、ソフトインフラや人材の育成、法制度の整備や各種域内標準化など目を見張る協力を進めています。

したたかな中国は地続きの強みを活かし、中国南部の昆明からラオス、タイ、マレーシア、シンガポールの南北回廊に注力しています。また上海からシンガポールまでの約７０００キロもつなげて優位な競争を仕掛けています。

一方ＪＩＣＡはＡＳＥＡＮ全部の国の主要港湾整備にも目を見張る活動を実施しており、海洋ＡＳＥＡＮ経済回廊は港湾、港湾関連産業、電力、ＩＣＴネットワークの連結性強化に大活躍をしています。今後、中国の「海のシルクロード戦略」との競争が激化していきます。

ヒト、モノ、カネが血液なら、インフラは血管です。政官産学が力を合わせ、スピードで結果を出すことが何よりも重要です。

AEC誕生と多国間経済連携協定

２０１５年12月31日、ＡＳＥＡＮ経済共同体（ＡＥＣ＝ASEAN Economic Community）が創設されましたが、提言から実に13年の月日が経過しました。中南米を超える6・3億人の人口と世界

図表10　国境をまたぐ具体的な動き

●トヨタのIMVプロジェクト（域内分業と現地調達拡大）
主要部品を各国で集中生産、AFTA活用、世界輸出
デンソーや2次部品、素材メーカーを含め重層的生産ネットワーク

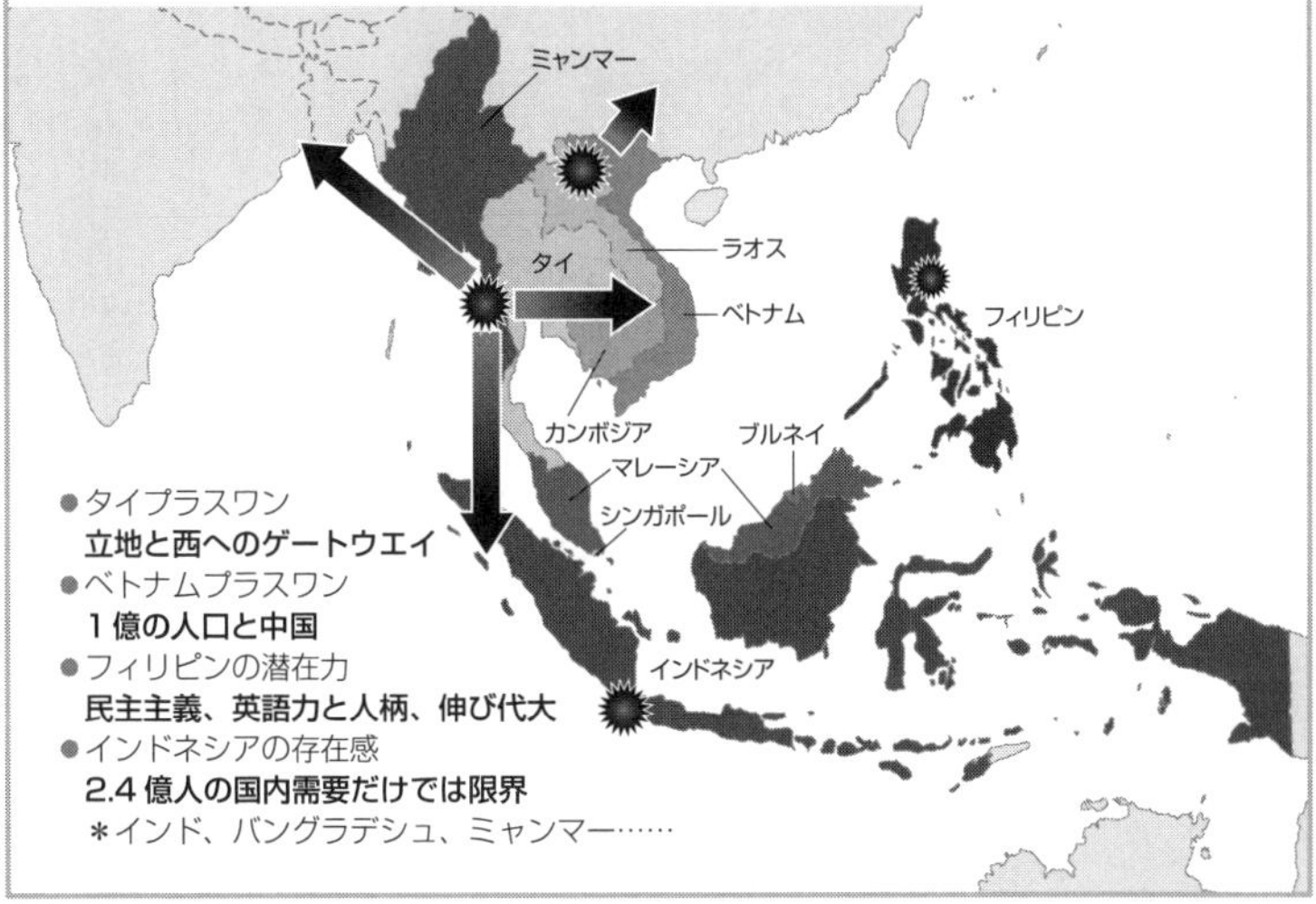

第7位の2・4兆ドルにもなるモノ、ヒト、サービスが自由化される単一生産拠点、単一市場の誕生です。関税撤廃は実に95・9％で、自由化率の高いＦＴＡ（自由貿易協定）になりました。私が統合まで10年以上暮らしたＥＵとの大きな違いは「①統一通貨はつくらない、②域内の人の移動は熟練労働者に限られる」の2つです。陸路、海路は着々整備が進み、域内統合に期待が持たれています。

アジアのＦＴＡは40を超えており、企業のメリットと経済への効果は計り知れません。日本とＡＳＥＡＮの関係は40年以上に及び、日本はＡＳＥＡＮ全体との間でＦＴＡとＥＰＡ（経済連携協定）を結んでいますから、ＡＥＣのメリットはこれまた甚大です。既に**図表10**のように自動車大手のトヨタはタイ、フィリピン、インドネシアの3工場を舞台に、ASEAN各国と世界への自動車や部品生産の重層的生産ネットワーク補完体制を構築しました。タイプラスワン、ベトナムプラスワンやフィリピン、インドネシアも激しく動き出しました。インドも東へシフトを始め、バングラデシュやミャンマーも躍動を始めました。ASEANやアジアビジネスが本当に面白くなってきました。

またマレーシアのクアラルンプールに2013年から地域統括拠点を置く日本の大手流通業者は着々と手を打ち、幅広い業務を展開しています。経営戦略の策定から新規出店支援などを推進し、消費トレンドを研究したり、商品開発や物流支援までも行おうとしています。タイで仏教徒向けの商品、マレーシアでイスラム教徒向けの商品開発をしています。地域統括会社ではASEAN人材の登用も進めており、国籍に関係なく多様な人材を集め登用している姿に明日のアジア人事労務の進め方を感じます。

ただ関税撤廃などは高い評価を得ましたが、非関税障壁、サービスや投資などについて2015年は通過点になってしまいました。「AEC2025」に向けて新たな行動計画の実施という形となり、2025年という長期視点で見た息の長い交渉が続くことになりました。

引き続き日本企業は「AECでどう変わっていくか」「AECをどう上手に使うか」の知恵が問われます。また同時に進行中のRCEP（東アジア地域包括的経済連携）とTPP（環太平洋経済連携協定）の統合や活用中の域外FTAとAECの関連性をしっかり学習する必要が出てきます。**図表**

図表11　AEC、TPP、RCEP加盟国

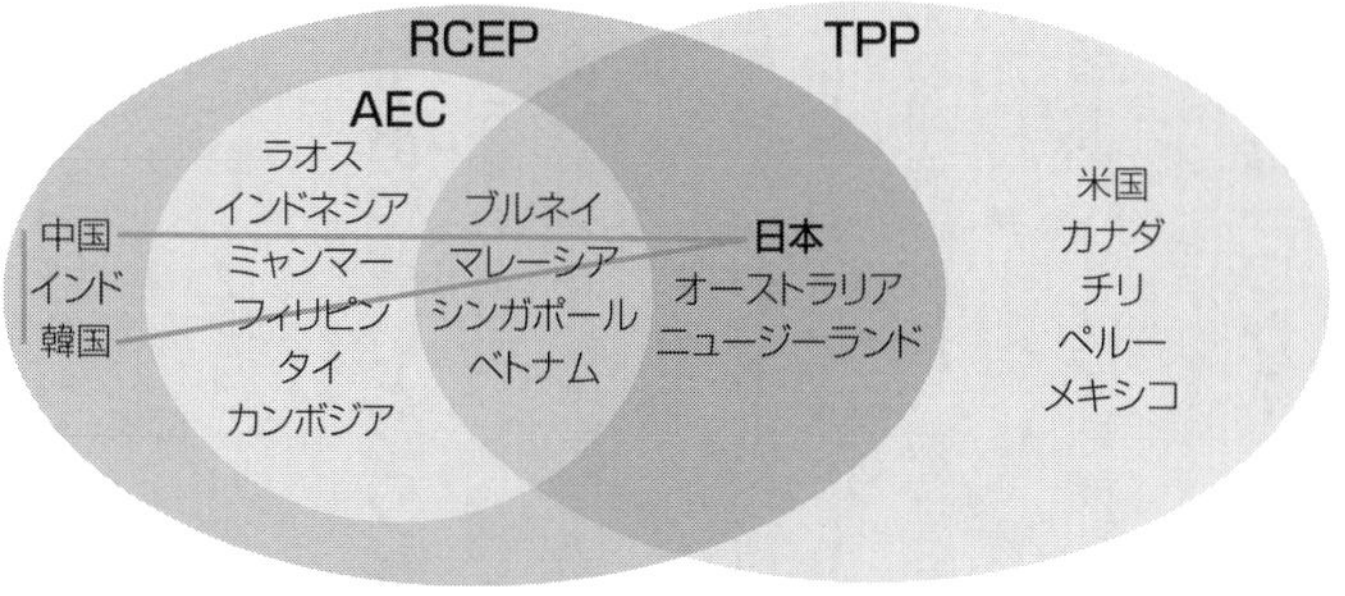

	AEC	TPP	RCEP
シンガポール、ベトナム、マレーシア、ブルネイ	○	○	○
インドネシア、タイ、フィリピン	○	△	○
ミャンマー、ラオス、カンボジア	○		○
日本、オーストラリア、ニュージーランド		○	○
韓国		△	○
中国、インド			○
米国		○	

11に示したのはAEC（10ヵ国）、RCEP（16ヵ国）、TPP（12ヵ国）の加盟国です。AEC加盟国は世界経済の成長センターとして期待され、親日国だった国も多く、日本への信頼とブランド信仰は半端ではありません。日本からの投資、観光客、輸出入や越境ビジネスの増加が期待されます。今まで以上の謙虚さ、おもてなしの心とアジアへの情熱が問われます。アジア全体を鳥の目で考察する（多様な視点から広く浅く見つめ、あらゆる情報を獲得する）ことが重要になってきました。

RCEPはTPP交渉開始で中国が躍起になって進めていますが、自由化率が高くありませんし、新たなルールはありません。2016年には合意されるようですが、インドが原産地規則などで消極的なことも含め、

課題は多いようです。ただ2050年には世界のGDPの5割を超える予想もされており、将来性は大きいと言われています。

いずれにしても、この1~2年でアジアのFTAは大きく変わります。このテーマから目をそらさず、しっかり対応していかなければなりません。

アジアの爆買いとインバウンド

2015年の訪日外国人は2000万人を突破し、過去最高となり、旅行消費額も約3・5兆円となりました。特に中国人の増加が顕著で、約500万人と前年の2倍、韓国400万人、台湾370万人でした。この3ヵ国で1270万人、63%を超えます。反日の風潮が少し緩んできた中で、中国と韓国からの訪問者急増は関係改善に確実な追い風になります。それでもまだ世界で22位、アジアで7位ですから、2016年以降も上昇が続くでしょう。特にASEANやインドなど他の国からの訪問者が今後も期待されます。もともと親日国だった国からの来日は"Seeing is believing"でアジアと日本の交流に一層、拍車がかかっていくでしょう。この神風を大切にしたいと思います。皆さんを笑顔いっぱいでお迎えしましょう。

アジアは一つか?

「アジアは一つ」と言った岡倉天心は、インドのタゴールや中国人との交流、米国ボストンにしば

図表12　アジアの多様性

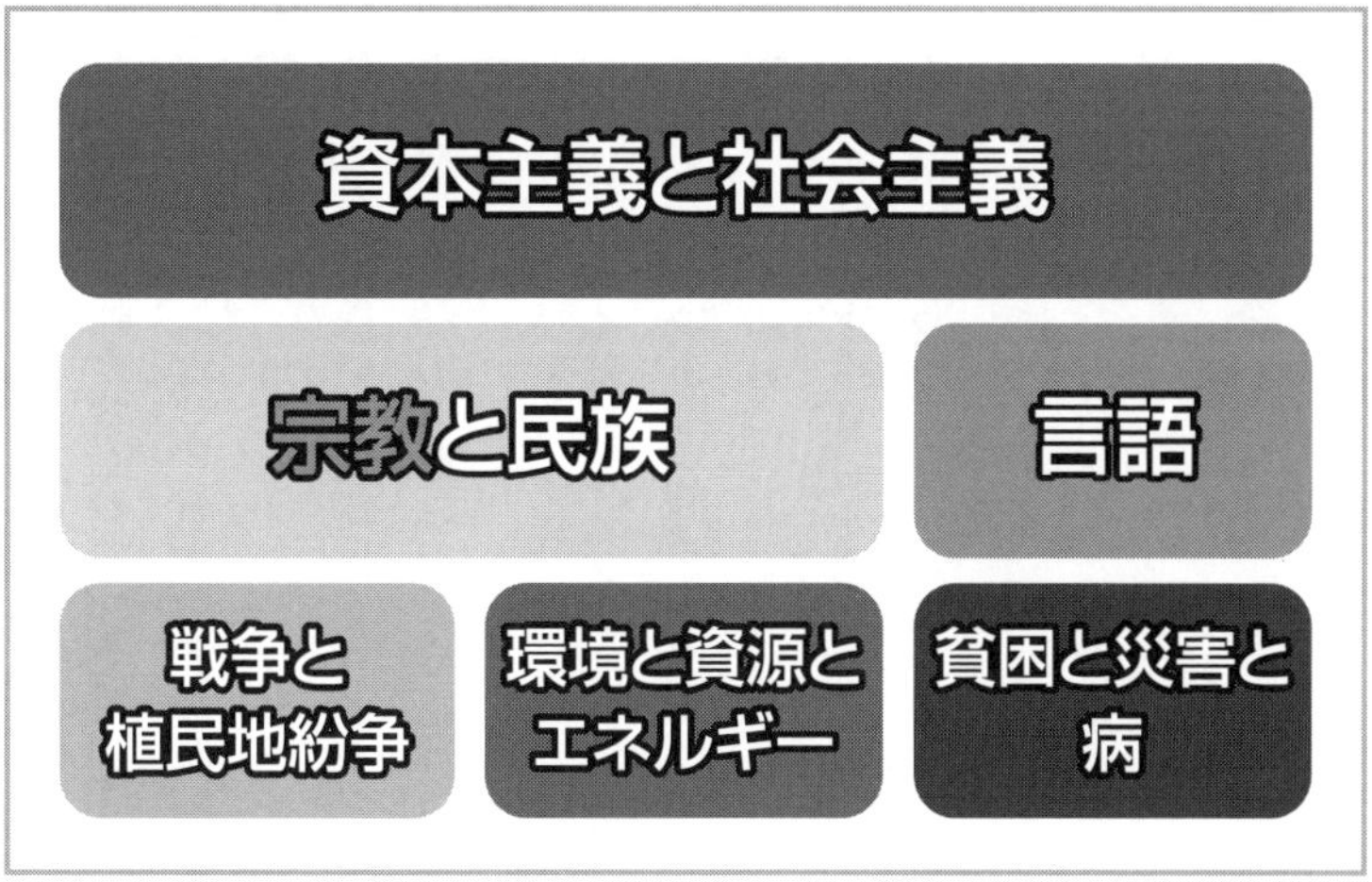

しば訪れるなど国際人としてならしました。そして100年以上も前にアジア共同体の概念を示したのです。「アジアは一つ」や「アジアは一体」と言い続け、「眠れる巨象は明日にも目覚めて、恐るべき巨歩を踏み出すかもしれない」と論破しました。また孫文も同じ頃、日中を往来し、「大アジア主義」を唱え辛亥革命を実現させました。

欧米先進諸国の植民地として塗炭の苦しみを経験したアジアの諸民族は、欧米とは違った共通の文化的伝統と歴史的運命の下にあるのだから、アジア人同士の団結力で「新しいアジア」をつくろうという思想と運動でした。

ただ多様性あふれるアジアを一つにまとめていくことは容易ではありません。

図表12はアジアの多様性を示しています。

①資本主義と社会主義

もともと中国などの共産主義勢力の防波堤を目指し

たのが今のＡＳＥＡＮの源流です。中国やベトナムは共産主義国家と資本主義の良いところを融合して新しい国家体制をつくっています。さらにカンボジア、ラオス、ミャンマーがこれに続きます。最後は資本主義国家に近づく資本主義統制国家になるのではないでしょうか。

②宗教と民族

宗教は多種多様です。仏教、ヒンドゥー教、イスラム教、キリスト教など、宗教の国際見本市のようです。それだけに前述したように、宗教を問われた時に「無宗教」と答えてはいけません。軽蔑されます。

民族も数百あると言われ、広義の白人、黄色人をはじめ多種多様の人種が住んでいるだけに「異文化マインドセット」が極めて重要です。

③言語

日本人の語学下手は目を覆うばかりです。力をつけたアジアの人たちは英語や日本語能力にたけている人が目立ってきました。我々日本人も英語はもちろん、その他交渉相手の国の言語にも挑戦することが大切です。するとビジネスがうまくいき始めます。アジアでは特にうまく話したいと思わず、自信を持って話すことの方が大切です。このことについては第5章第3節で詳しくお伝えします。

④戦争と植民地紛争

アジアの国々は欧米の植民地になって悲惨な苦しみを味わいました。研究すればするほど筆舌に尽くしがたい状況でした。しかし、日本はそうした国々を心から支援してきたことを知り、自信を持たねばなりません。各国政府からたくさんの勲章をもらった人たちもいるのです。戦後はＯＤＡに全力を尽くしました。

⑤環境と資源とエネルギー

気候変動が激しくなってきました。世界経済の持続的発展と人類存続のために、世界でトップの日本の技術を積極的に投入していくべきです。こうした活動を通して世界から信頼される「イノベーション大国日本」を強く発信していかなくてはなりません。先日も環境分野で中国や韓国と力の入った協力を進めている日本企業の方にお話を伺いました。

⑥貧困と災害と病

貧困と災害と病はアジアの深刻な問題です。格差がさらに拡大する中、アジアの貧困率は30％を超え、１・４億人が貧困層に該当するという報告もあります。自然災害と病気が多いアジアは、今後も一気に貧困層が拡大するという別の報告もあるほどです。

ＡＳＥＡＮをとっても、人口で最少国のブルネイと最多国の中国では３４００倍、一人当たりＧＤＰでも最大のシンガポールと最少のミャンマーでは60倍の差があります。宗教も多彩で、イスラム教徒は45％、仏教徒が35％、キリスト教徒が15％です。キリスト教徒が大半のＥＵとの違いは大きいわけです。

当初から加盟国だった6ヵ国（タイ、マレーシア、シンガポール、インドネシア、フィリピン、ブルネイ）と99年までに加盟した4ヵ国（ベトナム、ラオス、ミャンマー、カンボジア）は97年の通貨危機で結束し、市場統合を加速させました。2001年、中国は苦悩の末決めたWTO加盟により多くの法令を見直して国内流通を整備し、GDPを倍増させました。その間、中国で経営をしていた私は、中国の決断と激しい動きに感心しました。この状況の中、ASEANも激しい議論の末、2015年末「ASEAN経済共同体（AEC）」を完成させたのです。

第2章

Global Asia

“多様なアジア”はこう攻める

疾風怒濤《どとう》！ アジア14ヵ国14人の成功事例を模範グローバル・アジアリーダーに学ぶ

アジアを見続けて18年になります。この間にお会いしたグローバル・アジアリーダーがたくさんおられます。若手起業家、企業の役員や経営経験者、大学教授など使命感にあふれる現役やOBの皆さんです。今回、そうした皆さんを中心に、14ヵ国20名の方々に様々なご協力をいただきました。この章では、各国で大変なご苦労を重ねられ、着々と成果を上げられてきた皆さんに筆を起こしていただきました（注・社名や肩書きは初版発行当時のものです）。

中国で憧れのブランドへ　――「感動常在」で中国を攻める！

キヤノン株式会社 専務執行役員、キヤノン中国社長
小澤 秀樹

――中国進出の経緯を教えてください

最初に中国と接触したのは、１９７９年に周恩来の奥さんが「精密工業を支援してほしい」ということで来たことのようです。当時の賀来（龍三郎）社長が対応して「協力しましょう」ということになり、81年に中国の会社と技術提携したことから始まりました。84年に複写機、消耗品を扱っている中国方と合作し、85～88年にかけて北京、上海、広州に事務所をつくっていきました。キヤノン

中国は97年の設立で、今年で19年になります。工場は89年の天安門事件直後に大連と珠海につくりました。天安門事件で外資が一斉に引き揚げた時に、キヤノンは逃げずに残ったということで非常に評価されたと聞いています。中国では「井戸を掘った人の恩を忘れるな」ということがよく言われ、エモーショナルなところがあります。

――中国ビジネスの印象はいかがですか

米国、香港、シンガポールを経験しましたが、中国本土が一番難しい。海外経験がなくて日本で純粋培養のまま来ると、日本とは真逆の部分が多くあって心身がかなり消耗します。海外経験のある私でも、2005年に来た時は訳が分かりませんでした。私が着任したのは反日活動が盛んな時で、着任してしばらくたった頃、デジタルカメラメーカーが呼び出され、中国標準に合っていないと指摘されました。正論を主張して生産・販売を停止させられた会社もありましたが、私は技術者を送り込んで丁寧に話を聞いたところ、「よく話を聞いてくれた」とOKになりました。その時「尋常な国ではない」と思いました。まずは「メンツ」を立てなくてはいけない。そういう難しい面はありますが、ビジネスをやると非常に面白い国だと思います。

最近思うことは、中国経済の成長は7%を切り、いずれは5%くらいになってしまうのではないかということです。習近平主席も「新常態」と言っています。消費者も豊かになり、情報もネットで取れるようになって、安ければ買うという話ではなくなってきました。今までと同じやり方をしていては勝てない、精度を考える時代に入ってきました。また中国にはリスクが多いということも考えねばなりません。政治的なリスク、経済的な問題、災害や病気などいろいろなリスクがあるのでリスク管理をきちんとしておく必要があります。さらにビジネスで我々が感じることは、ディーラー、ディストリビューター、ビジネスパートナーのマインドがトレーダーだということです。要するに、右から買って左に早く売り抜けてしまうという人が多くいます。これからは売るものに付加価値をつけて売るという理論武装した「マーケティング思考」が大切です。

これからの10年間に小売店はかなり淘汰《とうた》されると思います。

──キヤノン中国の販売とマーケティング状況は？

2005年から2015年まで販売は約5倍になりました。特にカメラ関連は会社全体が3割伸びている時に7割程伸ばしています。ただ2012年の尖閣問題と時を同じくし、経済も停滞し始めました。中国戦略の最も重要なところは「ブランドの認知度を上げてブランドイメージを高めること」で、ここに注力しました。複写機は自分の周りにないですから、カメラに注力したのが良かった。中国で圧倒的に有名なジャッキー・チェンをCMに使ったことでブランド認知度も上がり、カメラがぐんと売れ出して、プリンターも追随してきました。ジャッキー・チェンの起用は大きかったですね。中国では皆が知っています。ブランド力を上げないと中国では勝てません。何を買うかという時中国は「メンツの世界」です。人に見せびらかし、自慢できるようなブランド力が購買を左右します。

もう1つは、製品名や広告に中国語を入れたことです。私が来た時は英語の「キヤノン」だけで、製品名称も英語だけでした。これを80～90年代に使っていた「佳能（ジャノン）」も併用し、製品名も中国語の併用にしました。これは効きました。中国語を使うことで一気に「佳能」が広がりました。キヤノンを知っている人は人口の7割くらいではないでしょうか。我々は「感動常在（グヮンドンチャンツァイ）」というスローガンを掲げていますが、非常に認識されています。私がシンガポールにいた時に“Delighting You Always”というスローガンをつくりました。当時本社が推進していたCS（Customer Satisfaction）の上位概念としてあった“Customer Delight”（お客様に感動を届ける）でやったらどうかと考えたからです。さらに、全アジアの総責任者を任された時に、これで全アジアを統一しましたが、中国だけは中国語に置き換え、「感動常在」（感動を常に提供する会社）にしました。この言葉が必ずテレビをはじめすべての広告の最後に出ます。「『グヮンドンチャンツァイ』は人の心を打つ」と何人かの方に言われました。

またテレビコマーシャルにも力を入れています。中国人がテレビコマーシャルを見ている時間は、日米に比べればかなり多いと思います。中国のテレビコマーシャルは真面目なものが多いので「最後にオチがあって笑わせるようなCMをつくるように」と指示しました。

5年前から中国の空港で新年の挨拶CMを流していますが、他の中国企業のCMを見ると「新年あけましておめでとうございます」と紋切り型の挨拶をするだけで全く面白くない。そこで女性社員と男性社員と私が入った面白いものにしました。昔放送されたバラエティ番組『シャボン玉ホリデー』を参考にして、丑《うし》年でしたので、「私が真面目にしゃべっているところに牛が飛んでくる」ようにしました。反応が良かったので毎年シリーズ化しています。2015年は羊年でしたので、最後に私が羊に乗って空から降りてきて笑いを誘う演出をして好評でした。これを春節の時期に26ヵ所の空港のテレビモニターで流しました。恐らく1億人以上が見たと思います。私の中国語が下手だから皆が注目してくれたのだと思います。うまければ誰も見ません。旧正月は子供連れの移動が多く、「あー、パパ、ママ見て!」と必ず言うだろうと考えました。

――キヤノン中国の組織（燃える集団）の強みは?

当社はキヤノン中国の下に全事業部がぶら下がっています。本社事業部にももちろんつながっていますが、基本的にキヤノン中国の社長が権限をすべて持っていて、事業のトップは全部の案件を私に通してきますから、事務機やカメラの責任者に宣伝や販促などの指示ができます。それが当社の強みで、そういった組織形態がうまく機能しているのではないかと思います。権限移譲が進んでいるため、我々が事業部のトップや会長に聞くことは大きな投資に関することだけで、通常のビジネスに関して聞くことはほとんどなく、キヤノン中国の経営会議にかけて即断即決で決めてしまいます。やりたいようにやらせてくれますので、非常にやりやすい環境です。

中国各地の販売拠点においては、31の拠点長は16支店のうちの9支店は中国人、その下の15営業所長は一人だけ日本人で、あとは中国人です。ただ何が課題かというと、人材です。仕事ができ人間的に魅力があってもダメで、不正をやらないことが必要です。どこの会社でも何人か不正をする人を出していると思います。だから、不正をやらず、人間的にも魅力があって仕事ができる人でないと上層部の現地化は難しい。我々日本人はいずれ帰国しますが、キャノン中国は半永久的に存続し続けます。今いる中国人たちがしっかり育っていくのは良いことですが、「必ず不正をしない」ということが必要で、そこが大きなポイントだと思います。私たちの会社はZD運動をやっています。ZDはZero Dishonestyのことで、不正をゼロにしようということです。ZD委員会をつくって各支店に責任者を置き、至るところにポスターを張り、ホットラインで不正を通報させます。それらを調べた結果、残念ながら解雇に至るケースもあります。習近平体制の政府も「不正撲滅」をやっていますから、いいタイミングです。「本当にゼロにしようよ」と言っています。

また、社員のハートを燃やす仕掛けを考え実施しています。赤いネクタイが秘訣《ひけつ》です。月曜日はパッションデーとし、その象徴が赤いネクタイです。我々は販売会社ですから、情熱と挑戦のマインドがないといけません。特に月曜日はダラッとしがちですので、男性は赤いネクタイ、女性は赤いスカーフを着用します。もう十数年続けています。トリガーになっているのはタイガー・ウッズや各国のトップです。勝負の時や大事な場面ではウッズも米国の大統領も中国の国家主席も必ず赤を身につけますね。キヤノンのロゴも赤だし、中国本土も赤でシンガポールも香港も赤ですよ。みんな赤を使っているのです。私自身も赤が好きです。東京の本社から出張してこちらへ来る人も、そのことを知っているので、赤いネクタイを締めてきます。

また毎朝、各部門が持ち回りで社内のすべての部門を挨拶して回る「ニーハオ運動」も行っています。「順番が回ってくるのは2ヵ月に1回くらいで、今日は人事グループ、明日は総務グループとなります。その挨拶部隊がうちわを持って、「ニーハオ、ニーハオ」と毎朝各職場を回ります。そして昼の2時半になると皆で踊る。これは4年程前から始めました。最初は体操をやっていましたが誰もやらないので、5分間踊らせることにしました。これは管轄のアジア10社であるインド、タイ、シンガポール、香港、台湾などでもやっています。

元気な企業風土をしっかりつくり、挨拶をさせることが重要だと思います。そもそも、挨拶もせず、感謝もしない人間が販売できるのか。皆、頭では分かっているのです。でも、行動に出ていない。ここから徹底的に変えようと思いました。感謝の気持ちと挨拶の励行は企業風土改革の原点です。

――キヤノンにおける中国事業の位置づけと人材育成は？

中心は日・米・欧ですが、中国を含むアジアのウェイトが益々上がってきています。

本社もアジア、中国に注目して、金も物も人材も出してくれるようになりました。製品にしてもアジア、中国を意識したモデルをつくってくれています。人材について私は本社各部門トップに「トップクラスを送ってくれ」と言っています。欧米はある程度まで成長し、組織もしっかりしているから問題はないが、アジアは一流人材が必要です。一流という意味はＩＱとＥＱがそろっている人のことで、特にＥＱが重要です。仕事はできても変わり者ではダメで、現地社員から不平不満が出ると優秀な人が辞めてしまいます。だから日本人幹部は人間力が旺盛でＥＱ力の高い人がいいと思います。「ＩＱよりも愛嬌」です。最近特に言っていることは「沈黙は金でなく、犯罪」ということです。会議で一言もしゃべらない人間はイエローカードで、次回は「出場停止」、レッドカードなら

「二度と来るな」となります。会議が進み、2時頃になって「残り3時間で発言しないと来月は出場停止」と言いながら発言していない人の名前を発表すると、皆発言します。言いやすい雰囲気を醸し出すため、私も上着を脱いで会話の中にユーモアを入れる工夫をしています。そして体制的な意見だけではなく、厳しい意見も出してくれと言っています。

人材育成については、米国、日本、英国、シンガポールへの海外研修制度があり、キヤノン中国でも各種のトレーニングをやっています。私は幹部にはIQ、EQ、AQ、GQの4つのQが必要だと言っています。IQは頭が良いとか仕事ができる、EQは人間力や誠実さ、AQはAdversity Quotientで、忍耐力とか困難に立ち向かうタフネスさ、GQがグローバル能力で、これに合った研修をやっています。あとはプレゼンテーション能力で、マネジメントする立場になった時に重要なことは自分の考え方を伝える能力です。それがまだまだ低いです。スピーチやプレゼンテーションをする時に皆に背を向けていたら、聞いている人の中には寝てしまう人もいます。だから演台を取り去ってヘッドホンマイクでやらせています。徐々にうまくなってきましたが、とにかく訓練が大切です。

――アジアの時代に若者へのアドバイスをお願いします

中国人は優秀です。またアジアの人たちも自信を深め力をつけ、世界に飛び出し始めています。この5年間、毎年20人の中国人大卒者を採用し、5年くらいはタダ飯食らいでもいいと思っていましたがとんでもありません。1年で立派になってくれています。20人採用するのに7000人が応募してきますが、皆すごい人たちです。日本語も1年くらいで話せるようになります。勉強と生活がつながっており、一生懸命勉強をすると収入が上がり、自分の生活レベルが上がる、すると良い仕事も来るからさらに頑張る。今、中国もアジアも、そのような潮流が押し寄せています。それに負けないような日本人を養成していかないといけません。

(一社)日本在外企業協会「グローバル経営」2015年4月号より抜粋、編集

平沢の一言 デジタルカメラの世界シェアでトップを走るキヤノンの海外売上高比率は80%を超えていると言います。海外売上高に対するアジア・オセアニア地区(含む中国)の売上高比率は20%を超え、この10年間の同社の販売増は中国を含むアジア地区が支えています。中でも中国におけるキヤノンのブランドイメージは突出しています。市場責任を持つ人間の即断即決や、小澤さん自らが中国語を駆使してコマーシャルに出て人気を博したり、社員の情熱をかき立てる〝赤〟や挨拶部隊など、日本国内営業のセールスマンからたたき上げてきた同氏の経験が大きな力になっています。人を尊重し、「人は石垣、人は城」を中国で実践し、幹部人材に求められる4つのQなど小澤マネジメントスタイルに学ぶことは極めて多いと思います。

全国中小企業から絶賛されている現代の辻説法師《つじ》

――韓国ビジネス状況と今後の行方

愛知淑徳大学ビジネス学部・ビジネス研究科　学部長・研究科長・教授

真田　幸光

韓国への思い

私は社会人となる際、韓国をよく知る、アジアをよく知る日本人になりたいと考えました。それは、「私の親戚がかつて日韓経済協会会長の職にあり、幼少の頃より、日本にとっての韓国やアジアの重要性を聞いていたこと」「私が就職した当時の１９８０年代前半は国際ビジネスの中心は欧米にあったが、その頃より、韓国やアジアの潜在力を感じ、他人とは違う方向から国際ビジネスに取り組みたいとのへそ曲がり的な意識があったこと」、そして、これは明らかに動機不純ではありますが「大学当時、韓国からのとても素敵な留学生に巡り会ったこと」に始まります。

こうして、日本の中央銀行である日本銀行よりも早く設立され、日本の国際金融を支えてきた旧国営の横浜正金銀行の流れを引く東京銀行に入行し、即座にアジアのビジネスを担当したいと銀行に訴えました。

幸いにも東京銀行には、海外語学研修生という制度が特殊語学圏にはあり、韓国語の研修生制度もあったことから、3年間の国内でのOn the Job Trainingを終えた私はこの研修生制度に乗り、1年間、韓国で韓国人の家に下宿し、延世《ヨンセ》大学校に通いながら語学を学ぶとともに、韓国の大学の授業も聴講、また、当時、ソウル大学の教授、後には中央銀行総裁や副総理もされた「趙淳《チョスン》」先生のご指導もいただきながら、韓国経済、そして韓国社会そのものを学びました。

同時に韓国に当時存在した中華民国（台湾）の大使館に所属していた台湾海軍の大佐、後には将軍まで昇格された方に、台湾や香港、中国のことを学びながら、韓国と台湾、中国、香港を比較しながら「韓国とはいかなる国か」を考えてきました。

一方、韓国に駐在する欧米ビジネスパーソンとも交流しましたが、ある米国人は、1984年当時、こんなことを言いました。

「米国は今後、アジア各国の経済の動脈、すなわち金融、インフラ産業、通信・情報といった産業に注射針を打ち込み、アジアの国が順調に発展していけばそこから血を吸い取る。もし、米国の言うことを聞かなければ、注射針から毒を盛り、その勢いを弱める」

また、日本をよく知る別の米国人は、「米国にとってアジア各国は、鵜飼《う》いの鵜のようなものである。もちろん、米国が鵜匠であり、アジア各国の鵜を競わせ、そこから上がりを吸い上げるのである」と言っていました。

彼らもアジアの発展、成長の潜在性を感じつつ、これを管理・監督していこうとする意識が1980年代には既にあったということでしょう。

こうした実体験を持つ私は、「日本は、韓国やアジアの国とはハード・ネゴシエーションをしながら、まずはお互いをよく知り、その違いを理解して、共に生きる姿勢を貫かなければ、欧米に利用されてしまう危険性がある」と考えてきました。したがって、昨今の感情的に走る日韓関係、そして日中関係ではなく「もっと激しい議論をし、お互いをもっとよく知り、その上で共存共栄の道を探るべきである」というのが私のアジアビジネスをしていく上での持論です。

そこでここでは、1984年から日独の金融機関に勤務した金融マンとしての私の経験、そして1992年から韓国金融研修院の外国人講師として韓国を訪問して得てきた情報などから見た韓国と日本の関わり合い方についてお話ししたいと思います。

さらにまた、韓国単体、あるいは日韓関係という側面からの見方だけではなく、「韓国を東アジア経済、米国との関係という切り口から分析していくこと」を意識し、複眼的な考察を行うことにより、韓国ビジネス、アジアビジネスに携わり、企業の利益のみならず、日本の国益に資する活躍をされている多くの読者の皆様方にとって役立つ情報となれば幸いです。

韓国経済の過程

いかなる分析においても、歴史的な視野から見た現状分析、将来予測というものは必要であり、現在と未来の韓国経済を予測していくにあたっても、過去の韓国経済の歩みをまずはきちんと分析、認識しておくことが不可欠な作業であると私は考えています。そこで、このような認識の下、まずは韓国経済の発展過程を概観したいと思います。

韓国では朴大統領政権下、第1次経済社会発展5ヵ年計画が始まった1962年以降、飛躍的な経済成長を実現しました。

▼1960年代：工業化に基づく経済発展期

国内貯蓄不足を背景に外資を積極的に導入し、低賃金によるメリットを最大限に活かして軽工業を中心とする工業化が推進されました。不良企業（韓国では「不実企業」と呼ぶ）が出現し、失業問題の発生や景気減速などを恐れた韓国政府がこれを救済したため、経済に対する政治の介入力を助長するとともに、企業は政府に依存して発展しようとする悪癖が根付いた時期ともなります。

金融界においては、政府が金融機関に対して融資先を窓口指導するような「官治金融」の効果が見られる半面、その悪影響の兆しも見られるようになります。

▼1970年代：「漢江《ハンガン》の奇蹟」に総称される高度成長の実現と不良企業の顕在化

輸出振興産業、防衛産業の育成を目標として、重化学工業を中心に国内需要をはるかに上回る投資が行われ、

・輸出が経済発展のけん引車となる
・輸出は米国に、輸入は日本に大きく依存する
・財閥主導型の産業構造となる
・優良中小企業不在の産業構造となる

といった特徴が形成されることとなります。さらに、韓国政府による金融統制、輸出を中心とする総合商社の育成が進行し、経済発展に関する「不均衡と非効率の種」がまかれることとなります。

▼1980年代：4項目の経済政策進行期

1980年代には4つの経済政策が取られました。

第1に物価安定優先の経済政策が取られました。第2に民間主導型経済の確立が叫ばれ、特に前政権を引き継いだ愚政権下では経済の民主化が推進されました。第3に輸入自由化が促進され、韓国経済が国際経済体制により一層組み込まれていくこととなりました。第4に不均衡と非効率を調整するため、経済構造の調整が図られました。

以上の4項目が推進された結果、顕著な実績としては、それまで「魔のトライアングル」と称せられ、同時達成ができなかった「高成長、低インフレ、国際収支黒字」が成し遂げられました。

また、1988年に首都・ソウルで開催された通称・パルパルオリンピックによって韓国は名実共に先進国を目指して飛躍的な発展を歩んだ時期とも言えます。

▼1990年代：安定経済成長期突入と突然の国家経済破綻の発生期

1980年代の経済発展をベースに安定経済成長期に突入しました。民主化推進の流れにあって労働者の権利が尊重されましたが、その一方で人件費を中心とする生産コストが上昇し、輸出製品の価格競争力が低下しました。また、急激な経済発展を背景に、通貨ウォンも他のアジア諸国通貨に比較して相対的に強含みに推移。この結果、為替レート面からも韓国の輸出価格競争力は低下しました。

一方、着実なる経済発展と相対的に強含みに推移する通貨ウォンを背景に、韓国の対外投資、対外融資が積極化します。しかし、1997年7月に発生したタイバーツ暴落に伴うタイの経済破綻を契機に東アジア全域を襲ったアジア通貨危機を回避することができず、韓国も同年11月に国際通貨基金（IMF）の金融支援を受けるに至りました。なお、韓国では、この1997年に発生した国家経済破綻を「IMF危機」と称しています。

1997年12月の大統領選挙に勝利し、1998年2月より政権運営を担当することとなった金大中大統領は、IMF危機克服のため、四大構造改革（金融構造改革、企業構造改革、行政改革、労働改革）の推進をいち早く国家目標として掲げ、その効果があって1999年、2000年と韓国経済はV字型の回復を遂げました。

▼2000年代：海洋型志向から大陸型志向への転換過渡期の兆候

2000年には朝鮮民族の悲願とも言える「南北首脳会談」の実現にこぎ着け、外交面でも新たな動きが見られるようになりました。しかし現在、様々な期待と課題が混在しており、今後の韓国経済の行く末はやや不透明となっています。特に、海外要因に左右されやすい経済構造の様相を深めている韓国は、国際情勢における先行き不安が拡大する見通しの中で読みにくい状況が続きます。

一方、2002年末の大統領選挙の結果、ノ・ムヒョン氏が勝利しました。そして、ノ・ムヒョン氏が大統領に勝利したことと関連し、国内反米勢力の拡大が見られました。また、国内反既得権益勢力拡大が見られる中、米国型グローバリズムの否定も見られました。

経済政策において、従来の米国や日本に対する依存度が下がり始める兆候が見られる一方、北東アジア重視の姿勢（大陸志向型）を示し、北朝鮮を含めた経済再生策を念頭に置き始めました。そして、民族自決主義的色彩を強めました。

こうして金大中前政権よりも一層民族主義的傾向を強める（ただし、徐々に）可能性が強まり、経済面では、例えば米国型のコーポレート・ガバナンス（企業統治）、コンプライアンス（法令順守）、トランスペアレンシー（透明性）といったものを否定してくる可能性も出てきました。

▼2010年代：中国依存の高まり

そして、2008年に発生したリーマンショックによる米国経済の相対的な弱体化が見られる中、潜在的な消費者の数、潜在的な労働者の数が世界一で、潜在的な経済成長力の高い中国の台頭が顕著となってきていることをとらえ、韓国は少しずつその立ち位置を中国寄りにシフトし、今後は経済のみならず政治や軍事に関しても中国依存を高め、場合によっては、北朝鮮問題も中国との連携を強めつつ解決に向かって動き始めるのではないかとも見られています。

ここまでは、このような発展過程をたどってきており、この延長線上に今の韓国経済があると考えています。

韓国人気質

こうした発展過程の中で、韓国人の強みは、「柔軟に時の変化をとらえ、今、何が自らに利があるのかをとらえる能力が極めて高いこと」にあると思います。韓国では「ヌンチを見る、すなわち、時の流れを見る」能力の高い人が尊敬され、機敏にその立ち位置を変えていける人が尊敬されがちです。日本ではこうした「コウモリ」的動きは嫌われますので、全く正反対です。

また、もう一点の韓国人の強みは、「大胆に決断し、それを行動する能力が高いこと」にあると思います。

最近では、これに加えて、短時間に詳細に論理的に分析したものを大胆に決断、実行してくるので、「失敗が激減してきている」と言え、これが韓国人、特に韓国人ビジネスパーソンの自信にもつながってきていると思います。

一方、韓国人の弱みは、「強い者にはへつらい、弱い者には高飛車に出る傾向が強いこと」にあり、その関係が変わると態度が急変することにあります。

こうした、韓国人の強み、弱みについてはもっとたくさんお話ししたいこともあり、また、読者の皆様にも多くの意見・異論もあるでしょうが、ここでは、こうした点を特筆させていただきます。

韓国ビジネスを展開する上での留意点

前述したような点を踏まえて、韓国人との付き合い方、韓国とのビジネス展開における注意事項を列挙します。

- 信頼感醸成には時間をかけなくてはならない。彼らはその立ち位置によって態度を変えてくる可能性があることを理解しておくこと。
- そうした意味でビジネス・パートナーは慎重に慎重を期して選ぶこと。
- 国家運営の変化はビジネス分野よりもさらに速く、国家政策の変化には敏感であること。
- 資金調達問題と為替リスクはいまだに極めて高く、特に現地通貨ウォン建ての資金確保には最善の注意を払うこと。
- 労務問題と反日感情は環境が悪くなると表れるので常に注意を払うこと。
- 契約概念の違いがあるので、人為の余地に関する認識の違いを踏まえ、できるだけ文書化をしておくこと。そして可能な限り、根拠法は日本法、裁判権は日本の裁判所とすること。
- 知的財産権問題がいまだに存在しており、特に人から知的財産権は漏れやすいことを認識しておくこと。

これからの韓国、中国との関係

最近の韓国経済には以下の事象が見られます。

・安定成長という名の〝低成長化〟が進んでいること。

・金融・保険・商業部門の国内総生産に占める構成が高まり、産業構造が先進国家型となっていること。

・主要輸出製品として電子・電気・一般機械・輸送機械・鉄鋼・金属の輸出比率がさらに高まり、従来の繊維製品等軽工業製品の輸出比率が低下するなど輸出品構造にも先進国化が見られること。

・輸出相手国としての中国や香港、台湾などの比率が高まり、またこれら開発途上国等に対する設備機械や中間部品の輸出が増加していること。

・直接金融市場が徐々にではあるが着実に拡大してきていること。

・少子高齢化が進展していること。

・社会保障費負担や税負担が増加してきていること。

こうしたことから、私は韓国経済が着実に先進国化してきていると感じています。

そしてまた、視点を変えて表現すると、韓国は「デジタル化国家としての発展」「韓国型ニューディール政策（財政の選択と集中投資）」「ソフト産業の成長エンジン化」「観光産業の活性化」「農業の近代化」を進めてきています。

このように、韓国国内では自国経済が先進国化してきているとの共通認識が一般化し、これを前提とした経済政策が立てられています。そして、韓国政府は外資の導入を軸にして、最新製造技術や最新経営技術の導入、新たな資本の導入を誘引し、その結果として韓国はデジタル国家化の推進、ソフト産業の発展などの可能性にチャレンジしています。また、外資導入の延長線上で、韓国政府は経済のボーダーレス化を推進する姿勢を強めていることにも注目しなければなりません。

経済のボーダーレス化を進める1つの具体的手段として、韓国政府は、主要諸国との間で「自由貿易協定（FTA）」の推進はもとより、さらにこれを拡大し、モノ、カネの自由化に加えて、ヒト、情報の自由化をも促進する「経済連携協定（EPA）」の締結に向けた動きを早めています。

さらに韓国は、安定成長化を見せる日米・先進国のマーケットを意識しながらも、成長の潜在性が高いBRICS諸国（ブラジル、ロシア、インド、中国、南アフリカ）を重要なビジネス・パートナーとして考え、販売戦略を拡大する姿勢を強めており、実際に三星グループやLGグループなどは中国やロシアのビジネスにおいて利幅の大きい取引を実現し、巨額の利益を享受するようになってきています。こうしたことから、韓国は、今後の重点攻略先として中国やロシアに対する関心を深める「大陸志向型」の姿勢をさらに強めていくと考えておくべきでしょう。そして、中国やロシアとの経済関係を強化する過程で、北朝鮮との経済連携拡大の可能性をも見出し、またその結果として、北朝鮮を経済的にソフトランディングさせ、将来の経済統合に向けた下準備をしていこうとする姿勢も示唆していると見ておきたいと思います。

　このように、韓国は今、大きく変化する国際情勢の中、北朝鮮をも巻き込みながら、中国やロシアとの経済関係を緊密化しており、日本もこうした韓国の動きを意識しながら、韓国との適正なる協調と公正なる競争を図っていかなければならないのではないかと私は考えています。

新しい日韓ビジネスの可能性

　従来は、「韓国の労務管理は難しいこと」「技術移転に伴う韓国企業台頭に対する危惧があること」「韓国の生産コスト全体が上昇していること」「韓国国内市場そのものは魅力があるほどの大きな市場ではないこと」「難しい日韓歴史問題を抱えていること」などを背景に、韓国に対する日本の関心はそれほど高くなかったと思われます。しかし最近では改めて、新しい日韓経済関係を模索する動きが、日韓双方で出てきているようです。

　特に、ＩＴ・半導体分野で台頭する韓国企業との連携を目指して、これまでは日本企業とのビジネス関係を軸に動いてきた日系部品メーカーや半導体装置製造メーカーの主要顧客が韓国企業に移る中、日韓ビジネスの構図そのものが変化している様子も見られます。また、日韓中小企業同士の連携や、韓国系中小企業の日系企業の下請け企業化（日系企業に対する金型や部品などの供給等）、あるいは新素材分野での国際分業の拡大といった動きも見られ始めているように思われます。

　これらは、明らかに、日韓双方がビジネスメリットを求めて真っ向からハード・ネゴシエーションをしていく中で具現化していると思われ、日韓がお互いに分かり合うためには、何はなくとも「真摯《しんし》で論理的な意見、そして意思のぶつけ合い」が最も大切なことであると思います。

後進に伝えたいアジア・韓国学習と起業の勧め、そしてアジアビジネスへの思い

日本は間違いなくアジアの一国です。また、良いものやサービスを安く安定的に提供し、世界に貢献できる国でもあると思います。

こうした日本の特性を活かす上からも、まずはアジア各国と、英語という国際的な共通語だけではなく、アジアの言葉でお互いに忌憚《きたん》のない議論ができるようにし、ハード・ネゴシエーションの中で相互利益が間違いなく確保できるような体制をつくるべきでしょう。

そのためにも私たちはアジアの言葉を学びつつ、その言語の背後にある文化や歴史、風俗、習慣といったものを総合的に学ばなくてはならないと思います。そして、「何でもあり」的な経済社会の中で、日本人が起業を含めて、積極的にアジア・ビジネスにコミットし、アジアの国々と競争と協調をしつつ、共に発展する仕組みを新たに構築しなければなりません。

日本が世界の「ものづくりの奴隷」とはならず、日本のアイデンティティを守る上からも、まずはアジアの国々と感情に流されず、論理的かつ真剣に付き合うことが求められているのではないでしょうか。

平沢の一言　真田幸村の実兄信之の直系子孫である真田先生は、アジアを中心に海外ビジネス事情と経済の動向に精通され、足で歩いて集めた豊富な現地情報と分析に定評があります。今回は特に韓国と中国に焦点を当てていただき、日本はどう両国と向き合っていくかという重いテーマにも触れていただきました。先生が述べておられる以下の点は私も全く同感です。

「『日本は、韓国やアジアの国とはハード・ネゴシエーションをしながら、まずはお互いをよく知り、その違いを理解して、共に生きる姿勢を貫かなければ、欧米に利用されてしまう危険性がある』と考えてきました。したがって、昨今の感情的に走る日韓関係、そして日中関係ではなく、『もっと激しい議論をし、お互いをもっとよく知り、その上で共存共栄の道を探るべきである』というのが私のアジアビジネスをしていく上での持論です」

「私たちはアジアの言葉を学びつつ、その言語の背後にある文化や歴史、風俗、習慣といったものを総合的に学ばなくてはならないと思います。そして、『何でもあり』的な経済社会の中で、日本人が起業を含めて積極的にアジアビジネスにコミットし、アジアの国々と競争と協調をしつつ、共に発展する仕組みを新たに構築しなければなりません。

日本が世界の『ものづくりの奴隷』とはならず、日本のアイデンティティを守る上からも、まずはアジアの国々と感情に流されず、論理的かつ真剣に付き合うことが求められているのではないでしょうか」

誠に含蓄に富むご指摘で、今回の出版の動機になったお言葉でもあります。

多様なアジアはこう攻める

――タイ政府に信頼される経験を踏まえて直言

タイ政府政策顧問 長崎大学教授
松島 大輔

アジアは今、岐路に立っています。それはタイにとっての岐路ではなく、日本にとっての岐路と言えるでしょう。これまでの親日国タイとは違う、グローバル国家としてのタイが、この激動期に面目躍如とし立ち現れるでしょう。

タイだけでなく、これまで親日国とされたインドネシア、ベトナム、インドなど、少なくとも「脱親日化」へのリバランスが現下の主流です。中国が仕掛けるアジアインフラ投資銀行（ＡＩＩＢ）。年間１００兆円という膨大なインフラ需要を引き受け、新興アジアの地図を大きく塗り替えようとしています。それはタイにとっては強力な武器となります。２０１５年のＡＳＥＡＮ経済共同体はタイの産業高度化にとって天祐《てんゆう》であり、ミャンマーやカンボジアなどのメコン経済圏への労働集約産業の移管を前提にタイを拠点とした生産ネットワークの再配置を進める遠大な戦略（タイプラスワン）が実現しつつあります。ゼロタリフ（関税）化や貿易円滑化が実現しても、肝心の道路や港湾、電力など四方にインフラを連結しなければ、ＡＳＥＡＮ経済統合は画餅に帰すからです。日本企業にとっても新興アジアで縦横無尽に生産や流通のネットワークを構築し、日本の国民経済と国内産業の構造的凋落《ちょうらく》を補うには、ASEANを中核とした新興アジアにおける物流と流通の障害除去が不可欠だからです。すなわち、インフラネットワークの整備とFTA・EPAネットワークの確立です。

タイでは、これまで日本に留学し、日本を畏敬のまなざしで見てきた世代の交代が顕著です。タイの政治的な安定性を支える高級官僚しかり、業界団体、産業界、アカデミア、様々な分野で「脱日本化」が進んでいます。日本への留学生も極端に減っており、ある元国費日本留学生はタイ人が誰も留学したがらない日本の行く末を憂慮していました。留学先1つ取っても豪州やシンガポールなど英語圏の高等教育機関へのタイ学生の留学志向は顕著ですし、また中国は「孔子学院」などを通じ、虎視眈々《こしたんたん》と戦略的な文化政策を進めています。

従来、韓国企業は日本企業の金城湯池《きんじょうとうち》であるタイでこそ相対的に影を潜めているように見受けられますが、インフラ案件などをはじめ、水面下でタイ政府に様々なロビーイングをかけています。タイ政府のオフィスで毎週韓国からのお客さんに遭遇した時期もありました。特に韓国企業の場合は、「現地化」の能力に優れ、早くから現代《ヒュンダイ》自動車は南インドのチェンナイに拠点を築き、ベンガル湾を日本とは逆に、インドからASEANに輸出を進めています。いろいろトラブルを抱えながらも、インドネシアではポスコが現地企業との連携により、日本鉄鋼産業最大の市場であるASEANに食指を伸ばそうとしています。

2011年は、後世において「脱日系元年」として記録されるでしょう。この年の東日本大震災とタイ大洪水によって、これまでの日本企業のサプライチェーンは致命的なダメージを被り、一時的な部品や原材料の途絶を経験し、代替生産や代替調達の動きが進みました。例えば、これまでの日系鉄鋼メーカーの独壇場であった自動車用の高級鋼板などは代替調達の可能性が模索され、実際ポスコは大手自動車メーカーの調達先としての地歩を固めました。

在任中、多くのＡＳＥＡＮに進出する日系企業の現地工場を見学し、皆さんからご意見をお伺いする機会を得ましたが、彼ら日系企業の皆さんが直面する二大アポリア（難問）は、労働力の確保（労働賃金の急峻《きゅうしゅん》な上昇）と、素部材、なかんずく、鉄鋼材のコスト高でした。ＡＳＥＡＮは日本の鉄鋼産業の輸出の4分の1を占めながら、一貫製鉄（高炉）がない状況にあって、高級鋼板はほぼ全量日本から輸入して調達しており、そのためコストがかさむようです。韓国しかり、中国もまた宝山《ほうさん》や武漢《ぶかん》などの過剰供給を抱えた製鉄メーカーが新たな「胃袋」としてのＡＳＥＡＮを狙っています。高炉なきＡＳＥＡＮは、その通商防衛の論拠を得られず、中国はしたたかにＡＩＩＢによるインフラ案件の形成を、国内素部材生産過剰供給のはけ口と見立てて南下圧力を強めつつあります。

この状況で、タイのしたたかさは目を見張るものがあります。高速鉄道整備計画でも日中両国との連携を取り付けながら進めています。タイの裏庭である「メコン経済圏」は、事実中国の裏庭でもあり、帝国主義時代に発揮された既視感のあるタイのバランス外交が、ここでも鮮やかによみがえります。実際、タイ政府幹部とご一緒し、日本政府のミッションとの対応を横目で見てきた経験から、かつての日本のエリートが持ち合わせ、今は死語となった韜晦《とうかい》（自分の才能、地位などをつつみ隠す）趣味的な振る舞いなど、いくつか絶妙な駆け引きを目の当たりにし、今後ともその鮮やかなお手並みを拝見したいものです。

むしろ心配なのは総体としての日本産業の孤立です。海外展開を低賃金のみで語る日本企業の周回遅れの対応は、成熟するタイ経済のニーズから大きく乖離《かいり》しています。中進国の罠《わな》解消に向けた産業高度化とのミスマッチをタイは敏感に感じ取っています。上述のタイの日本に対するリバランスの原因の1つはここにあるかもしれません。抑々《そもそも》、最大の挑戦は、国民経済の溶解という現実です。これは「当為（すべき）」の議論ではなく、「現存在（である）」なのです。寒々しい限りですが、ＡＳＥＡＮ経済統合を体感しているタイでは常識ですが、日本国内ではほとんど認識されていません。国民経済や国民国家は、戦争やテロによってむしろ強化され解体しない、むしろこの事実上の経済統合によって、なし崩し的に溶解するでしょう。

アジアの産業地図は、日本の競争力の源泉である「摺《す》り合わせ」が相対化しつつあります。繰り返し登場するＡＩＩＢに率先的に参画するドイツが仕掛けるIndustry4.0です。Industry4.0は、日本型ものづくりの拠点であるタイに対し、ひそかに設置された時限爆弾のように、今後、「ものづくりのモジュール化」は、日本の「摺り合わせ」という競争優位の基層を解体しながら、ＡＳＥＡＮ全土に浸潤していくでしょう。これこそ無限抱擁の状況にあった日タイ垂直型系列関係・産業構造の「死亡証明書」となるでしょう。新たな転換期を迎えます。

いささか日本にとって絶望的な悲観論が続きました。しかし、これは千載一遇のチャンスでもあります。タイが大洪水に直面した折、かつてお仕えしたニワット・タムロン首相から、JFKのある言葉を学びました。「危機」とは、「危 Danger」と「機 Opportunity」であると。ピンチこそチャンス。日本の延長線上にタイやアジアを語る従来型の思考は限界を迎えました。この思考に拘泥し、その範ちゅうを抜け出せない旧思考は速やかに滅びるでしょう。これに対して新しい思考の皆さんは、危機的な日本とアジアの再編をチャンスとし、新たなビジネスモデル、統治モデルを構築できます。

既に実践があります。実は、タイでは国民経済を超えるレジーム（体制）として、「お互いプロジェクト」を立ち上げました。「まさかの時はお互いさま」を合言葉に、大震災と大洪水の傷跡冷めやらぬ2011年11月タイ政府で閣議報告され、2015年末現在では20近くの日本の自治体がタイを中心としたASEANと直接結び付くことに成功しました。これは、新興アジアの社会課題、経済問題に対し、日本のそれぞれの地域・クラスターごとに有する技術やノウハウで課題解決を実現し、個別に持続可能な事業化、ビジネス化を目指すというプラットフォームです。タイ政府工業省傘下に「タイ王国公益法人お互いフォーラム」が創設され、理事長であるプラモート工業省前副大臣により、このたびタイ政府から副理事長兼共同代表を拝命しました。お互いフォーラムでは、日本の様々な地域が参画し、既に50近くの具体的なビジネスが立ち上がり、課題解決を目指しています。

お互いフォーラムを通じ、日本と新興アジアを結ぶ、従来の国民経済の矩《のり》（決まり）を超えた新しいトランスナショナルな秩序が醸成されています。しかしこれを血肉化し、実際にアジアの課題を日本の知恵で克服するビジネスの模索は、人材に依存します。こうした案件形成できるグローバル・

イノベーター、「グローバル人材2.0」の育成に、目下、奉職する長崎大学で取り組んでいます。これまで、口を開けば「グローバル人材」とやかましい日本にあって、その定義が全く明確ではありません。まさにグローバル・イノベーターとして、社会課題、経済問題という究極のニーズを、日本の技術やノウハウの組み合わせを変えて案件形成として実現するという人材こそが真のグローバル人材と言えるでしょう。従来の海外ビジネスを管理するだけの人材、グローバル人材1.0と対比する意味で、「グローバル人材2.0」と命名しました。入り口と出口を持った明確なグローバル人材2.0こそが不可欠の人材と言えるでしょう。口だけの評論家はいらないのです。

グローバル・イノベーターこそ、凋落する日本を救う切り札であると言えます。誰もがイノベーションの重要性を理解するでしょう。しかし、イノベーション喚起を希求する完成された日本というシステムそのものが、イノベーションを阻害するのです（いわくイノベーションのジレンマ）。既得権益を変えるには、新たなイノベーションの磁場を調達するしかありません。「岩盤規制」（改革を阻む規制）と「看板系列」（硬直的で厳密な取引関係）を変えるための壁（トランザクション・コスト）を解消するため、直接対峙《たいじ》型の国内改革というベタな肉弾戦は避けるべきでしょう。むしろタイの柔構造よろしく、新興アジアを迂回《うかい》した新たなイノベーション喚起が方法論的に確立されるべきです（方法としての新興アジア）。

この新興アジアという迂回路を利用し、若い皆さんは、「グローバル・イノベーター」（グローバル人材2.0）として、しがらみのない新興アジアで、21世紀の松下幸之助、本田宗一郎を目指してください。真のグローバル人材として能力構築を図り、具体的に成果を出したい方、その方途のすべてを指南しましょう。ぜひフォーラムの門をたたいてください。立て若人よ、新興アジアを介し、古い体制を創造的に破壊しイノベーションを興せ！

平沢の一言 松島さんは昨年までJICA（国際協力機構）のタイ専門家として大活躍されました。東京大学を卒業され、ハーバード大学でも学ばれた方ですが、その迫力と行動力には感心していました。現在、長崎大学で教鞭《きょうべん》を執りながらタイ政府の政策顧問を務めておられます。タイの官僚は大変優秀だと聞きますが、その方たちからも高い評価を受けられたと聞きます。今回の論考も、アジアの時代にタイ事情だけでなく、日本や日本の若者へのメッセージをお願いしました。

冒頭の「アジアは今、岐路に立っています。それはタイにとっての岐路ではなく、日本にとっての岐路と言えるでしょう」と最後の「立て若人よ、新興アジアを介し、古い体制を創造的に破壊しイノベーションを興せ！」は全く同感であり、入り口と出口を持った明確な「グローバル人材2.0＝グローバル・イノベーター」をどんどん輩出する国にしなくてはなりません。何年も前から日本には、経験が乏しいにもかかわらず、グローバルをかまびすしく言う人がたくさんいます。今回、国を動かした言行一致の松島さんに出稿をお願いした理由でもあります。

タイはAEC時代に入ってきたアジアで、その地政学的な位置から今後アジアの中心的存在になっていくものと思われます。タイの企業もいよいよグローバルに動き始め成果を上げ始めてきました。

そうした中、17年前にタイで、ど素人の農業に取り組んできた大賀昌さんの動きがにわかに注目されてきました。カオヤイ国立公園近くの12ヘクタールでオーガニック野菜40種、果物15種、ハーブ15種を栽培し、タイ、アジア、インド、日本、米国、欧州に展開して大きな成果を上げています。農業用水や土、肥料まで完璧なオーガニック体制を敷いています。

日本は先進国ですが、一番オーガニックが遅れているようです。「地球は素晴らしい星、幸せに暮らせる地球をつくる」という強い信念を持ち、タイの大地で頑張る大賀さんにも拍手を送りたいと思います。

苦闘の末につかんだ成功！インドネシアのビジネス状況と今後の行方

有限会社スラマット 代表取締役
茂木 正朗

今、インドネシアは、空前の企業進出ブームに沸いています。欧米企業、日系企業だけでなく、韓国企業や中国企業、さらにASEAN企業の進出も急増しています。世界第4位、2億4000万人の人口を有する大国インドネシアは、ポスト中国として大きな注目が集まっているのです。私はインドネシアに関わって約30年、現在でもほぼ毎月のように日本とインドネシアを往復しています。

私は、ジョコウィ大統領の「反スハルト路線→親日路線からの決別」は正鵠《せいこく》を射ていると思いますが、これに強い憤りを感じています。最近決まった高速鉄道の中国発注はこの考え方の一環ではないでしょうか。

また、産油国として知られているインドネシアが実は原油輸入国だということは意外と知られていません。最近の原油安はインドネシア経済に追い風となっていますが、ルピア安が実はインドネシア経営者（富裕層）に追い風となっていることもあまり知られていません。彼らは資金をドル預金にして輸出売上はドル決済、従業員給与、光熱費はルピア決済なのでルピア安を歓迎しています。

さらに円安なのでビザ緩和とも相まって、来日するインドネシア人は増え続けています。

日本へのインバウンドビジネス業界に、我々のようなインドネシア経験者が何か貢献できないかと常々考えています。

世界有数の親日国家だからと言って、甘えは禁物

インドネシアが世界有数の親日国家だということが最近広く知られるようになりました。また、メイドインジャパン、日本人と言うだけでブランドになるとも言われています。しかし、インドネシア全体では、実際に日本人と接したことのあるインドネシア人は1割にも満たないでしょう。ただインドネシア人の暮らしの中で、日本製の車、オートバイ、家電製品など日本製品に触れる機会は多く、日本に対する信頼性や好感度が高いというのもうなずけます。しかし、インドネシア人が親日だということにあぐらをかいてはいけません。インドネシア人ははっきりノーとは言いませんし、相手に合わせるのが上手です。

我々がインドネシアにいても日本人への悪口は聞こえてきません。事実、日本製品や日本のアニメ、オタク文化はインドネシアで広く受け入れられています。

一方では韓国製の大型液晶テレビ、冷蔵庫などの韓国勢力が急速にシェアを伸ばしていることや、安いからという理由で中国製品を購入する層もまだまだ多数を占めています。さらにインドネシアでは日本のドラマや映画より圧倒的に韓国のドラマや映画が放映、上映されています。音楽に至ってはもっと顕著で、Jポップ（日本のポップス音楽）よりもKポップ（韓国のポップス音楽）全盛です。

インドネシア人が親日なのは間違いのない事実ですが、無条件に「日本製品は受け入れてもらえる」とか「日本人ならこれくらい大目に見てくれるはずだ」といった甘えは禁物です。くれぐれもこれを肝に銘じ、謙虚に振る舞うことが求められます。アジア最大の資源国であるインドネシアは、プリブミ（原住民）とインドネシア華僑との絶妙の棲《す》み分けに成功し、経済面では優秀なインドネシア華僑がけん引してますます発展すると見ています。ルピア安の今は着実に地力をつけているはずです。

ビジネスにおけるインドネシアおよびインドネシア人の長所と短所

マーケットの多様性が目立ってきました。BOP（Bottom of Pyramid 貧困層）とTOP（Top of Pyramid 富裕層）の両立の時代がやってきました。確かに今までは食料、飲料、基礎的医薬品、洗剤、紙おむつ、生理用品、蚊取り線香などのBOP市場を狙ったビジネスが主流を占め、インドネシアで大成功を収めた日系企業も多数あります。しかし、今や中間層の拡大だけでなく超富裕層の存在も大きく取り上げられるようになりました。これからはインドネシアを従来のようにBOP市場としてとらえるのではなく、TOPビジネスの可能性が大きい市場ととらえる必要があります。フェラーリとハーレーダビッドソンが世界で最も売れている国はインドネシアです。これもTOPビジネス成功の証でしょう。

インドネシアがイスラム国家であることに抵抗を感じる方も多いかと思いますが、心配には及びません。仏教、カトリック、ヒンドゥなどの多宗教が混在する温和な民族国家です。この国で圧倒的多数を占めるイスラム教徒の従業員については、「イスラム正月（レバラン）前の1ヵ月間は断食期間（ラマダン）で生産性が落ち込むこと」「勤務時間中のお祈りは業務命令より優先すること」、この2点を知っておくと全く問題はありません。

インドネシア人は富裕層、貧困層を問わず、大のおしゃべり好きです。人が買っているものを買う、といった流行に乗りやすい傾向があります。この国でSNSが爆発的に普及したのもこういった国民性が大きく関係しています。フランスの調査会社によるとツイート（つぶやき）数世界第1位はインドネシアでした（2位は東京、3位はロンドン）。フェイスブック人口も米国、インドに次いで世界第3位です。

インドネシアのパソコン普及率は約10％ほどですが、携帯電話の普及率は80％を超えています。フェイスブックやウェブサイトには携帯電話でアクセスしていることが分かります。すなわち携帯のスマートフォン化も急速に進んでいるということです。

そうなると、携帯アプリビジネスも狙い目、ネット通販も有望と短絡的に考えてしまいそうです。事実、国内外の多くの企業がこの分野に参入してきました。しかしインドネシアでは知的財産権の認識が浅く、まだまだコピー天国の一面もあります。

物流インフラの未整備は深刻です。一方、eコマースと呼ばれる通販ビジネスがインドネシアでも活況を呈しています。カード決済が普及したインドネシアでは支払い決済についてはクリアできつつありますが、インドネシア国内では日本の宅配便のようなドア・ツー・ドアの完璧な配送システムが整備されておらず、物流面の課題が残されています。むしろDHLやFedExなどの国際宅配便の方が、はるかに進んだ配送網を構築しているのが現状です。

日系企業も既に何社か、このeコマースに進出していますが、都市部限定と自社での配送ネットワークを構築しています。先進国の成功例をそのままこの国に移植するにはまだまだ時間を要します。

価格の安さを武器に中国製品のシェアも順調に伸びていますが、民間レベルにとどまらず、政府レベルによるインフラ事業や発電事業などインドネシアの産業基盤に直結するビジネスへの進出も目立ってきています。これは中国がインドネシアの基盤支配をもくろんでいるとも言われています。これから中国はＡＩＩＢによる資金融資をセットにしてインドネシアとの結び付きをより強固にしていくと思われます。

後進に伝えたい「アジア・インドネシア学習と起業」の勧め

最近のアジア進出ブームで、これから就職を考える若い世代に対しても、アジア企業への就職やアジアでの起業を煽《あお》った本や雑誌が書店にあふれています。

しかし私は、海外に出るのは、まず日本でビジネスの基本常識を身につけてからでも遅くはないと思います。また安易に海外の日系企業の現地採用を目指すべきではありません。日本本社採用と現地日系企業採用とでは、その待遇に厳然たる差があるからです。

インドネシアで人気のラーメン店やすし店を開業する場合も同じです。最初はしっかりしたところに就職し修業しないと起業はおぼつきません。日本でまともに仕事ができない人が海外で成功するはずがありません。アジア本や、無一文で海外に渡って成功したサクセスストーリーに惑わされず、まずじっくり地力、実力、人脈を身につけてから夢をかなえてください。

人脈もしかりです。一匹オオカミでは、なかなか良い人脈は構築できません。人脈にもそれぞれのレイヤー（階層）というものが存在します。私自身も一部上場企業の現地法人社長という立場がなかったら、今ほど豊かな人脈は構築できなかったと思います。

最後に、本社採用と現地採用、それぞれの待遇についてお話しします。

最近は日本人でも現地採用、すなわちジャカルタで就職活動をして日系企業に就職し、インドネシアで働くことができたとしても、本社採用か現地採用かでその給与体系、福利厚生面では天と地との差があります。以下に具体的に記します。

①本社採用の場合の待遇

・本給
・駐在手当、本給に加えて、現地で家族が生活できるだけの生活費を別途支給
・ボーナスも日本本社と同じ待遇で年間数ヵ月
・僻地《へきち》手当（ハードシップとも言われている）

・健康保険、厚生年金等、各種積み立て
・公費で日本帰国のため、出張が年1〜2回認められている
・現地の家賃全額会社負担
・赴任時、帰国時の引っ越し費用も全額会社負担
・車の運転手給料、ガソリン代等、車に関する一切の経費を支給
・公費でゴルフ会員権を購入できる
・出張日当、宿泊費用の規定も高額（役職によっては5つ星の高級ホテル、飛行機もビジネスクラスが認められている）

②現地採用の場合の待遇

・現地給与のみ。その金額も本社採用の駐在手当程度（USドル 2000〜2500／月）が一般的
・ボーナスは年間最低1ヵ月がベースとなる現地基準に準じる
・出張日当、宿泊費用の規定は現地基準（5つ星の高級ホテルには泊まれない）

このように本社採用は現地採用に比べて、はるかに手厚く保護されています。

どうしてもインドネシアで仕事をしたいという方は、まずは本社採用を目指してください。

平沢の一言 何度もだまされ続けた末につかんだ成功、茂木さんのお話にはいつも引き込まれます。

冒頭の「私はインドネシアに関わって約30年、現在でもほぼ毎月のように日本とインドネシアを往復しています。私は、ジョコウィ大統領の『反スハルト路線 ↓ 親日路線からの決別』は正鵠を射ていると思いますが、これに強い憤りを感じています」は強い衝撃を受けました。

在インドネシア日本大使は歴代、大物の方が就任されてきました。大戦後、インドネシアに残り、植民地支配したオランダからインドネシアを解放するために戦った日本兵は数多かったと聞いていますし、日本からのODAの援助額はインドネシアが一番だったと聞いていました。また私自身も、素晴らしいインドネシアの友人が数人います。親日指数世界一だったインドネシアが中国の野望にひれ伏すことのないように、政官民挙げてしっかり対応せねばならないと思います。

ベトナムの総合食品業界において、真のエクセレントカンパニーになる

ベトナム味の素社 社長 **本橋 弘治**

ベトナム、ホーチミン市、朝6時、どこからともなく湧き出したバイクの波が道を埋め尽くし、自動車や歩行者をよけながら流れていきます。クラクションの喧騒《けんそう》をよそに、路上にはBanhMi（バイミー＝ベトナム風サンドイッチ）やPho（フォー＝スープ入り米麺）を商う屋台が店を開き、立ち寄る人々はそこで朝食を済ませ、あるいは、バイクにまたがったままそれを受け取り、職場や学校へと急いでいきます。街には高層ビルが立ち並び、ここが共産党一党独裁、社会主義共和制の国であるということがにわかに信じられなくなる感覚にとらわれます。

人口9000万人、平均年齢28歳の旺盛な消費力、経済成長率6％台、安定した政治体制、優秀でコスト競争力のある人的資源。TPPをにらんで諸外国からの投資熱は旺盛で、今後も増加をたどると見込まれます。

うま味調味料「味の素®」は、どの国の料理にも親和性の高い汎用《はんよう》調味料で、味の素（株）は創業の翌年、1910年に台湾に輸出を開始し、1917年にはニューヨークに事務所を開設しました。味の素グループ製品を販売している国・地域は現在既に130を超えており、そのほとんどで、こ

の「味の素®」が販売されています。特に、米を主食とし、豊富な魚介類や野菜を食べ、穀醤《こくしょう》・魚醤からのうま味を味付けのベースとする食文化を持ったアジアの食は、うま味調味料との相性が良いと言えます。

ここベトナムでも50年以上前から、日本などから「味の素®」の輸出が始まり、物資がなかった戦中・戦後も、貴重な調味料として消費者に親しまれてきました。そして、投資環境が整った1991年、味の素(株)はドンナイ省に現地法人を設立しました。進出当時はスーパーも卸店もなく、毎日、日本人スタッフが陣頭に立ち、トラックに商品を満載して青空市場を探し歩き、ベトナム人スタッフと一軒一軒、市場の中の食品や乾物を商う小売店を回り、注文の取り方、伝票の書き方、商品の陳列の仕方、現金を両手で受け取るなどのお客様への接し方を丹念に教え、販売網を広げていきました。

それから25年、ベトナム味の素社は顆粒状の風味調味料「Aji-ngon®」、酢、マヨネーズ、醤油、粉末メニュー用調味料、缶コーヒー、粉末インスタントコーヒー、果実飲料など、製品の多角化を果たし、今では全国に59の販売拠点、5つの支店と物流センター、2つの工場を有し、従業員は2300名を超えるベトナムを代表する調味料食品メーカーへと成長を遂げました。

ベトナムでの事業の方向性と課題

2012年7月1日、私は6代目の社長としてベトナム味の素社に着任しました。当社のミッションは、「私たちは、食文化を通じてベトナムのさらなる発展、ベトナムの人々の幸せと健康に貢献します」というもので、当社の展開する事業そのものが、ベトナムの社会に対して有益な価値をもたらすことを目指しています。当社が、ここベトナムで事業を営む方向性と達成していきたいことを3つ挙げ、企業紹介としたいと思います。

①現地生産、現地消費によるうま味調味料事業を通じて、ベトナムの消費者の生活と環境の質的向上に取り組む

うま味調味料の主原料はタピオカスターチとさとうきびの搾り汁ですが、例えばタピオカスターチは、この国の生産量の5・5％を当社が原料に使用しています。生産過程で出てくる副産物は、液体肥料としてタピオカスターチの原料であるキャッサバ芋の畑のほか、稲、コーヒー、ゴム、カシューナッツ、さとうきびの栽培に還元されており、製品原料の供給元である農業との間にバイオサイクルを確立しています。うま味調味料事業に限らず、当社のすべての製品は農産物を主原料としており、農業に寄り添い農産物に付加価値をつける事業と言えます。

また、「ベトナム料理には欠かせない製品」を、「誰もが購入できる価格」で、どんな山奥にでも自社の販売チームが「必ずお届けすること」が、当社の事業の原点であり競争優位の戦略と言えます。当社では、この3つのキーワードを3A＝Acceptability, Affordability, Availabilityと表現し共有しています。この国には2500を超える市場がありますが、220の販売チームがこの市場を回訪して、販売店に直接製品を販売しています。

北部・中部の山岳地帯には現金収入の乏しい少数民族が暮らしていますが、この人々は中国やラオスから入ってくる密輸品や本物そっくりのパッケージに入った偽造品のうま味調味料を、それとは知らずに使っています。当社は各地方の行政と連携し、こうした消費者向けに「うま味調味料を賢く選び賢く使うセミナー」を年間30回以上実施して、2万人を超える主婦層の啓発活動を行っています。

②栄養改善活動を通じて、"Eat Well, Live Well." 社会の具現化に取り組む

現在、味の素グループはベトナム教育訓練省・保健省、日本の栄養士会と共に、ベトナム国内の医科大学に管理栄養士を育成する新しい教育制度の構築を進めています。この成果により、ハノイ医科大学に本国初となる栄養学部が開講し、2017年には初の管理栄養士が病院、大学、行政機関に就職していく予定です。また、ベトナム味の素社は中央・地方行政に働きかけて、栄養バランスの取れた学校給食メニューの実現に向けた独自のプロジェクトを進めており、既にホーチミン市・ダナン市の小学校の給食には当社が作成した献立メニューが使われています。正しい栄養の知識を持たない各学校の調理担当者をサポートしつつ、子供たちの健全な成長を目指し、「おいしい食で健康をつくる」という創業以来の信念をベトナムでも具現化したいと思っています。この取り組みは国からも高い評価を得て、ハノイ市、ハイフォン市でも同様のプロジェクトが始動しました。今後は献立に応じて食材を入力するとエネルギーや主要栄養素の摂取量を自動計算できるソフトウエアを自社開発し、ベトナム全国の給食のある小学校に無償配布していくことを計画しています。

なぜ、民間企業がここまでやるのかという質問をよく受けますが、これは単なる社会貢献活動ではなく、当社にしかできない、社会に新たな価値をもたらす仕事だと、当社の従業員が心から信じているからだと思います。そんなベトナム人スタッフを持つ当社を私は誇りに思います。ベトナムの国土、資源、人財を預かって事業をさせていただく以上、国の発展、消費者の幸福な生活への貢献が大切です。当社は製品・サービス・情報を通じてそれを実現できると信じています。

③ベトナムの食文化を深く理解し、最もおいしい料理をつくることを約束する調味料・食品の開発・普及に取り組む

ベトナム人が経験的に、健康に良いと思っている素材やおいしいと思っている料理を理解し、それを科学的な知見に基づき解明し、高品質を保証する「おいしさナンバーワン」の製品を届けていきたいと思っています。日本では、かつおぶしを原料にした風味調味料「ほんだし®」がお客様から愛されています。ベトナムでは豚肉と豚骨を原料としたポーク味の風味調味料「Aji-ngon®」が高い評価をいただいています。食文化の深い理解と日本から持ち込んだ技術で、お客様の期待を上回る製品をこれからも開発していきます。

社長として赴任後に最初に行ったこと

私が社長として赴任後に最初に行ったことは、日本人スタッフ、ベトナム人幹部と5ヵ月間を費やして、会社のビジョンを設定することでした。ビジョンは社長がトップダウンで決めてくれれば

いいというメンバーもいましたが、全員が同じ気持ちで同じゴールを目指すためには、このプロセスは必要不可欠だという信念がありました。議論の末に「ベトナムの総合食品業界において、真のエクセレントカンパニーになる」というビジョンができ上がりました。真のエクセレントカンパニーとは、消費者からも従業員からも、最も愛され、最も信頼される企業です。そのためには、期待をはるかに上回る製品、サービス、情報を消費者に提供するとともに、期待をはるかに上回る労働環境と能力開発の機会を従業員に提供することが重要です。現在、当社はその方針の下で業務運営を行い、トップラインと営業利益の2ケタ成長を毎年達成しています。

着任の挨拶では4つの写真を使い、分かりやすく私のマネジメントポリシーを示しました。

1つ目はミルククラウンの写真。たった一滴の牛乳が水面に作用して美しい王冠の波をつくり出すように、信念とファイナル意識を持って影響力を発揮してほしい、たった一人でも情熱があれば組織を導き会社を変えることができると。

2つ目はミツバチの写真。どこにおいしい蜜があるか、どうしたら最短距離で到達できるか、リスクは何か、ミツバチは的確に意思疎通できる。リーダーとは、適切なタイミングで、適切な相手に、適切なコミュニケーションを取ることが求められると。

3つ目は土から顔を出したばかりの新芽の写真。自分自身の可能性を信じ、そして部下の可能性も信じて育てていこう。やがて葉を蓄え、花を咲かせ、実をたわわにつける新芽も、水をやり、日光を当て、肥料を施し、手をかけないと育たないと。

最後は、戦うボクサーの写真。会社が勝者になった時、従業員全員が人生の勝者になれるようチャレンジしていこう。スポーツとは異なり、事業は終わりのない闘いで、ゴングもホイッスルも鳴らない。諦めない者だけが勝者になるのだと。

２００５年、42歳で初めての海外赴任をフィリピンで経験しました。その時にはまだ英語が話せず、部下である12名の部長たちは、今度のボスは英語が話せないと大層心配したと後から聞きました。移動の車の中では、いつもモゴモゴ独り言のように、言いたいことを英語で話す練習をしていました。半年もたった頃、やっと英語での意思疎通が誤解なくできるようになりました。経営トップの仕事は、常に「この会社は何をするために存在するのか」「どこに向かっていくのか」を、シンプルに分かりやすく伝えていくことだと思います。あの当時は語学で苦しみましたが、今振り返ると、大切なことは語学ではなく、伝えたい中身と、伝えたいと思うパッションなのだとつくづく思います。

「グローバル人財とは何か」とよく聞かれますが、私は、「〝いつでも〟〝どこでも〟〝どんな相手に対しても〟自分の実力を最大限に発揮できる人」だと思っています。そういう意味では日本国内でも、そういう経験はできるし、海外で働いていても身につかない人もいます。決して快適ではない窮屈な環境、修羅場とも思える異文化の中でこそ、苦労を買って出ていく勇気と心構えが、実力を蓄え発揮する原動力になるのではないかと思っています。

平沢の一言 本橋さんは42歳で初めて、社長としてフィリピンへ赴任されました。英語が話せず苦労されたと書いておられますが、私も同じ境遇で米国に赴任しました。

本橋さんはこう言っておられます。

「あの当時は語学で苦しみましたが、今振り返ると、大切なことは語学ではなく、伝えたい中身と、伝えたいと思うパッションなのだとつくづく思います」

「『グローバル人財とは何か』とよく聞かれますが、私は『〝いつでも〟〝どこでも〟〝どんな相手に対しても〟自分の実力を最大限に発揮できる人』だと思っています。そういう意味では日本国内でも、そういう経験はできるし、海外で働いていても身につかない人もいます。決して快適ではない窮屈な環境、修羅場とも思える異文化の中でこそ、苦労を買って出ていく勇気と心構えが、実力を蓄え発揮する原動力になるのではないかと思っています」

誠に名言で、アジアの時代にはこの考え方が特に重要です。過去に、フランスや米国そして隣国中国など と長い戦争に明け暮れたベトナムは親日と言うより、日本の文化を好む人が多いと言えます。ベトナムの皆さんと話すと、戦後の高度成長や高い技術・製品を生み出す日本をうらやましく思い、規律正しく懸命に働いてきた日本人を評価していることに気づきます。

そうしたベトナムで同社の社員に「シェア50%から100%にする」ために何をしたらよいかを問い続けている本橋さんに大いに期待しています。

私は、味の素社で現地人や現地を大変大切にしている方々を多く知っており、グローバル経営マインドにあふれている会社だと心から思います。

本橋さんがベトナムで着任の挨拶に使われた４枚の写真をいずれ見せていただきたいと願っています。

なぜミャンマーで宝石業（採掘・加工・販売）を興したのか？

株式会社モリス　代表取締役社長
森　孝仁

まず最初に宝石ルビーとの出会いがあり、そして伝統的にも最高のルビーを産出するミャンマーとの出会いがありました。その頃は、「何でもよいので、世界一にならないと生き残れない時代がやってくる」と感じ、世界一になれることを探していた時期です。前職の関係で20代のほとんどを米国で過ごしました。宝石ルビーに興味を持つきっかけになったのはパソコンです。仕事をしている時、ちょうど1990年代後半、現場にパソコンが導入され、処理スピードが劇的に向上した時代です。それまでのアナログな努力の積み重ねをあざ笑うかのような進化にショックを受けました。しかしパソコン化された現場でも、全く変わらないものがあることに気づいたのもその頃です。「人の感覚、感性」は、パソコンが発達し、情報量が増えれば増えるほど、また、伝達スピードが速くなればなるほど重要になると感じました。

そんな時に、偶然に宝石ルビーを見る機会があり、その時に「これだ！　これで世界一になれる！」と、赤くて小さな宝石に可能性を感じました。それ以前に、人類史上一番古い仕事は何かを調べたことがあり、「宝石商が人類史上最古の仕事の一つ」だと知って可能性を感じていましたので、迷わず「宝石探しの旅に出よう！」と東南アジアへ飛びました。ルビーに出会ってから2週間後でした。結果的には、その時は「宝石の素人」、尻尾を巻いて帰国し、その後、宝石の品質判定を教える専門学校を訪ねることになるのですが、ほどなくミャンマー原産のルビーが世界最高品質であること、そして、色の視点から見ても、人類がつくった最古の色が「赤」だということが分かり、突然やる気が出ました。「宝石ジュエリーの世界で、国際的に認められるブランドをアジアから出そう！」と私の挑戦がスタートしました。

その後、旧約聖書、聖書、仏典等々、人類史上長く大切にされてきた宝物が、宝石ルビーだと分かってからは、宝石ルビーを商業的な目的だけでなく世に広めていかなくては…という使命感のようなものを感じました。そして、ルビーを産出するミャンマーの鉱山に足を踏み入れたのは、それから3年後のことでした。

ミャンマー人の良さと悪さ

ミャンマーは、大半の住民が上座部仏教を信仰する「仏教国」です。ヤンゴン市内にあるミャンマーで最も有名なお寺「シュエダゴン・パゴダ」には、夕方になると家族そろって、またカップルがお参りに来て、仏塔の前で長時間座り込んでいます。その姿を見ると「悪い人はいないだろう」と感じるでしょう。実際に、犯罪発生率、特に凶悪犯罪の発生率は低く、世界的に見て比較的安全だと言われる東京と比べて10分の1くらいだと聞いたことがあります。ミャンマー人の良さと言うよりも、私たち日本人とよく似た価値観を持っており、「輪廻転生《りんねてんせい》」、良いことをしていないと、次に生まれ変わった時に大変なことになる、日本的にいえば「バチが当たる」と信じていることや、「自分がされたら嫌なことは他人にせず、自分がされてうれしいことを他人にしなさい」という言い伝えを守っている部分にそれを感じます。付き合っていて安心できるところがあります。ただ、これも日本人とよく似た部分ですが、プライドが高いのにそれを表現するのが下手なところがあり、雑な扱いをされたと感じたら、温厚だったはずのミャンマー人が急に怒り出したりする部分もあります。ただ、これには理由があり、私たち外国から来た人たちが気をつけないといけないのは、今のミャンマーの少数民族紛争などの問題は、西側諸国がつくった負の遺産だということです。

軍事政権などと国際的な批判にさらされていたミャンマー連邦共和国ですが、約1000年前には、東南アジア最大、最強の帝国バガン王朝でした。バガンとは、チベットから下山してきたビルマ人の祖先「ピュー族」がつくった村（ガン）、ピューガンがなまって「バガン」になりましたが、聞けば聞くほど驚く、その当時としては珍しい、仏教精神を背景にした民主主義国家でした。国を治める王は、優秀な人物でなくてはならないという理由で、王の死後に選挙によって後継者を決めるように遺言しました。その時に、熱心な仏教徒であることだけが唯一の条件で、男女の性別、人種も問わなかったそうです。自らの親族も優遇しなかったそうで、この時に、姓名をやめたことから、今でもミャンマーには姓名はありません。そして、侵略戦争をして領土を拡大するのが常とう手段であった当時に、和平交渉によって領土を拡大していったために、いまだに135種族もの少数民族と多くの言語が残っています。今から1000年前の話であり、その当時は、日本も含め欧米諸国などでも封建社会の真っただ中、しかもモンゴルの侵略を4回にわたって阻止した強力な軍事力も持っていました。

ミャンマーのお坊さんから聞くところによると、犯罪者でさえお寺で修行をして徳を積むチャンス、人として生きる権利があったそうで、今では当たり前になったことが、その時代に人権の確保がなされていたことに驚きます。それが、第1次、第2次世界大戦中の英国を中心とした欧米諸国の植民地政策により、前述の長きにわたって高い文化力で少数民族を守り続けた領主、最大勢力のビルマ族を奴隷化する政策を取り、少数民族に管理させた歴史が問題を複雑化させているのです。ルビーの鉱山であるモゴックに行った時に、多くのビルマ族が、新しい領主となった欧米人の命令で惨殺された歴史について、当時の写真を見せながら説明するミャンマーの現地の人々を前に、言葉を失いました。ミャンマーに対するイメージがガラッと変わった経験でした。海外から進出し、経済発展が遅れているからという理由だけで、民主化を軽々しく口にすると、現地の方々と深い信頼関係は築けないでしょう。「ミャンマー人は、人当たりがいいから信用できると思ったら、そうではなかった」という駐在員の方は多いのですが、ミャンマー人の批判をする前に知っておきたいことです。

ミャンマーの今と将来

経済開放が進んでいくミャンマーですが、私がミャンマーに通い始めた15年前と今では、治安は確実に悪化しています。空き巣などの被害も頻発するようになったそうです。外国人と触れ合う機会が増えて、どこの国にもある問題がミャンマーでも起こるようになりました。心配なところです。ただ、国会議員のスーチーさんが、集会をした後に、集まった群衆にゴミを捨てないように呼びかけると、ミャンマー中のゴミが少なくなったとも聞いています。信じることができれば団結する能力は高く、そこにも日本と同じような雰囲気を感じます。リーダーや新しい象徴が現れ、皆を導けば5300万人もの人口と資源の豊富な国家です。想像もできない進化を遂げていくと期待しています。

中国企業のミャンマーにおける現状

中国企業は、2005年か6年くらいから積極的にミャンマーに投資をしてきました。私たちがルビー鉱山でお世話になったカチン州では、地方の村々の至るところに近代的な建物を建設し、「資源を大切にする中国、資源を食いつぶす米国、日本」という看板が立ち、ネガティブキャンペーンが展開されました。サイクロンの大被害にあった時も、現場は中国からの支援物資であふれ、日本や西側諸国は締め出されたような状態でした。2011年頃には、日本の企業は5~60社なのに対して中国企業は2万社を超えたと聞きました。

一時期、街を走るタクシーがほとんど中国の自動車に代わってしまったことがありました。本来であれば、完全に中国企業がすべてを独占してしまうところですが、そこは、本当の親日国ミャンマーです。今は、街中を走っている車の大半は日本車に戻りました。

確かに、石油資源の大半は中国へ供給されていますが、中国の大規模プロジェクトの多くは、計画中止や許可取り消しなどが新聞で報道されたりしますが、日本のプロジェクトは順調に進んでいるようで、日本を優遇する政策を取っているのかもしれません。

韓国企業のミャンマーにおける現状

韓国企業について、経済開放の直前までは、韓流メディアを大量に配信し、至るところで韓流ファッションをまねる若者であふれ返っていました。積極的に進出する韓国企業が多かったのですが、韓国内の経済状況が良くないことが原因なのか、日本企業が積極的にアプローチを始めたのか、どちらかは分かりませんが、一時期の勢いは感じられなくなりました。

日本の若者へのメッセージ

欧州の統合に次いで、「ワンアジア」と呼ばれグローバル化が進むと予想されていますが、何も恐れることはありません。ミャンマーでは、「憧れの国、日本」です。サムライを生んだ誇り高き民族です。そのイメージはとても高く、「大義のために多くの人々が当たり前のように力を合わせる」「堂々と欧米諸国に立ち向かった初めてのアジア人」と実力があるのに謙虚な姿勢、頼れるアジア人代表です。挑戦しなくても生きていける今の日本の環境では、ファイティングスピリッツも湧いてこないでしょう。だから、ミャンマーをはじめとしたＡＳＥＡＮ地域に出て、同年代の若者たちと交流を持っていただきたいと思います。特にミャンマーは、戦時中にたくさんの日本兵をリスク承知で、ただひたすら助けてくれた民族です。日本らしく、「郷に入っては郷に従え」の精神で語り合えば、豊かになって忘れてしまった「挑戦する精神」が芽生え、日本出身者としての自信が沸き上がってくるはずです。一つのアジアになれば、日本人、ミャンマー人は関係ありませんが、日本出身者としての誇りを大切にしていきたいところです。

モリスの使命

宝石の定義は、「美しく（美）、希少（限りある）、経年変化のない世代を超えて受け継ぐべきもの」であり、その定義は、私たちが住む「母なる地球」と同じ「かけがえのないもの」です。とすれば、人口増加に伴う地球環境の悪化と資源の枯渇が心配される今日、資源を採掘する現場を体験し、資源は人の手ではつくることができないものであることを実感している私たちが、採掘現場が地球環境の劣化につながらないように努力する、採掘現場跡地を元あった姿よりも良い形で地球にお返しするという課題に挑戦します。すなわち、世代を超えて保存される価値の販売と原産地を美化していく活動を同時進行させるのです。人類が生み出した貨幣を資源の消費ではなく、保全に使うことになります。経年変化がなく、希少性の高いミャンマー産ルビーが還流するマーケットを確立すれば、貨幣が増えた分だけ取引価格が上がりながら売買されるのです。

他の鉱物の鉱山と比較して、宝石のそれは、地球に与えるダメージはとても小さいのです。しかし、鉱山開発がどのくらい地球環境に負担をかけているのか、現場の状況が分からない遠く離れた消費地で、お金を払えばいくらでも便利なものが手に入ると勘違いしている消費者に、手にする商品が、どれだけの犠牲の上に成り立っているのかをアピールするだけでも価値があるはずです。

平沢の一言 20歳の時、プロのバイクレーサーを目指した森さんは、その後渡米し、10年間で世界でも著名なデイトナで優勝を果たされました。ケガをされたこともあり実業界に転身され、ご苦労された後、見事ミャンマーで成功を収められました。「宝石商が人類史上最古の仕事の一つ」とは知りませんでした。「サムライを生んだ日本人はもっと自信を持ってほしい」という森さんの若者へのメッセージは今の日本の皆さんに心強く響くのではないでしょうか。「挑戦しなくても生きていける今の日本の環境では、ファイティングスピリッツも湧いてこないでしょう。だから、ミャンマーをはじめとしたASEAN地域に出て、同年代の若者たちと交流を持っていただきたいと思います」という森さんのメッセージは大変心に響きます。

最後の「モリスの使命」は誠に胸を打つご意見で、ミャンマーの皆さんが同氏を心から支援されていることが分かります。ミャンマーを訪れる日本人関係者は最近多いと聞きます。しかし結論が出せないケースが圧倒的に多く、ミャンマーの皆さんが辟易《へきえき》しているという話も聞こえてきます。アウンサンスーチーさんの体制がスタートしました。新しい時代に「最後のフロンティア、ミャンマー」にはスピードある展開が望まれます。

マレーシアで起業し、マレーのトラになる！

株式会社アールオーアイ（ROI）代表取締役
恵島 良太郎

私のマレーシア創業の経緯をお伝えします

私は2012年10月、海外での生活とビジネス展開を目的に、家族とともに日本からマレーシアへ移住しました。あれから3年半、当初予想もしなかった苦労に見舞われながらも、多くの幸運にも恵まれて、現在、マレーシアで様々なビジネスを展開しています。

アジアの時代がやってきました。これからアジアで起業される皆さんに少しでも役立てればと思い、筆を起こしました。マレーシアは素晴らしい国です。どうか早く決断され、力強くアクションを起こされることを心から念じています。

日本でのビジネス

まず日本でやっているビジネスをご紹介します。大学を卒業後、流通企業向けに業務系のシステムを開発している会社で2年半にわたってプログラマーとして勤務し、社会人としてのキャリアは、

ＩＴ業界から始まった。その後、学生時代に仲間と海の家の経営に携わった経験を活かして、飲食業界向けのコンサルティングファームへ転職し、飲食店チェーンのコンサルティングを手がけるようになりました。仕事の内容は、いわゆる店舗のスーパーバイザーで、幾つもの店舗を担当し、1店舗ずつ実際に訪問して店長と一緒に問題点を解決していく仕事でした。ただ良かったことはこの仕事を通じて経営改善のコツをつかんだことでした。

飲食店の経営に自信を持った後、コンサルファームを辞めて都内で自ら居酒屋の経営に乗り出しました。狙い通り繁盛店にはなったのですが、ただ忙しいばかりで一定以上の成功を望めませんでした。そこでよりスケールの大きい仕事を求めて、２００４年８月に株式会社ＲＯＩを設立しました。

今は会員数60万人、掲載店舗数５０００店舗の日本最大覆面モニターポータルサイト「ファンくる」や時間帯別クーポンサイト「ぐるリザ」のメディア運営、およびストレッチ専門店のドクターストレッチを（麻布十番、三軒茶屋、神楽坂）３店舗展開しています。株式会社ＲＯＩは創業以来、順調に業績を伸ばしてきました。特に創業からの６期は対前年比２００％超と、倍々ペースで伸び続け、ここ数年も対前年比１２０％の利益成長を続けています。各部門ともすでに大きなシェアを獲得しており、取引先や金融機関から高い評価を得ていますし、運営体制も確立し、企業としては安定成長期に入っています。一方、一つのインターネット事業がだいたい10年で衰退してしまうという現状において、当時覆面調査ビジネスは７年目でしたので、利益が出ている時に海外進出して新しい事業の柱を作るべきだと考えました。外食産業が現在の日本ほど過当競争の状態にある国は、世界中を見渡してもありません。幸い株式会社ＲＯＩには、そうした厳しい環境下で蓄積した高度なサービス開発に関するノウハウがあります。そのため、海外進出先でこれまでのノウハウを生かしたサービスを展開するほうが、国内での事業展開よりも成長可能性が高いと判断したのが海外進出の最大の理由です。海外進出を決めた後、すぐに着手したのが進出先の選定です。

アジア進出決定までの道のり

約1年かけてＡＳＥＡＮの8ヵ国と韓国、中国、オーストラリアの11ヵ国を回り、生活とビジネスの両面から独自の判断基準にもとづいて比較評価をしました。判断基準とは、生活面では「生活コスト」、「安全性」、「学校」、「英語（が通じるか）」、またビジネス面では、「税金」、「人口の伸び」、「経済成長率」、「失業率」、「ＧＤＰ」などです。ただし、事業利益が日本と同等以上のレベルが期待できるマーケットサイズであることが大前提となります。結果は住むのであればシンガポールがダントツ、ただコストが高かった。またビジネスをやるのであれば、当時はタイ、インドネシア、カンボジアも日本企業に注目されていました。ただ前述のように、生活が出来かつビジネスが出来るところ両方を考えて最終的に視察した13か国を比較してみた結果、平均点をしっかり取り他国よりも合計点数が高くなったマレーシアを選びました。ＡＳＥＡＮ諸国におけるマレーシアは、人口数や経済規模という観点からは、特別に魅力的な国だったわけではありません。ターゲット国選定時に視察したミャンマーやインドネシアでは、驚くほどのスピードで都市開発が進むなど、経済成長に対する期待は、マレーシアよりも高かったです。一方で、マレーシアは、ＡＳＥＡＮの中心に位置しているため、各都市へのアクセスが抜群で、ビジネスの拠点としては理想的で、また英語が準公用語であり、生活インフラも整っており、治安に対する不安も感じさせませんでした。ということで、ビジネス面だけでなく、生活面からの判断も加え、最もバランスがよい国と判断したためマレーシアを進出先として決めた経緯があります。実際、マレーシアには味の素やキユーピーなど大手企業が進出しています（２０１４年12月現在で１４３８社）が、中小企業の進出はまだ少なくビジネスチャンスにあふれています。

マレーシアに進出決定

現地法人「Ｍ＆ＭＡＲＣ・ＳＤＮ・ＢＨＤ」を設立し、13年5月サービスオフィス「ＳＥＮＴＲＯ」をオープンしました。新築オフィスビルの1フロアを借り切って41社の企業様にご利用頂けるスペースに区切った「ＳＥＮＴＲＯ」は、シンプルでおしゃれな「憧れのオフィス」です。現在約90％が埋まっており、シンガポールの対岸にあるマレーシア第2の都市ジョホール・バルにもサービスオフィス「ＳＥＮＴＲＯ」の設立を検討しています。サッカー日本代表がＦＩＦＡワールドカップ本戦初出場を決めた日本でもその名を知られる所でもあるこの町は、米国の昔見た西部劇のようなフロンティアの町だと言えます。投資庁の方からこの町の中核になるイスカンダール地区を案内してもらったことがあります。2006年にスタートし、ジャングルや密林を切り開いて東京都と同じ面積（シンガポールの3倍）を開発する壮大な計画です。なんと13兆円を投じる国家プロジェクトで、2025年には今の人口の倍になる300万人が居住する予定と聞きました。日本の大手商社が開発を手がける地区では、最新鋭の医療機器と人材を集めた高度医療の病院が完成します。実はマレーシアの医療レベルは世界第3位と聞いています。さらにテーマパークの「レゴランド」、英国の名門パブリックスクール「マルボロ・カレッジ」が初めて海外に開設した分校もあります。まさに“働く、遊ぶ、学ぶ、住む”の要素が整ったアジア有数の町になるものと思われます。またきちんと整備された工業団地には、精密機械、食品、電子部品などのメーカーが入居し始めておりこちらもこれからのマレーシアの再発展の予感を感じさせました。9年連続「住みたい国」世界No．1の人気のマレーシア移住ですが、完成したらさらに人気が上昇するのではないでしょうか。

マハティール元首相の教え

今もお元気なマハティール元首相が「Look East（日本に学べ）」と仰ってから35年近く経ちました。「日本型の集団主義と勤労倫理に学び過度の個人主義を戒める政策」を打ち出されましたが、私は元首相とお会いする栄誉を経験しただけに、以下のお言葉をいつも忘れないようにしています。

「東アジア諸国でも立派にやっていけることを証明したのは日本である。そして他の東アジア諸国はあえて挑戦し、自分たちも他の世界各国も驚くような成功を遂げた。東アジア人は、もはや劣等感にさいなまれることはなくなった。いまや日本の、そして自分たちの力を信じているし、実際にそれを証明してみせた。もし、日本なかりせば、世界はまったく違う様相を呈していたであろう。富める国はますます富み、貧しい南側はますます貧しくなっていたと言っても過言ではない。ヨーロッパは、永遠に世界を支配したことだろう。マレーシアのような国は、ゴムを育て、スズを掘り、それを富める工業国の言い値で売り続けていたであろう」

マハティール元首相は日本の停滞が続く20年に、もはや「反面教師」と言われたこともありましたが、10年ほど前「立ち上がれ日本人」という本を書かれました。かつての日本人の勤勉さと日本の近代史を高く評価され、「日本人よ、どうした立ち上がれ！」と仰っておられました。

マレーシアでのビジネス

私の強みは、26歳で退職して始めた居酒屋では、頭にタオルを巻いて厨房に立っていましたが、リアルな店の経営も知っていて、ウェブやマーケティングにも強い。実店舗を経験し、そこで見付けた課題を解決するウェブサービスをビジネスにする。それが私のやり方です。分野は飲食に限りません。ストレッチ・マッサージの店を経営し、予約方法がカギだと判断して予約専用のアプリを作成、稼働率をアップさせました。マレーシアに進出した際、いい人材が見付からなくて困った経験から、オンラインの人材紹介を始めました。日本に留学した経験があるマレー系の社員から、日本ではハラルの飲食店を見つけるのが大変だったと聞き、日本在住のムスリム向けＳＮＳサービス

「HALAL Navi（ハラルナビ）」を立ち上げました。今マレーシアではレンタルオフィス、人材紹介業、ハラルレストランの検索アプリ「HALAL Navi」のアプリ製作、寿司レストラン「織部」の運営をおこなっており、マレーシアはいろんな意味で魅力的な市場です。マレーシアにはイスラム教徒特有の「ハラル」という概念もありますが、乗り越えることでマレーシアだけでなく、16億人超のイスラム市場とビジネスができます。「ハラル」ビジネスという考え方が成否を分けますが、今後の海外進出で日本が乗り越えていく大切な考え方です。海外進出を考えている人は、「ハラル」ビジネスを理解してから動くことが大切なのです。

２０１５年、大変な前倒しで海外からの観光客が２０００万人に到達しました。その中でも急速に増加したのはアジアと中東地域です。特にマレーシア人やインドネシア人にとって日本はあこがれの国であり、日本での買い物や風情のある雪景色、本場の日本料理は大変な魅力です。しかし、安心・安全に食事ができない今の日本のハラル対応状況に二の足を踏むイスラム教徒が沢山います。「行きたくてもいけない状況」を改善していくことが重要だと思います。イスラム教は人に優しい宗教なのに最近のＩＳなどの動きで偏見を助長してしまうのはあまりに悲しいことだと思います。現在世界のイスラム人口は約16億人で、２０７０年にはキリスト教と並び、更に２１００年にはイスラム教が世界最大勢力になると言われています。イスラム市場へ進出するためには、まず世界のハラルハブを目指すマレーシアでの成功が重要のポイントになるはずで、わが社もこれに備え多彩なメニューを用意しております。

日本の若者に伝えたい事

私はあと25年は働くつもりですが、今後25年間、日本の経済が上向くことはないでしょう。それなら海外に出ようと思い、ある程度の生活ができて、ビジネスを展開するのにベストな場所はどこかと調べ、マレーシアに移住しました。あと、将来に対する危機感も原動力です。世の中は進化しているから、どんどん新しいことをしないと生き残れません。それに、「新しいことをやることは本当にわくわくします！」。私の趣味はトライアスロンです。去年は大会に4回も出場しました。仕事も私生活もパワフルで行きます！

最後に今、若者の皆さんにお伝えしたい！ビジネスで日本に留まるべきではありません。海外に出ればもの凄くチャンスがあります。日本ほどしっかりしたビジネス、しっかりしたマネジメントをする国はありません。それをしっかり踏襲すれば日本より上手くいくのは間違いありません。とにかく「日本で考えているだけなら一週間でも海外に出たら？」と思います。

平沢の一言

恵島さんのマレーシアとハラルにかける情熱は突出しています。日本が2015年に2000万人を超えた外国人の観光客を迎えたことは特筆に値します。今後はマレーシアやインドネシア、さらに中東からの人たちが激増するはずです。世界を回ってきて私も感じます。世界の3分の1を超えるイスラム人口に対して、あまりに日本人や日本人社会のハラルに対する意識が鈍すぎます。恵島さんは『決定版「ハラル」ビジネス入門』を上梓され、その中でイスラム教の基礎から海外進出のノウハウを伝授しています。

「2020年以降は日本人同士の競争ではなく、世界を相手にした競争が当たり前の時代になるはずです。そこで勝ち抜くためには今から覚悟を決め、語学力やビジネスセンスを磨いておく必要があります。日本はいずれ勢いを取り戻し、再興を果たす。日本の未来を悲観している暇などありません。今こそ勇気を持って世界に飛び出し、力をつけるべき時なのです」

けだし名言ではないでしょうか。マレーの若トラの成功を祈ります。

フィリピンの模範現法づくり——フィリピンのビジネス最新事情

矢崎トレス工業株式会社 取締役副社長 川上陽

フィリピンのいま

フィリピンはご周知の通り島国で、7100余りの数で構成され、居住者がいる島の数は2800程度と言われています。16世紀にスペインの植民地となり、19世紀末まではその統治下にありましたが、その後は米国の管理下に置かれた時代が続き、人や地名にその名残があり、宗教・文化・風習も取り込み、熟成してきたため、他のASEAN諸国とは異なった形態での進化が見受けられます。しかしながら、ルソン島南部に位置するマニラ首都圏とビザヤ諸島の中部、南部のミンダナオでは言語も異なり、宗教・文化も違います。

現在マニラでAPECが開催[1]されており、現アキノ大統領最後のイベントと言われています。2016年5月の大統領選挙が予定されていますが、庶民の期待に合う人物が選ばれるのではない

1 2015年11月18日、19日。

かというのがちまたの噂《うわさ》です。

2015年末には、AEC（ASEAN Economic Community）が発足し、域内関税撤廃が進んでいます。今回のAPECでも少し話題になりましたが、やがて、米国・日本向け輸出が多いフィリピンにおいては、TPPへの加盟も間違いなく進めていくことになるでしょう。

フィリピンでは、富裕層と中間層、貧困層の格差が激しく、正確な数値が把握されていないようですが、今年ノーベル経済学賞を受賞されたアンガス・ディートン教授[2]の消費水準から見た格差分析は、富裕層からの論点で書かれたピケティの『21世紀の資本』とは異なる視点で、フィリピンの消費分析は同教授のモデルに近いのではないかと思われます。

消費と言えば、圧倒的に食料と電気です。電気に関して少しだけ実感として思うことは、電化の普及率も35％程度と低く、電気料金は他の物価に比べかなり高い[3]という実態です（日本より高いです）。日本は一般家庭で1kwh当たり45円程度、工業用で25～30円でしょうか。世界的に見てもかなり高いです。欧州ではドイツが同じくらいで、その他の先進国では30％前後安価でしょう。ASEANではフィリピンがダントツに高く、安い国ではラオスが挙げられます。電気料金は家計に大きなインパクトがあると言えます。

フィリピンのビジネス状況

フィリピンでも、業界によって成長著しい産業と成熟期を超えた産業、これからというようなものに分かれます。平均年齢が23歳[4]と若者が多く、平均寿命も男性69・5歳、女性73・5歳となっており、人口も昨年10月に1億人を超えたと発表されています。きれいなピラミッド型の人口構成になっており、15歳から65歳までの労働人口も80％以上。一家族に子供の数も多く、人口ボーナスがしばらく続くため、ルイスの分岐点を超えるのは、まだまだ遠い先の話でしょう。言い換えると、ビジネスオポチュニティは相当高いと言えます。

さて、ビジネスの拡大や参入にいろいろな要因が影響してきますが、まず、需要について見てみましょう。複雑化した今の時代、三面等価の原則は当てはまりにくくなってきていますが、需要の基本となるのはインフレと賃金上昇も含めると、一人当たりのGDPが一つの指標です。2014年の資料[5]では2865ドルと発表されていますが、現実的にはこんなに少なくはないというのが実感です。

他のASEAN諸国を日本と比較すると、**図表13**のようになりますが、マニラ首都圏やセブ地域とその他の地域では格差があり、首都圏では5000ドルは軽く超えているとされています。一般的に一人当たりGDPが3000ドルを超える市場で、庶民にモータリゼーションが起きる

2 米国プリンストン大学教授。1945年、スコットランドのエジンバラ生まれ。世界銀行のアドバイザーなど歴任。
3 ちなみに、単身赴任で一人暮らしの小生のコンドミニアムで9500ペソ／月くらいで、日本円に換算すると約2万6000円。
4 国家統計局2012年データ。
5 IMF World Economic Outlook Database 2014参考。

図表13　一人当たりGDP（2014）　（出所：JETRO 2014年より著者作成）

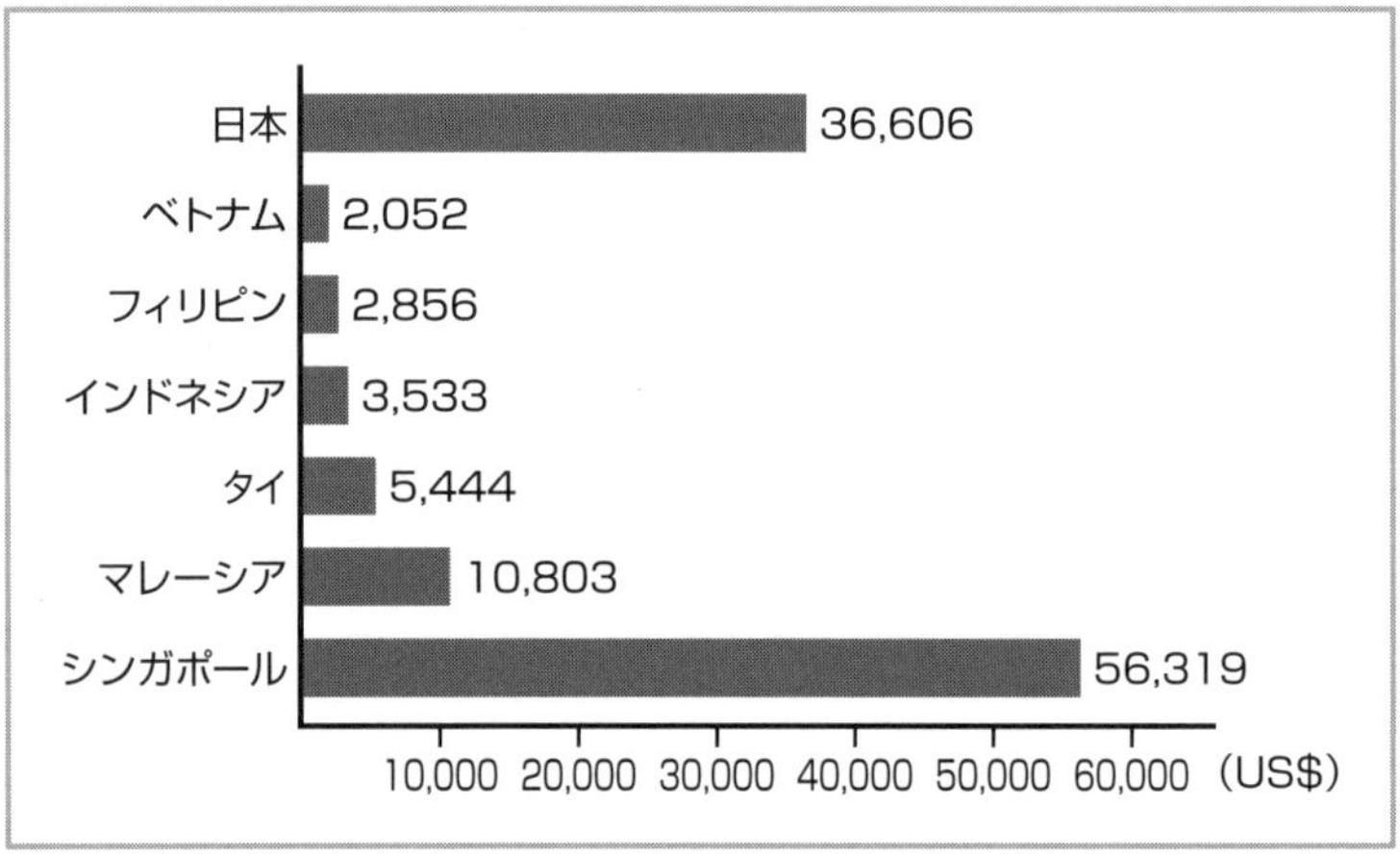

と言われていますので、粛々と進んでいるように思います。ジニ係数（主に社会における所得分配の不平等さを測る指数）においても、タイ、インドネシアに比べて数値は高く、0・46〜0・43となっています。一方、地方と都市部で大きく異なる点として、夫婦とも都市部では仕事ができる環境にあります。農業関連では一家で計算されるため、どうしても一人当たりのＧＤＰは低くなってしまいます。

マニラ郊外の地方において、ＰＥＺＡ[6]は工業団地の拡大（約３００ヵ所）と外国企業誘致に必死であり、そのことで夫婦共稼ぎが起き、経済の活性化につながっているようです。したがって、フィリピンの産業構造から見ても、サービス産業の占める割合が57％であり、鉱工業の32％を上回っています。鉱工業のうち製造業は約22％で、タイやマレーシアに比べると低いと言えます。

フィリピンでの経済成長率は、ここ数年、６〜７％台と比較的安定的な成長をしています。**図表14**は、ＧＤＰ

図表14 フィリピンのGDPと為替（対ドル）推移（出所：IMF DATAより2014年著者作成）

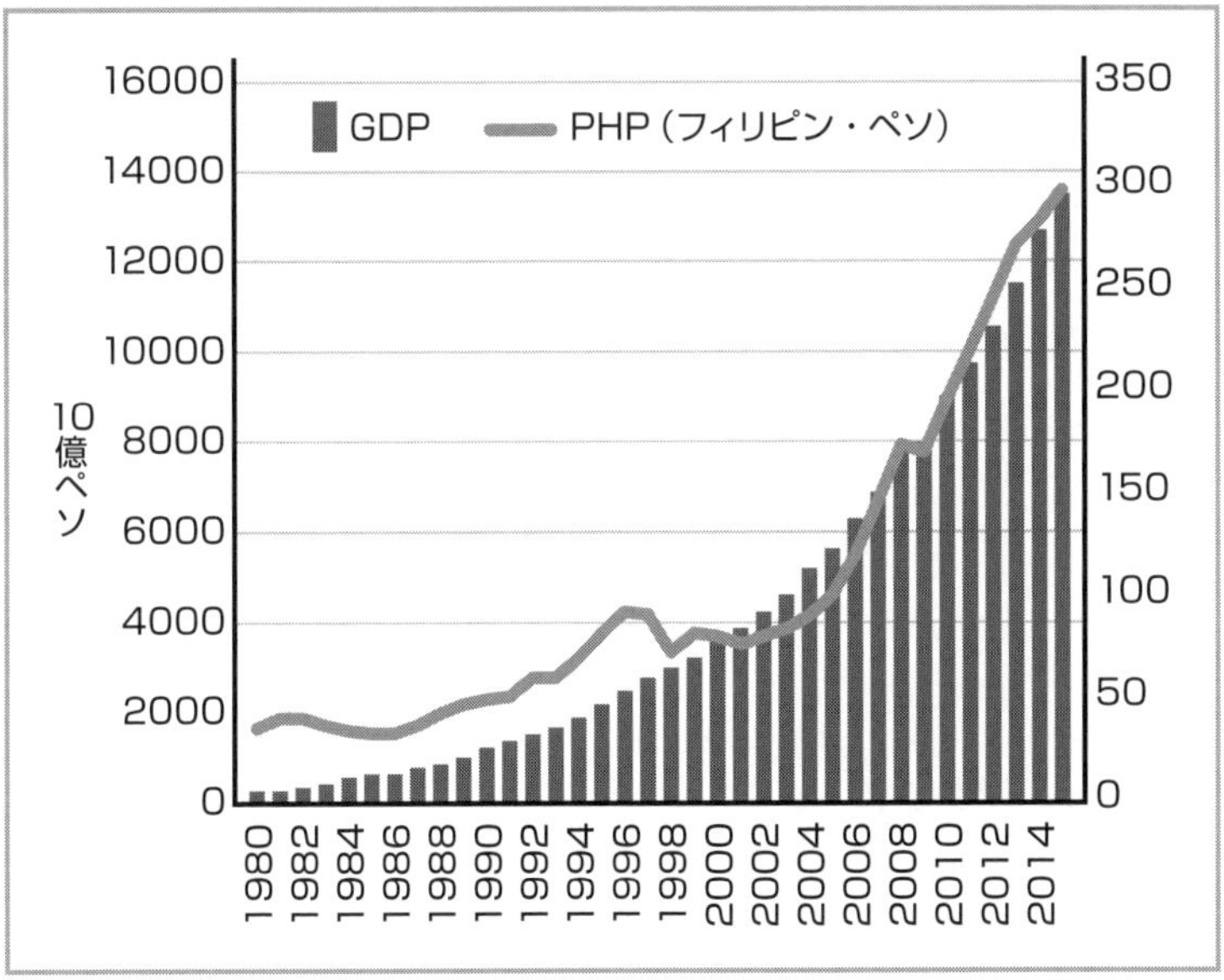

成長とフィリピンペソ対ドルの換算レート推移を示しています。

20世紀においては緩やかなフィリピンペソ安で推移し、今世紀に入ってから急激なフィリピンペソ安に向かっています。これにより、対日・米向け輸出は好調を持続できていますが、円との関連では2012年以降フィリピンペソ以上の下がり方をしたため、日本向け輸出の量と収支は変わってきています。とは言え、日本、中国、米国との貿易は依然順調に推移し、輸出先第一位は日本向けとなっています。

6 フィリピン経済特区庁（Philippine Economic Zone Authority）は1995年に設立され、輸出拡大を狙いとして、雇用促進、海外投資の推進を目的とした貿易産業省の法的機関。各種産業振興の内容によりそのインセンティブは異なる。

図表15　フィリピンへのFDI　（出所：IMF DATA2014年より引用）

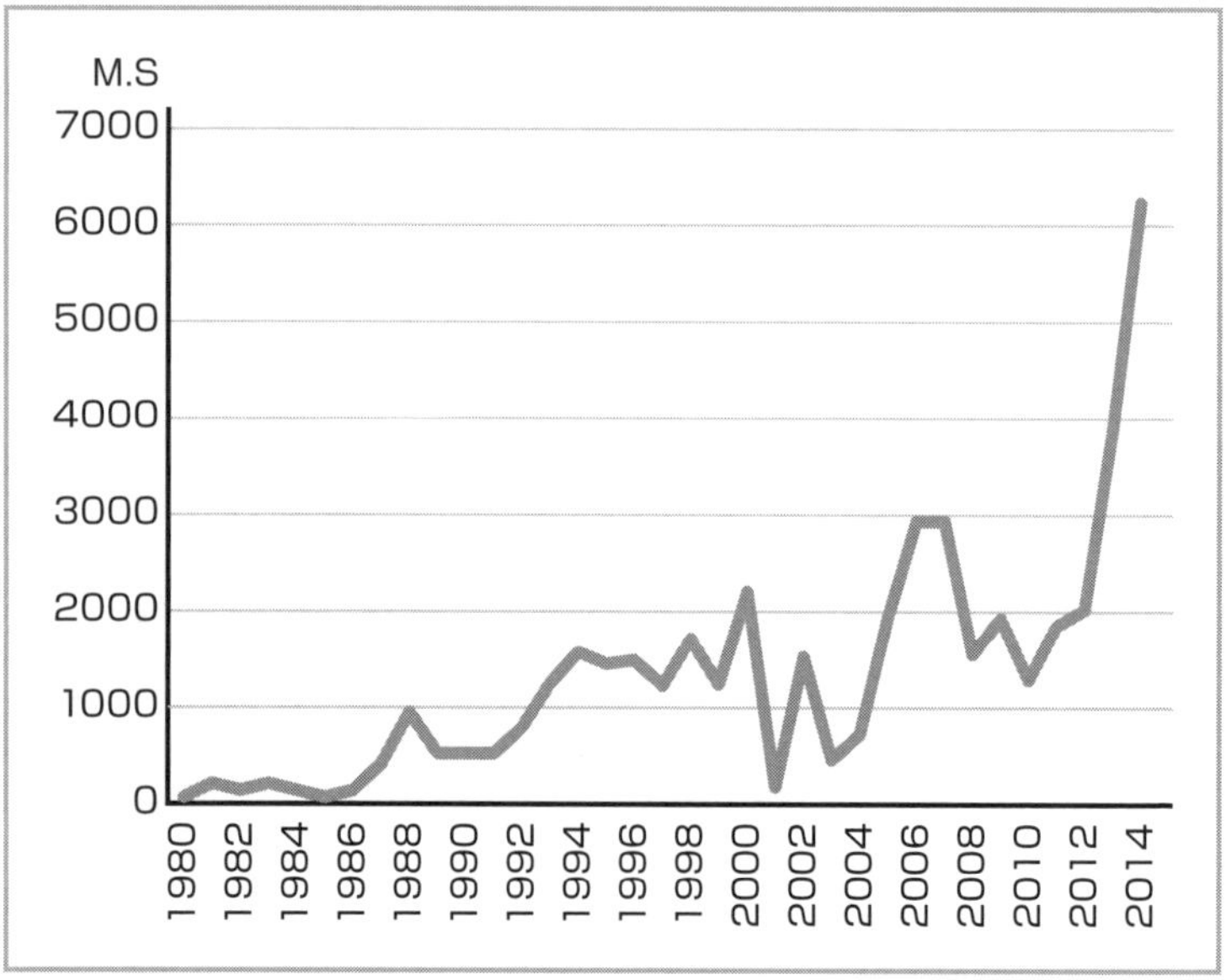

フィリピンへのFDI

ASEAN発足以降、初期の頃は同国への投資にあまり差はなかったのですが、政治の不安定な時期に、他のASEAN諸国への投資が増え、同国は比較的低い水準を維持してきました（**図表15**）。

また、ソフト、ハードの両面のインフラが遅れていること、犯罪が多発していること、100%独資の企業設立ができなかったことなどが挙げられます。

したがって、合弁事業を成立させる必要がありました。現在では、そのルールが削除され、特別な事業内容以外はPEZAに承認されます。特に、エレクトロニクスなどの製造業の誘致は盛んに行われています。

初期の進出企業は、プラザ合意があった

1985年頃で、円高対策のため、近隣諸国への製造移転が盛んに実施されました。労働集約産業などは、低賃金国で比較的英語が通じやすいフィリピンに着目するのは自然な流れでしょう。もちろん、それ以前から同国に進出している企業もたくさんありました。

最近では、2012年以降活況を呈してきており、製造業、サービス産業の投資が急増し始めています（**図表15**）。原因は、中国の賃金上昇、他のASEAN諸国の賃金の急高騰、物理的距離、言語などが考えられており、フィリピンの場合、比較的安定的上昇であることが引き金になったと考えられます。

フィリピンのビジネスにおける長所と短所

複雑な時代と急激な変化がある中で、比較的緩やかな成長を遂げてきたわけですが、ここへきて、急に投資が活況を呈しています。特に、マニラ首都圏での建設ラッシュは目を見張るものがあります。不動産業・建設・設備が好調です。今までは緩やかな変化で過ぎてきたことが長所であったのですが、どうなるのか気になる点です。

若い世代が多いことは、国が元気であり、強さのもとになります。インフラにしても、まだまだ充実させる必要があります。また、地方との格差が新たなビジネスの行き場となることも考えられます。産業的には、サービス、製造を問わず、平均的な成長を遂げられると考えられます。

さらに、今までは直接投資が大きくなかった状態から、急に伸びていることで、失業率も低下

（2015年統計では6・6％）していくことになります。また、医療費が高く、この分野でのビジネス構築も進んでいくと考えられます。

短所としては、ビジネスリスクとして一般的な要因はすべてフィリピンでも存在します。最近では、地政学的見地からもリスクが高まり、ASEAN域内物流などにおいて問題が発生することも予想されます。フィリピン人気質は両面あり、これも他のASEAN諸国や新興国と大きな差はありません。少し異なることと言えば、親日の人が多いと言われています。

今後予想されることは、インフレ率が上昇し、特に都市部での賃金が高騰し、地方との格差社会へ突入すると考えられますし、労働組合に関しても留意が必要となります。

中国、韓国の進出

中国と韓国は言うまでもなく、いろいろな産業で進出してきています。若者向けのスマートフォン、一般家庭で使用される電化製品、韓国の自動車、建設業界などは、かなり目立っています。しかしながら、自動車、ハイテク分野、医療分野などは日本企業が強く、フィリピンの人々は製品や機能の信頼性から見ても日本製品を選んでいます。

中国、韓国の製品があふれることがあっても、中に使われている部品は日本製のものが多く、ソフトとエレクトロニクスなどの分野では十分対抗できると思います。また、製造業の心臓部である複雑な金型や重工設備などは、日本製品が圧倒的な強さを持っています。

日系企業の海外進出と合弁パートナー

初めての海外進出においては、非常にいろいろなことが気になるでしょう。そこで、企業の進出形態を大きく4段階に分けて考えてみましょう。

第1段階は、「インターナショナル」と呼ばれる進出形態です。これは、簡単に言えば、輸出または輸入ですが、ここでは輸出を取り上げます。

日本企業の海外進出はプラザ合意前と後では大きく変わったと言われています。すなわち、為替の要因が大きいと考えられます。第2次世界大戦が終わり、世界の覇権国家となった米国の通貨ドルが、今までの英国の通貨ポンドから、その基軸となる地位を得たのです。当時は金本位制度で、1オンス＝35ドルに設定され、しばらく続くことになります。日本の為替は1ドル360円であった頃と比べ、今は120円前後なので、3分の1の価値しかありません。それゆえ、輸出は好調だったと言えるでしょう。その後、プラザ合意により円の価値が上がり、輸出が難しくなる時代が来ました。しかしながら、輸入原材料は逆に安価となり、実際的な為替変動ほどコストへの影響はありませんでした。さらに、コスト低減活動や無駄をなくすなどで、輸出が好調となってきました。

第2段階では、輸出先の連絡先として事務所を開設したり、パートナーによる簡単な生産と販売を委託したり、合弁または業務提携が行われます。簡単な生産と言えども、日本企業からしてみれば、技術援助契約を行い、ノウハウの移転などで、次第に外国との距離を縮めることができます。パートナーは信頼できるかどうかにかかってきますが、どうやって信頼性を見抜けるでしょうか。焦らず、時間をかけながら文化や風習、言語、宗教などの交流を深めながら、最後は直感に頼るしかありませんが、重要な意思決定の段階と言えるでしょう。ことフィリピンの場合、地域の豪族支配が強く、いろいろな産業の中核に位置しているものと、最近のようにサービス産業で名乗りを上げてきた新興勢力などが見受けられます。

やがて日本企業は、進出にある程度成功すると、今度は次の進出先を手掛けるようになってきます。この時、過去の進出経験などを踏まえ、他国へ展開するので、かなりの知識が蓄積されてきていました。また、進出先同士の交流なども生じ始め、さらに他国へと展開を続けられます。この段階を第3段階と呼び、グローバル的な考え方に転じてきます。

最後の第4段階では、トランスナショナルの形態へと進化する企業も増え、本社が日本である必要がなくなったり、本社機能のいろいろな部署が海外を中心として活発に動くようになったりします。途中の段階で、コングロマリット的にM&Aを繰り返しながら成長を続ける形態もありますが、この展開は、資本との兼ね合いで選べばよいことになります。パートナーの力と日本企業側の力をパワーバランス的に論じることはあまり意味を成しません。目的が何であり、共有できるかが鍵であることは言うまでもありません。マズローや経営学者の言葉を借りると、段階的に要求事項が膨れ上がり、自我の強さが出てしまうこともあります。

両社のポジショニングを見据え、目先だけの利益に走った企業は、最後の時期を迎えるのが早いと思われます。何も、海外で起きている事案だけではなく、国内でも同様でしょう。成長期から成熟期、衰退期と移る中で、パートナーとの関係も次第に変わることになっていくと思われます。成長期では、一般的に関係は良好ですが、衰退期になるとぎくしゃくすることは明白です。また、利益配分に関しても、最も利害が影響することになるので、契約条項の有効性はともかく、しっかり互いに話し合うことしかないと考えます。この時には、お互いに設立当初の志は見る影をなくしてしまっていると感じられます。

サービス業と製造業では微妙に異なりますが、グローバルでのルール化に従って、関係は希薄になる恐れも否定できません。進出国で生産し、販売し、収益を確保し、拡大できればいいのですが、進出国から輸出を含めたビジネスのフレームを形成する場合、国際法の準拠も視野に入れ、労働集約の優位性、賃金の安さ、為替リスク回避だけで海外展開しても、一旦は業績好調に転じても永遠ということは考えにくいものです。海外での事業展開に、残念ながらこれが正解というものはありません。「グローバル人材とは」と聞かれても定義がないのが実態で、その企業なり、その国での営みを成立させるための志の強さではないかと考えます。

追記：今回は、フィリピンの会社法（投資関連）、出稼ぎ労働者に関しては触れませんでした。理由として、会社法もASEANでの整合性を保ちながら、独自路線も維持したいような変化の時期にあること、また、出稼ぎ労働者の本国への仕送りがGDPに占める割合も年々増加していますが、正確な数値はつかみづらいものがあるためです。

平沢の一言 45ヵ国に170法人、476拠点を展開し、従業員27万人を擁するグローバル経営のお手本と言われる矢崎総業ですが、フィリピンの現地法人も地域に貢献して高い評価を得ておられます。1974年創業ですが、複雑な電線を束にして集合部品にした自動車部品のワイヤーハーネスを生産し、そのほとんどを輸出しています。約1万人の従業員のうち日本人は8名で展開中ですが、離職率0・3%で中核リーダーの育成に優れ、福利厚生面の充実ぶりには目を見張ります。病院の経営も始められました。

ASEANで2番目に人口の多い人口大国はかつて「病んでいる国」と揶揄《やゆ》されていました。平均年齢も若く旺盛な個人消費がけん引して、見違えるように可能性あふれる国になってきました。英語が公用語であり、安価で豊富な労働力と治安の改善や外資優遇税制の進展と、日本から空路約4時間という地政学上の優位性も後押ししています。フィリピンがにわかに、日本のASEAN進出の重要な国の一つになり始めたように思われます。

カンボジアで大人気
――カンボジアにおける小売ビジネスについて

イオンカンボジア社長　大野　惠司

カンボジアとの出会い

2015年の3月中旬、人生で初めてカンボジアの地に降り立ちました。1995年にジャスコ（現イオン）に入社。当時海外志向が全くなかった私にとって、カンボジアで働くというのは全く予想していなかったことであり、人生何が起こるかは分からないというのが率直な感想でした。今年で社会人21年目の春を迎え、転勤した回数を数えれば今回で13回目。平均すると約1年半のペースで異動している私が、このカンボジアでいつまで仕事ができるかは分かりません。しかし、今回こそは腰を据えて仕事ができると信じ、カンボジアの人々の暮らしを豊かにする一助となればと思って日々奮闘しています。

プノンペンの状況

私は着任してまだ9ヵ月しかたっていないため、今回は首都プノンペンの状況に絞って述べていきたいと思います。なお、あくまで主観での意見を中心に述べさせていただきます。

まず道路はプノンペン中心部および主要幹線道路は舗装されていますが、郊外の整備状況はまだ不十分で、車を1時間も走らせると、でこぼこで土ぼこりが舞う道が散見されます。一方、車両登録台数は市のデータによると、2014年で約26万台と毎年2万台以上、5年前からは約170％伸びています。私が来てからも路線バス運行、信号設置、高架道路新設など進んではいますが、朝夕ラッシュ時の渋滞もひどくなっており、車両の伸長にインフラ整備が追い付いていない状況です。電気については、プノンペンの停電は近年急激に少なくなったと言われており、安定的に供給されています。しかしながら電気代は高く、タイと比べると1・5倍強という認識です。不動産市場ではコンドミニアムやサービスアパートメントの建設ラッシュが続いており、いくら投資目的で買う人もいるとは言え、過剰気味ではないかとの疑念を持っています。

最低賃金は2012年で61ドル／月でしたが、2016年からは140ドル／月と倍以上伸びています。これは労働市場という点では、進出企業にはマイナスになりますが、カンボジアの人々の生活向上には大きく寄与していると思われます。そしてその成長を支えるのは、平均年齢24歳と言われている若い世代です。毎年7％強のGDP成長を支えるのは20～30代の層であり、また10代の層も厚く、彼らは今後結婚適齢期を迎え第2次ベビーブームが起きると思われます。これからさらに人口ボーナスの恩恵を得られるでしょう。

カンボジア従業員の特性

弊社従業員は現在約650名。年齢はカンボジア平均が24歳と言われている通り、店長で36歳、ラインマネージャー（課長）で30歳超、主任で25～30歳、大半を占める一般社員は18歳から20代前半です。男性と女性の比率は4対6程度。幹部比率はタイでは圧倒的に女性優位でしたが、カンボジアでは男性比率が高くなっています。

性格は基本的には温厚で真面目。言ったことが正しく伝われば（それが一番難しいのですが）素直に行動してくれます。ただし、そもそもの価値観が違う部分もあるので、話した時は実施してくれても継続して実施してくれるとは限りません。よって、同じことを何度も繰り返し言うことは必要不可欠です。また指示を出さないと一部の人は何も業務をせず、携帯電話で遊んだり、倉庫で音楽を聴いたりしていることも散見されます。自ら仕事を見つけて行動する、といったマインド教育も現在行っている最中です。

指導で気をつけなければならないのは、日本のような叱咤《しった》の文化は通用しないこと。カンボジアの人たちは厳しく指導されることに慣れておらず、打たれ弱い面があります。腹の立つことでも笑いながら優しく指導し、良い点を必ず褒めてあげることが大切です。日本のハードマネジメントでもまれてきた人には、非常に難しいマネジメントスタンスかもしれません。

会議は基本的に英語で実施します。タイと比べると英語普及率は高いと感じます。弊社では主任以上はある程度の英語は話せます。ただし一般従業員層になると英語は通じず、クメール語しか分かりません。言語面では英語ができる人にとっては、ビジネス・生活とも困ることは少ないと思います。しかしどの国でも同じでしょうが、母国語を話すと非常に喜ばれるので、日常的な会話くらいはできる方が心情的に受け入れてもらいやすいでしょう。

小売ビジネスにおける現状報告と課題

カンボジアで事業展開されている方々は、①他国に比べ進出がしやすい、②競争環境が比較的緩く成長スピードも高い、③カンボジアの人々の生活をより豊かなものにしたい、といった理由をお持ちだと考えます。確かに外資100%で会社設立が可能であり、営業免許も比較的取得しやすいようです。また小売業もチェーンストアは少なく、外資の競争環境も現時点では緩い状態です。しかし競争が少ないのには当然理由があり、市場規模はASEAN各国の中でも小さい部類に入ります。人口はカンボジア全土で約1600万人、プノンペンでは160万人強しかいないと言われています。市場規模が大きいけれど競争環境が厳しい市場を取るか、市場規模はまだ小さいけれども先行投資をして先にシェアを取るのか、ここは考え方の問題だと思います。

2014年6月30日に開店したイオンモールプノンペン店の中で、小売部門を担当しているのが弊社イオンカンボジアです。プノンペン在住の中間層以上のカンボジアの方々を中心に、中国、韓国、欧米、東南アジア、日本などワールドワイドなお客様に来店していただいています。特に中国の方々の購買力は高く、日本から輸入している商品は日本人よりも中国人のお客様が多く購入されています。好調なカテゴリーとしては、衣料では靴・かばん・服飾品、食品はデリカ・農産品・日本食、住居余暇は家電製品・寝具関連、またアミューズメントも好調に推移しています。

私たちの最大の課題は、「お客様にどのようにして安定的に商品を供給できるか」ということに尽きます。

カンボジア国内には、私たちが取り扱う商品を製造している企業はほとんどありません。生鮮品を除く商品はほとんどを輸入に頼らざるを得ない状況です。さらに国内の卸売業が整備されているとも言えません。そのためイオンカンボジアではダイレクトインポートの免許を取り、東南アジアや日本など世界各国から直接商品を仕入れています。ただし、ダイレクトインポートも簡単ではありません。コスト（ロット・関税・配送費）、リードタイム、ライセンスといった問題があります。

①コスト

コストについては、まずはロットの問題があります。最低限の物量がまとまらないと物流費など経費を吸収できません。いくら店の規模としてカンボジア国内最大でも、店舗数は1店舗しかありません。賞味期限の問題もあり、最低でも週1回配送が必要な乳製品などは、現状のロットでは原価と売価が同じ価格となることも多く、商品が売れ残ってしまった場合、苦労して仕入れをしても大赤字になることもあります。売れ残りを防ぐために発注量を減らすことは簡単ですが、結局経費は商品単価に跳ね返って原価が上がり、意味がありません。発注量を増やしながら売れ残りをなくしていくという、相反する2つのことを行っていく必要があります。

次は関税の問題です。ちまたではAECにより域内関税はゼロになると言われていますが、現実的には難しい部分もあります。関税を軽減するには、FORM Dという原産地証明書を輸出国側の企業に取ってもらう必要があります。輸出国側企業がカンボジア輸出を重視している場合はよいのですが、大半の企業のカンボジア輸出のシェアは微々たる割合です。非常に手間のかかる業務のため、その対応をすべて行ってもらえるものではありません。しかしながらFORM Dが取れないと関税が免除とならず、35%、15%、7%の関税がかかります。また仮にFORM Dを取れても、現時点ではすべての商品が関税ゼロにはなりません。海外の取引先にカンボジア輸出の利点を1つずつ説明し、理解していただき、対応していただく必要があります。

配送については、仕入れ国に応じて、現在陸路、水路、空路を使い分けています。日系企業である意義の1つとして、カンボジアの人々が食べたことのない食材提供を考えて、日本産イチゴや桃などの旬のフルーツも空輸で仕入れています。ただし当然コストもかさむため、利益はほとんどないか、もしくはマイナスになるのが現状です。また道路や、昨年春に開業したつばさ橋などインフラは整備されつつありますが、それでも陸路でバンコクから約10時間、ホーチミンから約5時間はかかります。食品は配送自体も課題となっています。

②リードタイム

問題の2つ目はリードタイムです。衣料品や住居余暇品は、ロットの問題からも納入頻度は2～

3ヵ月に1回となります。売れ筋商品はすぐに品切れしてしまい、チャンスロスを発生させてしまいます。経験のある日本のバイヤーでも、現状の仕組みでは精度の高い発注や売れ筋の確保は至難の業です。私たちのローカル従業員の中にバイヤーの経験者は一人もいません。当然、その発注精度は理想とは程遠いのが現状です。

③ライセンス

最後にライセンスの問題があります。例えば、海外から肉や魚を直接仕入れるにもライセンスが必要です。これは食品にかかわらず衣料・住居余暇でも同じです。ライセンスがない場合、ダイレクトインポートはできず、国内で免許を持っているサプライヤーから仕入れることになります。ただし、そのサプライヤーから必要な商品が100%入ってくる割合は低いのです。そのため直接ライセンス取得の申請も行っているわけですが、省庁側の対応も人によって異なる場合もあります。また弊社スタッフの知識不足もあり、その説明や書類準備に時間と労力を取られてしまい、スムーズにいかないこともあります。

私の理念

以上、お話ししてきたようにカンボジアにおける小売ビジネスは容易ではありません。ただし、この国が持っているポテンシャルは非常に高いため、課題を1つずつスピーディに解決していくことができれば、先駆者利益を必ず享受できると考えています。また、その利益を次の事業の原資として活用し、より多くの雇用を生み出し、従業員の給与を国内屈指の水準まで上げてあげたいと考えています。私の理念としては、ステークホルダーの中でも従業員が一番重要です。従業員が誇りを持って仕事をすることがお客様満足につながり、従業員の家族・親戚を含めた地域の人々を豊かにすることもできると考えています。

最後になりますが、私の夢は、イオンカンボジアの従業員全員に「イオンに入社し働いてよかった、幸せだ」と言ってもらえる会社にすることです。夢への道のりは遠く、まだスタートを切ったばかりですが、いつか必ず達成できるよう全力を尽くしたいと思っています。

ぜひ機会がありましたら、イオンモールプノンペン店にお越しください。お待ちしています。

平沢の一言 前任者の方を存じており、この方がアジア全体の責任者となられたため大野さんにお願いしました。イオンモールとして2014年6月に開業された時は、フンセン首相や岸田外務大臣も列席され、その後もカンボジア中の話題になっていると聞きます。「カンボジアに根差し、最も愛される小売業を目指す」との方針の下、今後カンボジアでこの種の大ショッピングモールを5店開業されるようです。カンボジアでの小売りビジネスは尋常でないと大野さんも述べておられます。中国がカンボジアに猛烈な融資、贈与を続けている中、ぜひ腰を据えて仕事を続けられ、カンボジアの人々の暮らしを豊かにするために奮闘されることを祈念しています。

ベトナムとの国境方面に悲願の〝きずな橋〟が日本のODAで完成しました。大野さんも「私の理念」として従業員の給与を国内屈指の水準まで上げてあげたいと考えておられ、「ステークホルダーの中でも従業員が一番重要です。従業員が誇りを持って仕事をすることがお客様満足につながり、従業員の家族・親戚を含めた地域の人々を豊かにもできると考えています」と述べておられます。

難しいカンボジアビジネスに腰を据えてご尽力くださり、日本のファンをたくさんつくられて、夢の実現にまい進していただきたいと思っています。

イデオロギーを超えて——一族・一党でラオスに同化する

ラオスジャパン開発研究所 所長・経済学博士
ラオス首相府 永久顧問
鈴木 基義

イデオロギーの対立を超えたアジアの統合

1990年に在ラオス日本国大使館に経済の専門官として赴任したのが、ラオスへの関わりの端緒でした。赴任の前年の1989年にはベルリンの壁が崩壊し、東・西ドイツが統合されました。1991年にはソビエト社会主義共和国連邦が崩壊し、ラオスへの援助もこの年に消滅したのです。東ヨーロッパでは、親ソ派と、共産党を否定する反ソ派との間で内乱が勃発し、そのほとんどの国で社会主義が崩壊した一方、中国やベトナム、ラオスでは社会主義が堅持されつつ市場経済の導入を図るという政経分離主義が取られ、共産党政権の下で社会は政治的に安定を続けていました。

ソ連邦の援助が消滅した後、ラオスは西側2国間援助と多国間援助が急増し、ついに1997年にはASEANに加盟を果たしました。そしてアジア開発銀行主導の下で東西経済回廊と南北経済回廊が建設されました。タイとラオスは4本のメコン架橋でつながり、ミャンマーとラオスにも2015年4月に初のメコン架橋が完成し、地域のコネクティビティーが確実に改善してきています。2015年末にはついにASEAN経済共同体（AEC）が発足し、ASEAN諸国内の輸入関税が撤廃され、貿易と投資の新しい躍進の時代に突入しました。資本主義や社会主義というイデオロギーを超えてアジアの統合が進んでいるのです。

ラオスから学ぶ――タバコの銀紙

私は2016年でラオス研究歴27年目を迎えましたが、ラオスから学ぶことは実に多いのです。以前、教育調査のために小学校を訪問したところ、始業のチャイムを知らせるのにタイヤのホイールが使われていました。これをたたけば音が出るというわけです。また、ある高等学校では、溶けてなくなってしまったヒューズの代わりにタバコを包む銀紙を使用していました。安全性に問題があるかもしれませんが、タバコの銀紙が電気を通すのを初めて知って驚きました。

調査に同行したゼミの学生たちは夜の反省会で、コンピューターもビデオも完備された日本の学校を思い起こしながら、この国の教育の惨状に同情していました。私は、この胸に突き刺さるような痛みが重要だと思っています。政府発表の財政赤字の現実は、黒板はあってもチョークがないやり切れなさや、校舎は建てられたけれども政府が給与を払えず教師が出勤しないというごくありふれた矛盾として顕在化しているのです。

すり金器はこうしてつくられた

今ではラオスの首都ヴィエンチャンとタイのバンコク間に1日往復10便のフライトがあるようになっていますが、1990年の頃は週2日しかフライトがなかったのです。ラオスには日本料理店が1軒もなく、日本食に飢える毎日でした。私は無性に大根おろしが食べたくなり、我が家のメイドさんに大根おろしのつくり方について説明しました。当時ラオスに大根が生育しているかどうかも知らなかったし、すり金器を日本から持ってこなかったので半ば諦めていたのですが、翌日の食卓にはちゃんと大根おろしが並んでいました。驚いた私は、どうやってつくったのか尋ねてみました。缶詰のふたに釘《くぎ》でいくつか穴を開け、富士つぼのようにして大根をすったと言うのです。私は我が身をしきりに反省しました。日本人なら何をやるにもまず道具を買うところから始めるわけですから。科学技術の発展により暮らしが便利になると、むしろ創意工夫の精神を喪失しがちです。モノがないことが前提のラオスでは、創意工夫は当たり前のことでした。

ラオスの伝統的美徳

ラオスの4月は1年のうちで最も暑く、摂氏40度を超える日があります。私は友人とメコン川沿いのオープンカフェに立ち寄りました。甘くて濃いラオスのアイスコーヒーは乾いた喉を潤してくれます。その時2人の幼い物乞いの兄弟がカフェの敷地に入り、私たちのテーブルに近づいてきました。私は、少額のラオス通貨を子供たちの手に忍ばせました。彼らが私に背を向け、そのまま立ち去ろうとした時、15歳くらいの店のウエートレスがその兄弟たちを制し、「コープ・ジャイ（ありがとう）と言いなさい」と優しく注意を与えました。

彼らは私たちに手を合わせ、「コープ・ジャイ」とお礼を丁寧に述べました。自分の敷地に物乞いが入ることを店が制止しないのも、ラオスらしいおおらかな仏教のお国柄をしのばせますが、施しを受けた時、きちんと礼を述べるよう躊躇《ちゅうちょ》なく指導した若い少女にもラオスの伝統的な美徳を感じました。ラオスの経済は遅れていても精神のあり方は高い（Spirits Are High）と感じさせられた「その時」でした。

中国高速鉄道

ラオスは、1975年に社会主義革命が成立しましたが、経済の停滞が著しく、1986年には「新経済管理メカニズム」が提唱され、市場経済の導入に踏み切りました。1988年にラオス初の外国投資管理奨励法が施行されると、言語や文化が類似する隣国タイからの投資が急増し、外国投資の半分以上を占めるに至りました。2000年代に入ると、タイに加えてベトナムと中国からの投資が増大し、これらの国がラオスへの3大投資国となっています。特に近年、中国の進出は、民間投資と開発援助の両面でめざましく躍進しています。

習近平指導部は、中国・昆明とシンガポールを縦断する鉄道を敷設する「一帯一路（新シルクロード）構想」の下で、まずラオス・中国国境の町ボーテンとヴィエンチャンを結ぶ427キロメートルに最高時速200キロメートルの高速鉄道を敷設することとしました。ラオス建国50周年を迎えた2015年、ラオス建国記念日に当たる12月2日に、チュンマリー・ラオス国家主席と中国鉄路総公司・盛光祖総経理がヴィエンチャンで高速鉄道の鍬《くわ》入れ式に臨みました。総工費は387億元（約60億4000万ドル）で、中国企業、ラオス企業の出資分と政府出資分を6対4とし、このうち政府出資分を、中国政府とラオス政府が7対3で配分することで合意に至りました。つまりラオス政府は、総工費の12％に相当する7億2000万ドルを工面すればよいわけで、同時にラオス政府は、5億ドルを年利2・3％で中国政府から融資を受ける方向で調整が続いています。中国からタイを経由してシンガポールまで中国の新幹線が縦断するこの勢いに、日本としては心中穏やかではないことは理解できます。しかし、インドシナそして東南アジア地域にとって、横断面的なコネクティビティーを改善していくという観点から、日・中を含む国際間の協力をいかに構築していくかということが最も重要なことではないでしょうか。

タイへの出稼ぎ労働

ラオスの人口は670万人と少ないため、労働人口も少ないと思われています。しかし、その現実は、労働人口が少ないと言うよりも、雇用機会が限られていることに深刻な問題があるのです。ラオスでは働く場所が少ないからタイへ出稼ぎに行くしかありませんが、その数は50万人を下らないと言われています。ミャンマー人は230万人、そしてカンボジア人は130万人がタイへ出稼ぎに行っていると聞けば、皆さんは驚くに違いないでしょう。どうすればラオス人の出稼ぎ労働者をタイからラオスに戻すことができるでしょうか。その答えは、ラオスで雇用機会を増やすしかないのです。どうすればラオスに働く場を増やすことができるでしょうか。それは、外国企業が進出しやすい環境、すなわち経済特区をラオスに建設することであると私は確信します。

世界初、中小企業専用の経済特区誕生

2015年8月5日、ヴィエンチャンのラオプラザホテルにて、パクセー・ジャパン中小企業専用経済特区の開発に向けて、デベロッパーとラオス政府が設立合意文書に調印する記念式典が開催されました。式典には、ソンサイ・シーパンドーン首相府官房長官、ブンペン・ムンポサイ首相府大臣などラオス閣僚ならびに岸野博之在ラオス日本国特命全権大使や村上雄祐JICAラオス事務所長など、100名を超える関係者が出席しました。構想から実に4年が経過して認可された世界初の中小企業専用の経済特区です。開発を担うデベロッパーは、パクセー・ジャパン中小企業専用経済特区開発会社で、地元財閥のサイサナグループが30%、サワンTVS社が20%、西松建設が20%、ラオス政府が30%を出資しました。

私は過去10年以上にわたりアジア各国の経済特区や工業団地を調査してきましたが、アジアには、ベトナムのタンロン工業団地やタイのアマタ工業団地など優れた工業団地が数多く存在します。しか

しラオスは内陸国で、隣国の港から遠隔に立地するため、材料や商品の輸出入に物流コストがより多くかかります。内陸国の経済特区のレンタル価格が臨海地域の工業団地と同じ水準では、中小企業にとってラオスに進出するメリットが希薄化するはずです。つまり、臨海地域のハイレベルな工業団地と一線を画すというところが、パクセー・ジャパン中小企業専用経済特区の発想の起点となりました。

その第1の特徴は、あくまでも中小企業を対象とした経済特区で、大企業の入居を歓迎しません。

第2に、パクセー・ジャパン中小企業専用経済特区では同一賃金、同一手当を原則としています。大企業は賃金・手当が中小企業と比べて優れているため、同じ立地空間で操業すると、中小企業から大企業に労働者が引き抜かれることが多いわけです。パクセー・ジャパン中小企業専用経済特区では、企業間で労働者に対する賃金・手当を自発的に同一水準にキープすることによって、企業間における労働者の引き抜き競争などが起こりにくい工夫がなされています。

第3に、ここには化学処理能力のある浄化水槽はありません。組み立てや縫製工場では、生活用水しか使用しないので、下水はあまり汚れることはないのです。化学処理浄化水槽を設置すれば3億～4億円かかりますが、化学工場やメッキ工場ではなく、組み立てや縫製産業を誘致することで、下水施設を設置するだけで済むため建設コストは節減されます。

第4に、この経済特区は工業団地によく見かける大きな立派なゲートがありません。区画整理もまだ行われていません。5ヘクタール以下の土地を開発しては工場を建設し、その収入で次の用地を開発していきます。デベロッパーは自転車操業の連続ですが、銀行から融資を受けることがない分、金利負担も発生しません。このような工夫から、パクセー・ジャパン中小企業専用経済特区では建設費が削減されるため、低価格の用地レンタルを実現でき、その結果入居する中小企業の初期投資コストを大幅に低下させることに成功しました。

第5に、ラオスの経済特区ではアジア最高の魅力的な恩典が提供されています。操業の日からではなく、初めて利益が創出された年から法人税の10年間減免期間がスタートします。それ以降は会社をたたむまで8％と低く、個人所得税は所得の大きさに関係なく一律5％。輸出企業は輸出入税も付加価値税も免税となります。労働の取り合いをすることなく、この恩典を受けられることにこそ、中小企業にとって真の入居目的があるのです。

同特区には、ジャパンテック（コイル生産）、着物のアンドウ（帯留め）、レオンカワールドラオ（ウィッグ）、新電元（自動車電装品）、ナダヤラオ（イタリア原産皮革財布）の5社が既に生産・輸出を行っています。また6社目のダイワハーネス（自動車用）は工場が完成し、機械の搬入が行われているところです。これら6社で1000人を超える雇用が創出されています。

パクセー・ジャパン中小企業専用経済特区は3つのゾーンに分かれ、合計で600ヘクタールという広大な用地を有する経済特区です。日本企業の進出がさらに進めば、数万人の雇用を生み出すことができるでしょう。タイへの出稼ぎ労働者をラオスに呼び戻し、家族と共に安心して暮らして働ける場を提供していくことに、これからも微力ではありますが尽力していきたいと思います。

〈参考文献〉
鈴木基義［1998］「ラオス」朝日新聞社『アエラムック アジア学のみかた』
鈴木基義［2015a］「ラオス南部に世界初の中小企業専用経済特区」日本物流新聞。11月10日
鈴木基義［2015b］
ラオス～ランドリンクで活きるプラスワン戦略の未来～」みずほ銀行『華南・アジアビジネスリポート』Vol. 48・12月号

平沢の一言 鈴木さんはラオス政府が一番頼りにしている日本人です。そのため、契約期間は無期限と聞きます。一国が一人の日本人を頼っていることは誠に素晴らしいことで、同氏の人間性と大人ぶりがそうさせるのだと思います。中国と陸続きの国で、中国からの様々な攻勢にあって大変苦労しておられます。それでもラオスに対する深い思いがラオス政府を動かしているのだと思います。今回、新指導部が発足して親中派は退任し、過度な中国依存に歯止めがかかると予想されています。人材育成が大きな課題ということで、日本と鈴木さんへの期待が増すことになると思います。

タバコの銀紙で胸を突き刺す痛みと、すり金器のお話、そして少女の伝統的な美徳という文章がありました。豊穣になった日本は今、大いに反省しなくてはいけないところがあります。

「日本人なら何をやるにもまず道具を買うところから始めるわけですから。科学技術の発展により暮らしが便利になると、むしろ創意工夫の精神を喪失しがちです。モノがないことが前提のラオスでは、創意工夫は当たり前のことでした」という鈴木さんの言葉には……

鈴木さんの孤軍奮闘を皆で応援していくことが大切だと改めて実感しました。

日本ならではの提案で存在感を高める

――中央アジアビジネス状況と将来

日本貿易振興機構（ジェトロ）タシケント事務所長
下社 学

中央アジアのビジネス状況と将来

91年末のソ連崩壊に伴い新生独立を果たした中央アジア5ヵ国（ウズベキスタン、カザフスタン、キルギス、タジキスタン、トルクメニスタン）のビジネス状況は、市場経済化の道を歩んで四半世紀を経ようとしている今日、国ごとに大きく異なるものとなりました。石油や天然ガス、レアメタル、ウランなどの地下資源、およびそれらを輸送する手段の有無、また、宗教や民族問題を抱えるかどうかといった意味での「持てる国」と「持たざる国」の違いが背景にあります。今日、5ヵ国のうち、外国企業にとってビジネスの対象として論じられる機会が多いのは、ウズベキスタンとカザフスタンです。

①ウズベキスタン

ウズベキスタンは中央アジア5ヵ国の中で、3100万人と最も多い人口を誇ります。資源としては天然ガスや金、ウランなどに恵まれています。ソ連時代に大規模な灌漑《かんがい》が行われ、「白い金」とも呼ばれた綿花の栽培が行われたのです。90年代後半、当時の韓国・大宇自動車がウズベキスタン政府と50対50の合弁乗用車工場を設立しました。年間二十数万台を生産し、ロシアなど周辺国市場への輸出を通じて貴重な外貨獲得にも貢献する成功投資事例となりました。2008年にはGMウズベキスタンに組織再編されましたが、韓国系の部品メーカーやエンジンを生産するGMパワートレインなどが操業し、産業集積も育ちつつあります。

漸進的な経済改革を国是とし、国家主導の経済運営がなされていますが、ビジネス環境は一般的に難しいと言われています。現地通貨スムの売り上げを外貨に交換して海外送金するオペレーションが、厳しい外貨事情を背景にスムーズに進みません。国境を接する国々がすべて内陸国という二重内陸国であるがゆえ、ロジスティクスの問題も抱えています。中間層が台頭し市場としての魅力が高まりつつある一方で、日本企業にはクリアすべき課題が多いのが現状です。円借款を活用した公的資金案件が従来の日系企業の主たるビジネスモデルでしたが、少しずつ直接投資案件への関心も高まっています。リスクをいかにコントロールするか、工夫が求められているところです。

②カザフスタン

カザフスタンは日本の7倍という広大な土地に、1800万人程度の人が暮らしています。カスピ海沖・沿岸に巨大な石油・天然ガス鉱区を抱え、オイルメジャーが大規模な開発投資を行いました。その大量の投資資金と生産物である原油の輸出により、中央アジアでは他の国々を圧倒して経済発展を遂げてきました。一人当たりのGDPは1万ドルを超えて久しく、高級耐久消費財の消費市場として日本の自動車や家電メーカーも早くから着目したのです。市場経済化は他の中央アジア諸国に比べ進んでおり、そのため世界経済の潮流に翻弄《ほんろう》されてきました。新興資源国の成長を見込み、欧州から大量の資金が流入し、対外借り入れが大幅に拡大しましたが、製造業などの実体経済に乏しく、不動産バブルを招いてしまいました。2007年のサブプライムローン問題や2008年の米国発金融危機が顕在化するたびに、カザフ経済は冷や水を浴びせられました。

ただ、カザフスタンはユーラシア経済連合（EEU）の構成国であり、ロシアを軸とする共同市場創設が進んでいます。もっとも、対ロシア経済制裁の影響は不可避で、ロシアのルーブル切り下げを受け、相対的に安価となったロシア製品の流入を招き、国内産業に負の影響が及びました。

WTO加盟を2015年11月末に果たし、今後は関税率の低減をはじめ、通信事業の外資比率上限の撤廃など、ビジネス環境がこれまで以上に整っていくと見られます。国内10ヵ所に設置された優先テーマを定めた経済特区の整備や、日本をはじめとする先進国の国民に向けた15日間以内のビザなし渡航など、政府の取り組みも評価できます。

中央アジアにおける中国の最近のビジネス動向

中国は、トップ外交の展開と借款の供与を通じてエネルギー権益の確保に努めてきました。カザフスタンやトルクメニスタンでは石油や天然ガスの鉱区開発に参画するとともに、中国向けパイプラインを建設して直接的な輸送手段を確立しています。安価な中国製消費財は中央アジア市場で浸透しています。新疆《しんきょう》ウイグル自治区の首都ウルムチはカザフスタンなどから日用品を買い付ける商人の一大拠点となっているのです。パワーショベルなど中国製建設機械を取り扱う店舗も増えてきました。資源を調達し、履物、衣料品といった日用品、機械・設備を供給するといった補完的な関係が成り立ってきています。

近年はソ連時代の宗主国であったロシアとの覇権争いが顕著になってきました。中国の習近平国家主席は2013年、中国を起点に陸路と海路から欧州までの経済圏創出を目指す「一帯一路」（新シルクロード構想）を提唱しました。構想を実現する手段として、国際金融機関であるアジアインフラ投資銀行（AIIB）創設の提唱とともに、2014年末には400億ドル規模のシルクロード基金が設立されました。中国が関与する中央アジアでの地域協力は上海協力機構（SCO）が先行し、年々加盟国やオブザーバー、パートナー国が拡大してきましたが、AIIBや基金によって資金面で中国が主体性を発揮できるようになるでしょう。

タジキスタンとは通貨スワップ協定も締結し、ソフト面での中国の台頭が顕著です。ロシアはEEUによる共同市場の創出で一歩リードしますが、中国のAIIBやシルクロード基金のような金融スキームを持っていません。旧ソ連諸国は中国の経済拡大に対する警戒感を隠せない一方で、中央アジアは着実に中国に取り込まれつつあります。中国の景気減速が中央アジア経済に与える影響についても注視する必要があると思います。

中央アジアにおける韓国の最近のビジネス動向

韓国も中国と同様、活発な首脳外交を展開し、同行する経済使節団が商談の駒を進めています。韓国企業は飽和状態に陥った国内市場では持続的発展が望めず、日本企業の進出が手薄な中央アジアに果敢にリスクを冒し進出しました。インフラ、建設、繊維、資源、金融など幅広い分野で多くの韓国企業が活動しています。スターリン時代に強制移住させられた朝鮮系住民の末裔《まつえい》の存在も無視できませんが、言語も生活習慣も現地人化した二世、三世の役割はそれほど大きくはないとの指摘もあります。

ウズベキスタンにおける自動車産業発展の道筋をつけたのは韓国でしたが、家電でも90年代後半、サムスンやＬＧが完成品の高額輸入関税を回避するため、テレビや白物家電の組み立て事業を展開した時期がありました。しかし、いわゆる担ぎ屋輸入業者らが通関業者を買収し商品を持ち込む、いわゆるグレー通関が横行したため定着しませんでした。その後、ウズベキスタンでは地場の家電組み立てメーカーがサムスンブランドの掃除機や電子レンジのＯＥＭ生産を開始するなど、協力関係が再興しつつあります。

情報通信技術（ＩＣＴ）分野でも韓国勢の活動が目立ちます。カザフスタンではカザフポスト（郵便）や運輸通信省とのＭＯＵ（了解覚書）に基づき、政府間ベースでユーティリティ部門の電子化を支援しています。ウズベキスタンではタシュケント情報技術大学の設立に大きく韓国が関与しました。韓国科学技術院（KAIST）をはじめとする10以上の大学・研究機関とパートナーシップ協定を締結し、韓国IT企業の進出に貢献しています。

ウズベキスタン政府からの要請に応え、ナボイ国際空港を拠点に展開するロジスティクスセンター構想にコミットしているのは大韓航空です。中央アジアが極東と欧州の中間に位置することから、航空貨物の中継点として発展する可能性があると思います。

中央アジア由来の物資輸送のニーズがあってこそのプロジェクトであり、集荷には苦慮していると伝えられています。カザフスタンに拠点を置く韓国系中小物流会社は、プサンを集荷地として小口混載輸送サービスを展開し、富裕層向けのニッチマーケット開拓をサポートしています。

後進に伝えたいアジアビジネスへの思い

中央アジア諸国は親日的ですが、日本企業の存在感は中国やロシア、韓国、トルコ、欧米の陰に隠れがちです。地理的、言語的、商習慣的な「遠さ」がボトルネックになっています。こうした中、最近注目されるのは第3国連携の動きです。トルクメニスタンでは国営企業から、大型プラントのEPC（設計・調達・建設）をトルコ企業とのコンソーシアムで受注し、日本の国際協力銀行（JBIC）、民間銀行の協調融資によるバイヤーズクレジット供与と日本貿易保険（NEXI）の保険でカバーするケースが主流になりつつあります。トルコ企業の中央アジアにおける高い経験値と、日本企業の資金力、技術力とが補完し合っています。ウズベキスタンでは韓国と日本とのプロバイダー事業の実績や、円借款の発電所近代化案件のＥＰＣを韓国が受注し、日本製発電設備が納品される例もあります。不落の中央アジア市場を攻略する上で「敵の敵は味方」となっているのです。

日本企業の提供する製品やサービスは、「品質は世界一だが、イニシャルコストの高さがハードルだ」と中央アジア側から指摘されることが多いのです。多額の資金を必要とするインフラ整備では特にそうです。しかし、コスト優先で新興国の製品を使ってはみたものの、すぐに調子が悪くなる経験をして、結局は日本製を選び直すといった話も聞きます。汎用品と高級品の二極化は今後、中央アジアにおいても進むと思われます。

日本が世界に先んじて開発する高齢化や介護関連の製品およびサービスは、中央アジアの人々に驚きをもって受け入れられるだろうと確信します。また子供の教育や習い事、レジャーや余暇のアイテムも大きな可能性を秘めています。日本政府も後押しする、交通や災害・公害対策、省エネ・ゴミ処理技術など、質の高いインフラ輸出は、新興国との差別化を図ることができるでしょう。日本ならではの技術力の提案によって、中央アジア市場で確固たる存在感を示したいと願っています。

平沢の一言 安倍総理は昨年、９年ぶりに中央アジア５ヵ国のすべてを訪問されました。かつて旧ソ連の一員で、ロシアの裏庭だったこの地域が、中国や韓国企業に席巻され始めています。新シルクロード経済圏構想を推し進める中国を背景に、中国ブームに沸くこの地域に、韓国も日本勢の進出手薄な旧ソ連諸国に進出し、石油やガスの権益確保に躍起になっています。中国西部と国境を接し、豊富な資源を有し、欧州向けの物流拠点を目指す中央アジアについて、下社さんは、「コスト優先で新興国の製品を使ってはみたものの、すぐに調子が悪くなる経験をして、結局は日本製を選び直すといった話も聞きます。汎用品と高級品の二極化は今後、中央アジアにおいても進むと思われます」と指摘しておられますが、その通りだと思います。地政学的な劣勢を跳ね返し、中央アジアの国づくりのために丁寧な対応を国や企業を挙げて取り組んでいかねばならないと心から思います。

"ニッポンのECを世界基準に"シンガポールから国際ECプロデュース会社を！

株式会社 エクストラコミュニケーションズ 代表取締役社長
前野 智純

シンガポールのビジネス状況と今後の行方

シンガポールは、その市場の小ささゆえ、自国の地理的優位性を活かし、徹底したハブ（Ｈｕｂ＝ネットワークの中心にあって、それぞれをつなぐ役割をする部分）政策を取っています。例えば、シンガポールを介した3国間貿易を行う場合、グローバルトレーダーズプログラムと言われる政策によって、税制優遇などのメリットが用意されています。そのため、世界中の貨物がシンガポールに集積されており、高層ビルから海側を眺めると、コンテナ船の多さに誰もが驚きます。シンガポール企業の全体売り上げの75％が海外取引によるものだとする統計も、このハブ政策を知り、海面を埋め尽くすコンテナの数を見れば納得できるのではないでしょうか。

国土が狭い、人口が少ない、天然資源がないというデメリットがある半面、貿易における地理的優位性といったメリットなどがあるのがシンガポールです。教育水準を上げ、上記のような「モノ」だけでなく、「ヒト」「カネ」においてもハブとして機能させようとするシンガポール国家の戦略性は、今後もアジアのビジネスのトップを走り続けるだろうと思われます。

マレーシアが物流のコストを下げるなどして、貿易ハブ機能でシンガポールに追いつき、追い越すことを目指しています、私は金融、社会インフラ、政治的安定性、地理的要因などで、まだまだシンガポールの優位性は動かないのではないかと思っています。

シンガポールに進出する際の障害を挙げるとすれば、世界一とも言われる生活コストの高さです。確かに、オフィスやテナント、住居などにかかるコストは、東京をはるかに上回っています。自国での食糧生産量が少ないため、商品のほとんどを輸入に頼らざるを得ず、一般的に食べ物も高いのです。しかし、現地の人々が皆そのようなコストを強いられているかと言えば、そうではありません。「近未来都市」のような一面だけを見ると、確かにコストは高すぎますが、一方でローカルの人たちのつつましやかな生活も存在しています。

中心部のシティエリアから少し離れたところにある公団住宅などは、新しいところでもさほど驚くような家賃ではありませんし、現地の人が行くホーカーセンター（廉価な飲食店の屋台や店舗を集めた屋外複合施設）では、安く日常の食事ができます。車を買うのは異常に高いのですが、電車やバスは日本の比ではないくらい安い料金です。

ビジネスも生活も、現地ローカルの人たちに、いかに近づくかがポイントだと思います。

1つ懸念材料を挙げると、行きすぎた詰め込み教育と、エリート意識のまん延、教育課程でドロップアウトした人たちとの格差、さらに社会の選択肢の少なさでしょうか。私は、「日本のスペシャリティ」をアジアに輸出することを目指していますが、本当のスペシャリティは、日本人の職業観や労働意識ではないかと思っています。残念ながら、日本もそこが崩壊してきているのは否定できませんが、少なくとも私たちの土台にある「働く意識」は、世界に誇れるものだと感じています。

シンガポールに対する私の思いとこれまでの経過

当社はもともと商社ではなく、国内での販路拡大をコンサルティングする会社であることから、国内だけでなくアジア各国に販路を確保しようと、まずは中国の中でも親日的と言われる大連で何度も商談会に参加しました。高級デパートの商談に成功し、お客様の商品がようやく棚に並び始めた時に、尖閣騒動が勃発し、即座に棚から撤去されるという憂き目にもあいました。

商品は事前に買い取ってもらっていたので、お客様のビジネス自体に損害はなかったのですが、それまで投資したコストを考えるとマイナスでした。騒動が収まるまで待つことも選択できましたが、このように政治や国民感情と経済が密接に結び付く状況はとてもリスクが高いと判断し、東南アジアに舵《かじ》を切りました。

タイやベトナム、マレーシアなど各国で商談会に参加しましたが、日本から輸出する際のインフラ、商品を再輸出する際の制度、周辺国への影響力、社会的・政治的安定性、公平性、親日度、そして何より、自分自身が最も居心地良く感じるシンガポールにアジア販売の拠点をつくることにしたのです。

この「居心地」というのは、実は個人的に最も重要視すべきことだと思っています。日本人は、とかく日本の中で取引をしたがる傾向があります。しかし、ビジネスを長く継続するには、前述のように現地のローカル社会にいかに入っていけるかが重要で、そのためには自分が好きと思え、尊敬できる国や国民であるかどうかが、とても大きなファクターとなります。

ビジネスにおけるシンガポールの留意事項

シンガポールに限らず、どの国にも言えることですが、その国の人を尊敬し、文化を尊重することが何より大事です。我々は、商品をまずテストし、現地に合わせてローカライズすることを重要視していますが、日本で売れているからと言って、それを「ジャパンクオリティ」などと押し付けるような姿勢だとビジネスは継続しないと思っています。

高レベルの教育を受けてきたシンガポール人は、プライドが高いのです。仮に、日本に比べて未熟な分野があるからと言って、見下すような目線を持っていると、現地の人は敏感にそれを感じ取ります。日本人として、日本のためになるビジネスをするのは極めて自然なことですが、他国でビジネスをさせてもらう以上、その国を尊敬し、その国のためになるビジネスを第一に考えないと、継続はできないと強く意識しています。

シンガポールにおける中国、韓国の最近のビジネス動向

モノだけでなく、ヒト、カネ、技術において、中国や韓国の投資・進出のスピードは、日本のそれ

を大きく上回っています。日本の業界の中で一番乗りだとしても、中国や韓国の企業がとっくに出ていて、現地では何ら新鮮味がないということが往々にして見られます。その際、「それらに比べて日本製品はクオリティが高い」と、品質で活路を見出そうとしますが、そのような品質は現地で求められていない場合も多いのです。

大量生産のコモディティ商品では、既に中国やASEAN周辺国に勝てないと思った方がいいでしょう。また、美容、ファッション系のブランディングでは、韓国に大きく水を開けられています。アジアで「クール」なファッションと言えば韓国であり、コリアンスタイルに対する若者の憧れは大変強いのです。

例えば、日系美容室は数多く進出していますが、同じく韓国系の美容室も多く存在する中で、日本企業は誰に何を提供するのか、コリアンスタイルに勝てる要素は何なのか、戦略的なマーケティングが必要とされます。

まずは、積極性、スピード、投資の大胆さ、そしてブランディングで日本企業は負けている現状を、我々は素直に理解するべきです。

後進に伝えたいアジア・シンガポール学習と起業の勧め

シンガポールの戦略性を学べば学ぶほど、アジアでの優位性が見えてきます。アジアだけでなく、世界市場での販売などを統括する拠点として機能するシンガポールは、国土も資源も人口も少ないという「自国の弱点」をよく理解している戦略国家です。

自国の立ち位置を鮮明に打ち出し、他がまねのできない戦略性と、他国を引き付ける政策や透明性を持つシンガポールから、日本は数多くのことを学ぶべきだと思います。例えば貿易、金融、製造業で、シンガポールがどのように機能しているのかを学ぶことは、日本の今後にとって大変大きな意義のあることです。

シンガポールは、他の国で見られるような賄賂や、特権階級による富の独占、特定業界の排他性などは見られません。治安もいいし、国際裁判所や国際警察もあり、法律を守る意識も高いのです。特に日本の中小企業は、海外ビジネスに慣れていないところが多いので、まずはシンガポールに何らかの拠点をつくることをお勧めします。もちろん、そこから他の国に広げることを目指してください。

また、ネット系のベンチャーも、オフィスやネットインフラが日本並みに整い、資金調達は日本よりもはるかに環境が整っているシンガポールの方が、日本よりも格段に起業しやすいはずです。英語で世界市場に打って出ることが大前提ですが、そのような志を持つ人は、日本でやることのデメリットに押しつぶされる前に、シンガポールに拠点をつくることを強くお勧めします。

アジアビジネスへの熱い思い

年々人口が減っていく中で、成熟国家を目指す日本は、活力という点ではアジア諸国に遠く及びません。「失われた20年」などと言われますが、その意味では今の20代の若者は、社会の成長を知らないことになります。これでは、上昇志向もなくなって当然です。

少なくとも人生の一定期間、成長市場に身を置くことは、想像以上に重要なことだと思います。知らず知らずのうちに、自分の目線が上向きに切り替わり、日本に戻った時にそのギャップに気づくでしょう。

言うまでもなく、21世紀はアジアの時代です。世界の歴史を見ると、これは珍しい現象ではなく、欧米中心のこれまでの百数十年が、むしろ珍しいのです。そのアジアの中に身を置きながら、人口が毎年二十数万人も減り続けるという、人類史上例を見ないほどの少子高齢化・人口減少社会に突入している日本は、もはや一刻の猶予もなく、海外を相手にビジネスをしないといけません。その自覚と、これまでアジアをリードしてきた誇りを持って、アジア市場にドロップインしようではありませんか。それが、日本を再生する唯一の道だと、私は思っています。

平沢の一言 世界トップクラスのビジネス環境で、金融センターとしての需要が拡大し続けているシンガポールで前野さんは大活躍されています。

経済産業省 中小企業庁は、革新的な製品開発や創造的なサービスの提供などを通じて、地域経済の活性化や海外での積極的な販路展開に取り組む中小企業・小規模事業者を「がんばる中小企業・小規模事業者300社」として選定しました。

エクストラコミュニケーションズは、その中の海外サービス部門で、全国42社の中の1社に選ばれました。日本とシンガポールを拠点にクロスボーダー（越境）ECとリアルなB to Bマーケティングの立体構成で日本のスペシャリティを流通させながら、日本のECを世界基準にする事業を展開中です。受賞した理由は、「国際化と地域経済の活性化」であり、グローバルとアジア展開を目指し、日本の地方経済に貢献したいと言う前野さんの悲願がさらに進むことを望みます。「アジア市場にドロップインすることが日本を再生する唯一の道だ」という前野さんの強いメッセージが印象に残ります。

インドでのシェアトップ構築とインド進出の課題

ヒーローホンダ元社長 藤崎 照夫

私とインドの「今昔物語」

私たちは「十年ひと昔」という言葉を使いますが、私がインドへ初めて足を踏み入れてから約30年がたちました。その間には本当にいろいろなことが起こりましたが、今もなお記憶に残る出来事を交えながら話を進めていきたいと思います。

私はホンダに勤務していましたが、1980年初頭のインドの最初の自由化を受けて、ホンダは3つの合弁会社を設立しました。ご承知のようにインドは戦後長い間、社会主義的閉鎖経済政策を採用してきましたが、この政策がほころびを見せてきたため第1次自由化を実行しました。しかしながら、この第1次自由化は完全自由化と呼べるものではなく、業種や外資比率にも制限を設けていました。例えば製造業の外資の出資比率は40％まででした。

この第1次自由化を受けてインドへ進出した日系企業はまだ数も少なかったのです。その中で成功した会社の代表としてよく取り上げられるのが、スズキが政府と組んで設立した四輪車の「マルチスズキ」と、ホンダが地場企業と組んで設立した二輪車の「ヒーローホンダ」です。マルチスズキは創業時に10万台を切る台数からスタートしましたが、現在では100万台を超え、利益は連結決算の6割を超えて、まさにスズキにとって生命線の会社となっています。

もう1つのヒーローホンダも1985年から操業を開始し、当初は10万台くらいの生産からスタートしました。現在ではホンダとの合弁は解消しましたが、年間700万台近い生産をする世界一の二輪車メーカーとなっています。両社とも80年代半ばからほぼ同時期にインドでのビジネスを開始したわけですが、30年経過した現在、いわゆるEarly Bird Benefit（早期利益）を享受していると言えるのではないでしょうか。

私はこのヒーローホンダに2代目の共同社長として1989年に赴任しましたが、赴任後わずか2週間で私を迎えてくれたのは3ヵ月にわたる労働争議でした。赴任後の前任者との引き継ぎの中で彼は「藤崎さん、インドでは労働争議は麻疹（はしか）みたいなもので、我々は一度かかっているからもう大丈夫だよ」と言って日本へ帰国しましたが、残念ながら二度目の麻疹にかかってしまったわけです。

この労働争議（いわゆるストライキ）は、最初は生産ラインでのスローダウン、そして職場放棄、会社のロックアウトとなっていきました。ストライキが実際に発生した後は工場の敷地内に警備のため70～80名の警察官に泊まり込みをしてもらったり、外部の労働団体が3000名くらいのオルグを派遣してくるという噂が流れたりして緊張する場面もありました。しかし細々ながら生産を継続し、3ヵ月後に組合との交渉妥結となった次第です。なお、このストライキを主導した組合役員は1年がかりとなりましたが、数名は解雇、数名は停職処分としました。

このストライキの年は8万台の生産にとどまり、当然大きな赤字となりました。翌年の事業計画を検討する時に私が考えたのは、「お客様の需要はある」「工場の生産能力もある」、だからなぜこれまで計画が達成できなかったのか、その原因を徹底してつぶしていけば必ず利益を生み出すことができるはずということでした。当時、会社の中で次のような「インド三悪」という言葉が使われていました。

・高欠勤率：農繁期や結婚シーズンになると30～40％と、信じられないような工場での欠勤率になり、生産が維持できない。
・マシントラブル：毎日のように工場のどこかで機械が故障して生産が止まってしまう。
・部品の欠品：たくさんの外部の部品メーカーから部品を購入していたが、一番遠いメーカーだと3～4日もかかり、欠品が多く生産がストップしてしまう。

この3つをすべてつぶして前年比50％アップの12万台を達成しようとパートナーを説得し、全社を挙げて取り組みました。その結果、1年後の3月31日に12万300台となり、目標を達成できました。これでインド人も日本人駐在員も「きちんと計画を立ててやればできるのだ」という自信につながったのです。この出来事はヒーローホンダがその後、世界一の二輪車メーカーになったターニングポイントだったと思料する次第です。

キムチパワーの韓国企業

先にお話ししたように、日系企業は1980年初頭の第1次自由化の後、インドへの進出を果たしたわけですが、この時に日本企業は「ジャパン・アズ・ナンバーワン」などと世界で評価を受けていました。ですから韓国の基幹産業である鉄鋼、自動車、造船などは日本から技術を取り入れたりして、海外への進出を積極的に行う状況ではありませんでした。

しかしながら1991年に湾岸戦争が勃発し、中近東へたくさん出稼ぎに行っていたインド人からの外貨送金も激減し、インドの外貨準備高はわずか2週間分の輸入代金の11億ドルしか残っておらず、当時のマンモハン・シン首相、ナラシマ・ラオ大蔵大臣のコンビによって第2次自由化への舵を切ったのです。この第2次自由化では、製造業も100%の外資参入が認められるなど、第1次自由化と比べると大幅な規制緩和でした。

そして第2次自由化を待っていたかのように、韓国の大手企業がインド進出を図りました。韓国企業の進出のやり方は日本企業のそれとは違う特色を持ったものでした。その特色とは次のようなものです。

①トップダウンによる大型投資と宣伝

インドは未知の市場であり、難しい市場であるという認識があって、日系企業はスズキもホンダもそうでしたが「小さく産んで大きく育てる」というアプローチを取ってきました。これに対し韓国企業はトップダウン方式で最初から大型投資を実施してきました。

具体例を挙げますと、ホンダもこの第2次自由化で四輪車の製造販売の合弁会社を設立しましたが、資本金は80億円、投資は約120億円くらいの規模でした。

これに対し韓国の現代自動車、大宇自動車は共に最初から2000億円規模の投資で、これだけ大型投資をするのだから特別恩典を出してほしいと中央政府や州政府と交渉をしたようです。この2社のうち、現代自動車は四輪乗用車市場でマルチに次ぐ第2位のポジションを占め成功を収めましたが、一方の大宇自動車は10年もたたずにインド市場から撤退するという大きく明暗を分ける形となりました。また自動車だけでなく家電で進出したサムスンやLG両社も、日系企業の10倍を超える宣伝費をかけていたのも特徴の1つでしょう。

②長い駐在期間と食事に対するこだわり

日系企業では20年以上前までは駐在員の任期はだいたい3~5年くらいで、私のように二度の駐在で通算10年近くというのは珍しいケースでしたが、韓国企業は初代から8年や10年くらいは駐在させるというやり方でした。また韓国企業の進出に合わせて韓国料理店も当初からオープンするというのもキムチパワーを感じさせるやり方だと思いました。

インド進出の課題

2014年に国際協力銀行が実施したアジア主要国の「各国への進出時に直面する課題」という

資料があります。これはインド、インドネシア、タイ、中国、ベトナムを対象国として調査を実施したものですが、インドの課題としては次のようなものが挙げられています（複数回答方式）。

①インフラが未整備51・6％
②法制の運用が未整備35・1％
③労務問題24・5％
④徴税システムが複雑28・2％
⑤他社との厳しい競争36・7％
⑥管理職クラスの人材確保が困難19・1％
⑦労働コストの上昇17・1％
（注：①～④はモディ改革が期待されている内容）

これらの数字が示すようにインドでは「インフラが未整備」という項目が断然1位となっています。これをもう少し具体的に説明しましょう。首都のデリーと経済の中心都市であるムンバイを結ぶNH8という国道がありますが、ホンダが進出した80年代初頭から現在まで、ずっと工事が続いています。もちろん道路の状況も改善され道幅も大きく広げられていますが、30年というのは長過ぎる期間であることは間違いありません。

このようなことが起きる大きな理由の1つが「民主主義のコスト」と言われるものです。例えば道路を拡張しようとする場合、インドでは、その周辺の住民の同意を得ることと補償金額の交渉で大きなエネルギーと時間が必要となります。私が中国を訪問した時、駐在員が「上海から北京までの高速道路は極めて短期間で完成した」と説明してくれたのを思い出しました。また電力の問題も進出企業にとって頭の痛い問題です。

最近、インド南部のチェンナイおよびその周辺に進出する日系企業の伸び率が一番高く、他国の企業も数多く進出しているため、電力事情はひどいようです。ある日系の自動車会社の駐在員は、「日中は30～40％くらい停電しているので、自家発電がなければ工場は稼働できない」と企業誘致のためのセミナーで語っていました。先の国際協力銀行の調査では、中国の場合のインフラ問題はわずか5・5％と最下位で、このインフラ問題はインドが抱える最も大きな課題と言えるでしょう。

ここで、インド人とビジネスをする際の留意点について少し触れてみたいと思います。私がこれまでお付き合いをしてきたインド人の多くが「日本人は意思決定に時間がかかりすぎる」と言います。確かに日本人の多くは、組織での対応ということで「本社と相談して…」とか「持ち帰って…」と言いますが、インド人から見ると、なぜ意思決定できない人が交渉に来るのかと疑問に思うのです。インドでは大企業も含めて多くの企業がファミリー経営です。このファミリーが交渉の場で即決するケースが多いので、これについては留意して交渉に臨む必要があるかと思います。

インド人の弱みという点では、個人的には優秀な人をたくさん見てきましたが、チームプレーとなるとあまり得意ではないようです。また一般的には、例えばプロジェクトの詳細なスケジュールを作成するとか、それが遅れた場合の原因の分析や対応策のまとめという点（いわゆるＰＤＣＡを回す）などでは我々日本人がまだ彼らに教えられることが多いのではないかと考えます。私がインドでの約10年間の駐在生活の中で気をつけたことは平凡ですが、「約束を必ず守ること」「お互いの立場を尊重すること」「どんな状況下でもネバーギブアップの精神を忘れない」ということだったのではないかと思います。

将来を期待されるインド

皆さんはＢＲＩＣｓ（ブリックス）という言葉をご存知だと思います。この言葉は、２００１年11月にゴールドマンサックスのジム・オニールによって書かれた投資家向けレポートで初めて用いられ、その後世界中に広まったものです。そのＢＲＩＣｓ諸国（ブラジル、ロシア、インド、中国）の中でリーマンショック後も大型の公共投資を続け、世界経済のけん引役を果たしてきた中国は、２０１５年は目標とするＧＤＰの伸び率が７％を下回るような景気減速が見られ、ロシア、ブラジルも不況に悩まされているのはご承知の通りです。

その中でインドは、長く続いた国民会議派による政権がモディ政権に替わり、２０１５年は７％を超える経済成長率が見込まれています。また、国際協力銀行の調査資料によれば、インドは「中期的（3年程度）に有望な事業展開先」として中国を抜いて1位にランクされています。また、２０１２年～２０１４年の調査では、「長期的（10年以上）に有望な事業展開先」として次のようにランクされて

図表16

	2012年	2013年	2014年
1位	インド	インド	インド
2位	中国	中国	インドネシア
3位	インドネシア	インドネシア	中国

います。

図表16でも明らかなように、3年連続で1位にランクされているということは、いかに多くの企業がインドを将来有望な市場と見ているかということです。

その最大の魅力は、市場の将来性が大きいということです。その裏付けとなるのが人口（2020年頃には中国を抜いて世界一になると予測される）の伸びと2040～50年くらいまでは人口ボーナスが続くという人口構成です。また、英語ができるITに強い技術者が多く、法治国家であることなどが挙げられると思います。もちろん、ビジネスを展開する上では、まだまだいろいろな課題があることも事実ですが、これまで30年近くインドを見てきた私は、インドは今後大きなビジネスチャンスを持つ国であると確信しています。

インドはASEAN諸国と比べても日本人にはいまだなじみが薄い国かもしれませんが、昭和天皇崩御の時に国を挙げて喪に服した親日の国です。また、多言語、多民族、多宗教の長い歴史を持ったこの国は、裏を返せば、それだけ魅力にあふれた国とも言えるのではないでしょうか。これから若い世代の人たちがこのインドを訪問して理解し、ビジネスに大いにチャレンジされることを願いながら筆をおきたいと思います。

平沢の一言▶藤崎さんは本田技研にて中南米・中近東・アフリカ四輪部長のほか、台湾の四輪車の現法社長、インド二輪最大手のヒーローホンダ社長、四輪のホンダ・シエル・カーズ・インディア社長など、現地トップを通算10年近く経験され、特にインドの二輪車ではトップシェアの基礎を築かれました。就任2週間目で3ヵ月間の労働争議を経験された藤崎さんですが、以下のご報告に圧倒されます。

「このストライキの年は8万台の生産にとどまり、当然大きな赤字となりました」

「インド三悪（高欠勤率、マシントラブル、部品の欠品）をすべてつぶして前年比50％アップの12万台を達成しようとパートナーを説得し、全社を挙げて取り組みました。その結果、1年後の3月31日に12万3００台となり、目標を達成できました。これでインド人も日本人駐在員も『きちんと計画を立ててやればできるのだ』という自信につながったのです。この出来事はヒーローホンダがその後、世界一の二輪車メーカーになったターニングポイントだったと思料する次第です」

今後はインドに向かって、たくさんの日本企業が進出していくはずです。藤崎さんが成し遂げたこの精神を皆で学びたいものです。

グローバルビジネスを知り抜く経営者

――バングラデシュビジネスの特性と可能性

株式会社小島衣料オーナー
小島 正憲

バングラデシュのビジネス環境の特性

バングラデシュには、ビジネスを展開する上で有利な面と不利な面が混在しています。外資はそれをよく理解した上で、進出の是非を決定しなければなりません。

バングラデシュの最大の特徴は、1億5000万～1億8000万人（正確な統計がない）の人口を擁していることです。しかも国土が狭いので人口密度が極めて高く、産業が未発達なこととも相まって、大半を低賃金労働者が占めています。したがって労働集約型企業にとっては極めて有利です。その半面、識字率が低いので労働者の質は良いとは言えませんし、高等教育も整っていないので管理者も育っていません。

バングラデシュの国家としての成立過程は、いささか複雑です。バングラデシュは、1947年に英領インドから東・西パキスタンとして独立しましたが、激しい宗教対立が起き、その結果、バングラデシュに住んでいたヒンドゥー教徒とインドに住んでいたイスラム教徒が、その居住地を交換し大移動することになりました。今でもバングラデシュの田舎に行くと、以前、ヒンドゥー教徒が住んでいたという家を、そっくりそのまま住居として利用しているイスラム教徒がいるほどです。

つまり、移民してきたイスラム教徒にとっての故郷はインドであり、バングラデシュではないのです。結果として、バングラデシュはイスラム教徒が多く住む国となりましたが、歴史遺産などはヒンドゥー教のものも多く、社会にはカースト意識も色濃く残っています。しかも1971年、東パキスタンは西パキスタンから分かれ、バングラデシュとして独立しました。その時、激しい戦闘となり、バングラデシュはインドに加勢を求めて、辛うじて独立を達成しました。戦闘時に、西パキスタン側に立って、同胞であるバングラデシュ人を虐殺した人たちは、今でも、バングラデシュ国内で過激派イスラム教徒としてその命脈を保っています。

現在、バングラデシュは世界最貧国であり、インフラや電力、産業が未発達で、金融面も便利とは言いがたい状態です。特に借り入れ利息が年利10~15%と高く、これもバングラデシュ人の事業家が育たない大きな理由の1つとなっています。ちなみに、かの有名なムハマド・ユヌスのグラミン銀行も年17~20%と高金利です。ただしバングラデシュの為替は、この数年、安定しており、外資の進出に不利な環境ではありません。

バングラデシュは民主主義国家を標榜《ひょうぼう》しています。実際、独立後、総選挙を通じて民意を反映した政府が成立し、アワミ連盟とバングラデシュ民族主義党が交互に政権を担当してきました。しかしその総選挙ごとに、ガンジー直伝の「非暴力・不服従運動」のバングラデシュ版である「ハルタル」

の嵐が吹き荒れます。一種のゼネストのような形の「ハルタル」が起きると、警察なども防止できず、交通網が遮断され、工場の襲撃などを含め死者さえも出る大騒動となり、長期間、経済活動が停止に追い込まれてしまいます。これはバングラデシュ特有の社会現象であり、近年は若干下火になってきているようですが、注意が必要です。

バングラデシュはインド経済圏に属しており、印僑の世界であり、欧米主体のビジネスが展開されています。またバングラデシュには華僑も少なく、日本とのビジネスもあまり活発ではありません。したがって中華料理や日本料理レストランも少なく、日本人にとっては住みにくい国です。もちろんイスラム社会ですから、アルコール類を提供する店は少なく、夜の楽しみがない国であり、バイヤーなどがあまり出張したくない国です。半面、ライバルの華僑が少ない国であるため、日本企業が力を発揮する余地は残っています。ただし韓国企業は、バングラデシュの主要産業である繊維縫製業界に、かなりその影響を強めています。

我が社のバングラデシュ進出の経緯

２０１０年、我が社（小島衣料）はバングラデシュのダッカ郊外に合弁工場を設立しました。我が社の中国の工場群が、２００７年末から急激な賃金上昇に見舞われ、採算が合わなくなってきており、中国以外に代替工場が必要だったからです。その後、中国では反日暴動や労働争議などが頻発し、多くの日系工場が中国を去っている現状を見る時、我が社のこの判断は正しかったと思います。なお、5年後の現在、この工場は従業員総数1600名となり、我が社の基幹工場に成長しています。

20年前、私は次男を、ダッカに1年間遊学させせました。したがって次男はダッカに知見があり、片言ながらベンガル語が話せますし、駐在することにも抵抗がありませんでした。また、その時のホームステイ先のご主人が、知人を合弁相手として紹介してくれました。つまり、進出を決断する前に、既に人脈ができており、お膳立てはできていたということです。

バングラデシュにおけるビジネスの可能性

バングラデシュは低賃金労働者が豊富であり、しかも労働者が密集して住んでいるので大半が徒歩通勤可能です。さらに労働力の需給バランスから、労働者が無謀なストライキなどを行いにくい環境にあります(ハルタルを除く)。つまり、バングラデシュは労働集約型産業の天国であると言えます。現時点でも世界第2位の縫製大国であり、中国が「世界の工場」の座からすべり落ちた現在、労働集約型産業の移転先の第一候補です。この有利な条件は、10年ほどは不動でしょう。繊維・縫製産業のほかには、皮革製品製造業、船舶解体業などが有望です。また欧米のバイヤーが数多く参集しているので、欧米への窓口としてバングラデシュを利用することが可能です。ただし、世界の最貧国の1つであるだけに、市場としての可能性は少ない状況です。

バングラデシュ進出に関しての留意事項

現在、バングラデシュ社会は二極分化の傾向を強めています。それは金利の高さに一因があります。預金金利が年10％を上回るため、資金に余裕のある人々はそれだけで悠々自適の生活を送ることが可能となっています。一方、手持ち資金のない人は、高金利の借金をすると生活破綻に追い込まれるため、その日暮らしの生活を余儀なくされています。起業しようとする人たちも、高金利のため諦めざるを得なくなっています。この結果、バングラデシュで合弁相手となる若手事業家を探すのは至難の業であり、既存の事業家は年10％以上の配当がなければ、わざわざ新規事業などには取り組みません。

バングラデシュでは繊維・縫製産業が盛んで、輸出収入の81％を稼ぎ出しており、それはGDPの15％に当たります。この業界を牛耳っているのが、「バングラデシュ縫製品製造業・輸出業協会（BGMEA）」であり、現在、会員企業数は4296社（雇用労働者数は約440万人）となっています。まさにBGMEA傘下の企業群が、バングラデシュの全労働者の雇用を支えていると言っても過言ではありません。それだけに発言力もあり、政府から輸出入に関する一部の業務の代行を任されています。したがってBGMEAに所属しなければ貿易業務の遂行が円滑に運びません（ただし輸出経済特区内にはこの制約はない）。なお、独資の海外企業のBGMEA加盟は認められていないため、進出企業は合弁という形態を取らざるを得ません。結果として、印僑という名のしたたかな合弁相手にてこずることになります。

バングラデシュの労働者にはイスラム教徒が多く、彼らの信仰にはラマダンと呼ばれる断食月があります。この時は、ほぼ全員のイスラム教徒が断食を行うので、工場での生産性はやはり低下します。またラマダン明けなど、年に2回の長期休暇（7～10日）が慣習となっており、工場操業上、その分だけ年間稼働日数を減らして予算を組まなければなりません。半面、バングラデシュのイスラム教徒は、厳格な信仰心を持っているわけではないので、通常言われているような1日5回のお祈りをする人は少なく、その習慣が工場操業の障害になるようなことはありません。それでも多くの労働者には、イスラム教の「喜捨の精神」が浸透しており、「生活に困った場合でも、誰かが助けてくれるだろう」という気持ちを強く持っており、貯蓄をしようとする気持ちがほとんどないのです。その上、ヒンドゥー教のカースト意識の影響を受けて、労働者の心の中に上昇志向が少なく、彼らは技術を向上させ職位を上げて、より多くの金銭を手にしようという意欲に欠けています。工場経営を行う場合、このような意識の労働者に向上心を持たせ、管理者に育てていくことがなかなか難しい状況です。また同様の理由と、金利の高さによって起業が極めて難しいことも相まって、バングラデシュには若手起業家が少ないのが現状です。

東南・南西アジアへ進出する若者へ

私は東南・南西アジアに進出しようとしている日本の若者に、「贖罪《しょくざい》意識を持つこと。先進国・大国意識を捨てること」という言葉を贈りたいと思います。日本が第2次世界大戦で、東南・南西アジア諸国に大きな損害を与えたことは事実ですから、それらの国々で働く時、贖罪意識を持つのは当然のことです。さらにその地に進出して金儲《もう》けをさせていただくわけですから、常に感謝の気持ちを持ちながらビジネスを行うべきです。間違っても、「教えてやる。貧者を助けてやる」などの先進国・大国意識を態度に表すべきではありません。最近、東南・南西アジア諸国で中国企業とバッティングすることが多くなっていますが、彼らは札びらにモノを言わせて諸国の人を見下げ、大国意識を身にまとって仕事をします。したがって、どこの国でも、その地の人から嫌われています。

海外でのビジネスにはリスクがつきものです。自分の身、自分の企業は自分で守らなければなりません。海外ビジネスに携わる若者は、日本国家に守ってもらって当然と思わないことが肝要です。もし日本国家に守ってもらいたいなら、たくさん儲けて日本へ利益を還流させ、日本国家に税金を納めることが必要条件です。勝手に海外に金儲けに出て行って、全く利益を還流させず、危機に遭遇した時だけ日本国家に泣き込むような姑息《こそく》なことを考えてはいけません。若者は、「日本国家には頼らない」という心構えを持って海外へ進出すべきです。なお私は、その良い手本になる覚悟で海外事業を展開しています。

平沢の一言 小島さんとは長いお付き合いをさせていただいており、私の尊敬する経営者の一人です。岐阜のアパレル会社を経営し、これまで中国で多くの苦難を克服して、今はバングラデシュでも大輪の花を咲かせておられます。2010年、人手不足や人件費の高騰、さらにストライキ多発の三重苦の中国をきっぱり諦め、活路を東南アジアに移されました。

以前、中国の吉林省とロシア、北朝鮮の3ヵ国国境にある工場にも伺いました。市の労働局長が幹部で立派な方でした。鍛えられた中国人従業員がバングラデシュでも技術指導をしています。あえて日本企業がほとんどいない町で創業されたそうです。ストライキの嵐に巻き込まれることを避けて、工業団地には開設しなかったとのことです。「20年前の中国にたくさんの日本企業が入ったようにバングラもその時代を迎えている」と喝破され、2014年ミャンマーにも開設されました。カンボジア進出も予定されていると聞いており、「これからの中小企業は多国籍が要求される。アジアで数ヵ所の工場を構えてリスクに備える」と言っておられます。

第2章の最後にふさわしい論考だと思います。

第3章

Global Asia

私のグローバルビジネス、失敗と成功のノウハウ・ドゥハウ “修羅場経験と克服事例”

米国5年、欧州10・5年、中国5年と、約20年半の海外現地法人の経営経験で私は様々な体験をしました。アジアを見て16年。どう喝されたり、失敗したり、言葉で悩んだり、異文化理解の壁と衝突したりと、枚挙にいとまがないほどたくさんありました。少し長くなりますが、ご参考になればと思い、私の体験をお伝えします。

1 米国でグローバルビジネスの基礎を学びました

私は最盛期に単独で年間約一兆円の売上を実現した日本ビクター（ＪＶＣ）の国内営業課長から、37歳で新設された米国カラーテレビ工場のマーケティング部長として、販売開始の6ヵ月前にニューヨークへ赴任しました。所属は事業部のままで、米国工場の一隅に席を置き、米国販売会社に商品を売ってもらうことが仕事でした。本社の常務事業部長からは「ライバルのS社やM社を打ち破り、日本式の店づくりや販売、マーケティングを浸透させよ」と命じられたのです。

一方、米国販売会社からは「米国流の販売を進めてほしい」というプレッシャーを受けました。また販売会社は、社長以下貿易育ちの英語の達人が多く、海外ビジネスを身につけた人ぞろいだっただけに、「なぜ英語の下手くそな日本人をよこしたのか」というような日本人による批判も経験しました。ほとんど英語を話せない、文字通り〝まるでドメスティック〟人間の大苦戦が始まったということです。スピードの速いニューヨーク英語が聞き取れず、押し寄せる異文化の突風で途方に暮れる毎日でした。すぐそばには、大河ハドソン川がありました。赴任前の日本では、花形事業部の営業課長で全国を回り、歓迎され、生き生きと仕事を進めていただけにショックは計り知れませんでした。本社、現地販売会社、事業部の板挟みで、米国販売会社と自分、事業部と自分、お互いのコミュニケーションが取れないことが続きました。信頼も地に落ちる感じで、これでは開始する事業がスタートから沈没してしまうと思い、語学と異文化を勉強するために、日本人のいないテキサス州のヒューストン営業所（米国人のみ56名）に移ることを自分から提案しました。

そのヒューストンでは、つらい毎日を米国人が本当に支えて育ててくれました。毎日違うメンバーと食事ができるようにアレンジしてくれたり、隣のルイジアナ州などの店回りに同行してくれました。また、人間力あふれる当時の本社会長から自筆の激励の手紙をいただいて涙しました。「平沢君お元気ですか。ヒューストンで苦労しながら懸命に米国と米国人を勉強してくれていると社長から聞きました」で始まるその手紙は、どれほど力になったか分かりません。その後の20年余りの海外駐在で苦しい時に読み返したためボロボロになってしまいましたが、今でも時々思い返して読んでいます。全く日本人と会うことのなかった1ヵ月の滞在で、言葉に自信も芽生え、米国文化にどっぷり浸《つ》かりました。怖い経験も一度や二度ではありませんでした。
その後、全米36ヵ所の代理店を一人で回り、6ヵ月後にニューヨークへ帰ってきた時は、言葉と米国人への対応力に自信を持つことができました。米国本社の日本人や米国人の多くも、こうした度胸で全米を回ってきた私を大いに歓迎してくれ、板挟みも解けたのです。傾聴を心がけ、はっきり主張することに慣れ、米国人の言うことをよく理解し、正しく、ゆっくり、はっきり返答する癖をつけることができました。

米国各地を訪問するたびに、カラーテレビの米国発売記念特約店大会をどの都市でやるか、ホテル回りも実施しました。ライバル会社の工場があるカリフォルニア州のサンディエゴに決めていましたが、このライバル会社にも事前にコネもなしに一人で訪問し、施設を見せていただきました。レンタカーで訪問する途中の峠がスカンクの生息している地域で、その臭さに絶句しましたが、ライバル会社の日米社員と「臭い仲になった」と話し、大笑いになりました。

特約店大会では、前日ニューヨーク地区で放送された工場の番組ビデオを空輸し、急きょ大会の中で流し、大変な興奮で終えることができました。その光景を見て、工場の社長は涙を浮かべて喜んでくれました。その後順調に商品が導入されたことは言うまでもありません。

ニューヨークの営業所長に任命され、多くの外国人の部下を持ちました

3年経過し、営業に自信を持ち始めた時、米国販売会社のニューヨーク営業所長になりました。

ここで躊躇《ちゅうちょ》せず、営業改革に取り組みました。

ちょうど同じ頃、考え方に共通点のある、同じ事業部の営業課長経験者でカナダの社長を務め、抜群の成績を上げた人が米国販売会社の社長に就任してきました。社内改革があちこちで始まり、一気に仕事がやりやすくなったのです。この社長は私と同じように英語も不得手で赴任され、教会に通い、自力で勉強した人で業容も見違えるようになりました。

ただ、ぐずぐずしていてはダメです。そこで新社長と一緒に、米国の商習慣にあえて逆らって次のことを実行しました。

・米国特有のレップ制度（売掛金の回収をせず、在庫を持たない代理店制度）を廃止して直販制度を実施
・全額現金回収に大転換
・所内の個室を廃止

業界で初めてのこれらのことについて、初めは米国人の抵抗にあい、時間がかかりましたが、丁寧に説明して一つひとつ実施しました。米国人の性格はハードで、うれしい時は両手を挙げて喜び、悲しい時は大きな声で叫びます。とにかく大げさなアクションで迫ってきますから、負けないくらいダイナミックに対応すれば一気に仲良くなれます。英国から流れ着いた清教徒102のファミリーがその後、原住民のインディアンを西に追いやりつくった国だけに、侵略して勝つという意識が極めて強いのです。だからこそ遠慮せず、根拠や理由をはっきり伝えて納得してもらい、行動に

移らねばなりません。このあたりは中国人とそっくりだと思います。

直販の導入では、あえて冬のナイアガラ市（零下20度、ナイアガラの滝で有名）から始めました。米国人のエリアマネージャーを引き連れ、カラーテレビとビデオの新商品を説明しながら売り歩きました。空港に着いたら段ボールから商品を出し、レンタカーの後部座席に置き、手のひらを息で温めながら段ボールは折り畳んでトランクに収納しました。凍《い》てつく中で怒濤《どとう》のように実施したこの販売活動は各地で大きな反響を呼びました。直販セールスを知らない米国人たちが理解してくれ、この輪が大きく広がっていったのです。

米国では、25ドル以上の商品には3日間のクーリングオフ期間が設けられています。気に入らなかったら不良品でなくても誰でも返品可能というもので、この制度を悪用する量販店が続出しました。そこで、自分の店で店頭に展示していた古い商品まで返品する大型店の征伐に乗り出しました。

夏の暑い日、約300セットくらいになったニューヨーク地区の最大店の返品をセールスマンたちと仕分けしました。Aは「店の責任」、Bは「我が社の責任」、Cは「不明」とし、150台近いAに全部理由を書き記し、逆返品しました。翌日、社長の子息の営業本部長が烈火のように怒って電話してきました。彼は「あなたの会社の商品を全部大安売りしてやる」と叫んで電話を切りました。私は「米国は正義と信義の国であり、全米を回ってそれを確信しました。会社の世界方針だから絶対に変えることはできません」と伝え、弁護士と相談し、社長あてに同様の手紙を誠意を持って書きました。1週間ほどしたところで、この店の社長から電話をいただきました。「自分が会員になっているゴルフ場で話したい」と言われ、早速伺うと、社長は率直に非を認め謝りました。米国人が謝るとは想像していなかっただけに大変驚きました。

米国は分断思想の強い国です。正義か不正義か、善か悪か、成功か失敗か、物事を分けて考えないと気が済まない米国人の価値観は、米国人のSVP（シニア・バイス・プレジデント＝上席副社長でユダヤ系）に教わりました。その後、取引はむしろ拡大し、怪しい返品はなくなり、他の大型店にも良い波及効果が表れたのです。

後年、前述の米国販売会社のSVPのハリーが夫人と共に上海を訪れたことがあります。あちこちの名所旧跡を案内した後、ユダヤ人夫妻が最後に言ったことが忘れられません。「中国人とユダヤ人は交渉の仕方が極めて似ている。2つの国をマネージしてそう思わないか?」。

確かに、論理的に迫る説得術、ハッタリで相手をのむやり方、さらにはイエスとノーを明快にする癖、絶対に謝らない、人脈をつくり、その中での結束の固さなど似ている点も数多いと言えます。

二人とも、性悪説の中国をあちこちで感じたと言っていました。桁違いに日本のことを知り抜いていたハリーが初めての中国訪問で感じた中国と米国の共通点は次の通りです。

・陽と陰がはっきりしていて中庸が少ない
・何事も他人をうらやむより、自分を信じて絶対勝つという〝強い自信〟
・論理的かつ理性的で、常に相手を疑ってビジネスをしているピカイチの交渉上手

米国は転職天国です。「転職の多い人ほど優秀だ」とよく聞かされました。数多くの米国人社員を

見てきて思うことは、一概にこれが正しいとは思えないということです。一緒に仕事をした幹部には愛社精神に満ち、10年や20年勤務の優秀な社員もいました。またライバル他社に移籍し、「また戻ってきたいが、いいか」と聞いてくる部長もいました。こちらは丁重にお断りしました。欲しい人が簡単に手に入り、いつでも社員を解雇できるダイナミックさはありますが、こうした人は実に気軽に金とポジションで逃げてしまいます。「いつまた他社に移るか分からない」では重要な職務に就かせることができないのが一般的な米国事情だと思います。

後年、自分の部下から3人の米国人副社長が生まれました。誠実で夫人と共に私の次の赴任地イタリアのミラノまで訪ねてきてくれたロン・セラシオ、おどけ者で皆から人気者だったボブ・ニッツア、一本気で困難にも立ち向かうタッソ・コーケンたちをご夫人と共に思い出します。いずれも営業出身でしたが、奇をてらうこともなく偉ぶらず、誠に真面目に取り組んで立派な成績を上げてくれました。素敵な奥さんと家族に囲まれる彼らと、ウソのない信頼されるニューヨーク営業所を築けたと思っています。

よく米国人は率直で親しみやすく簡単に友達になれるが、心を許し合うのは難しいと言われますが、これは間違いだと思います。欧州、中国でも多くの人たちと友達付き合いを重ねてきましたが、「誠心誠意」の交流を続け、自分から率直に入り込んでいけば、米国人ほど正義感を持って応えてくれる民族はいないと思います。私のビジネスの部下だったユダヤ人たちは性悪説が40％で、残りは性善説にあふれる人が多かったと感じました。

米国販売会社の業績頭打ちの中で、前述の新社長が就任してきました。これまでのタイプと違い、日本国内で厳しい経験をした後カナダに初代で赴任し、業界が驚く内容の優秀販売会社を築いた人でした。英語もカナダで自力習得し、そのためにクリスチャンにもなったと言います。前任の社長は英語の達人で、まさに善良なジェントルマンだっただけに、一気に社内に変化が起こりました。初めはその厳しさのあまり、ついていけない米国人幹部は辞めていきました。ただ憎めない〝ちゃめっ気〟があり、仕事を離れるとこの性格が部下たちを引き付けました。結局、米国でも次々に効果的な手を駆使して、短期間で大きな成果を上げられました。同業他社の米国社長が教わりに来たほどで、時機を得た交代劇であり、大いに勉強させていただきました。

かのマキャベリーも言っています。

「君主（海外販売会社のリーダー）たる者は、野獣の性質も持ち合わせていた方がよい。また野獣の中でもキツネとライオンの二面を持った人が最適だ。ライオンだけなら知恵のなさのため、罠《わな》から身を守れず、キツネだけなら力のなさでオオカミから身を守れない。キツネだから罠から逃れることができ、ライオンだからキツネを追い払える。罠を見抜くキツネ、オオカミを追い払うライオンでなければならないということだ。それも効果的なのは巧妙に内に隠し、とぼけて行使する才覚が必要とされる」

この才覚に劣る自分の力量を知り一部始終を勉強し、次の初代イタリア社長時代と、大リストラを実施した中国社長時代にこの手法を大いに活用させてもらいました。

米国駐在に自信を深めてきた中で、私はニューヨーク営業所の責任者となりました。雌伏3年、『後漢書《ごかんじょ》』にある「将来に活躍の日を期しながら、しばらく他人の支配に服して耐えていること」、また『臥薪嘗胆《がしんしょうたん》』にある「常に薪の上に寝て身を苦しめ、長い間苦心・苦労を重ねて成功を期す」の心境で営業所改革と業容の拡大に腐心しました。これまでの仕事に対する取り組み姿勢や態度を大きく改め、ビジネスでは少し悪人になろうと決心し、仕事の進め方を一気に変えていったのです。所内の信賞必罰を明確にし、遅刻撲滅では朝早くから出勤し、タイムカードの横に立って遅刻撲滅に対処しました。

また、営業所を近くの別の場所に移して個室をやめ、前述のようにレップ制度（ただ売るだけで売掛金の回収をせず、商品の在庫は持たない代理店制度）を廃止し、元気の良いセールスマンを採用して販売と回収責任を持たせる直接販売を実施しました。直販のやり方を知らないマネージャーやセールスマンたちに、日本で15年間やってきた営業経験を駆使して、直接現地で懇切丁寧に指導しました。これが功を奏し、営業所の雰囲気が一気に変わっていきました。直販は全地域に広げては効率が悪いため、地方はレップ制度を続けましたが、そのレップ達も大きく変心してくれたのです。取り分け特約店と所員が喜んでくれました。ニューヨークのど真ん中のマンハッタンの中心部（ブロードウェイ）に大きなネオンサインを持っていた会社ですから、売り上げと社員のやる気は急上昇していきました。

米国で感心したことはたくさんあります。その中でも米国人は実に褒めるのがうまい。当たり前のことをしても丁寧に褒めて自信を持たせてくれます。英語が上達できたのも、この褒め言葉に自信を得たからだと思います。逆に褒めてあげないと彼らは元気をなくしてしまいます。また、悪いことも遠慮なくビシビシ言った方がよいのです。タイミングをよく考え、自然に口から出るようにし、場合によってはにっこり笑顔で注意するやり方も訓練しました。米国人が師匠になってくれ、堂々と大きな声で言えるように鏡で勉強もしました。

米国人は一般的に自分さえ良ければよいという人も多く、時間にはルーズですが、気さくですぐに仲良くなれました。ただ、別れも実にあっさりしていましたし、思ったことはズバッと言ってくる人が多かったのです。はっきりものを言って気まずくなることもありませんし、上下の関係も実に緩やかで、年の違いを全く気にすることもありませんでした。ただ、信頼は裏切られることも多く、信頼された部下や相手なら、なおさらだまされるケースがありました。まさに「人間には、恐れている者よりも愛している者の方を容赦なく傷つけるという性向があるからだ」と言えましょう。信頼していた部下の営業部長が他社からのスカウトにあい、数日後に会社を去りました。弁舌さわやかで積極果敢な男で、日本にも何回も同行して、家族もよく知っている間柄でした。この点についてユダヤ人の上司で筆頭副社長から、15年後に中国の上海で聞いたことがあります。

「米国の社長やマネージャーには人間的なずるさや権謀術数が必要だ。前任の社長と、その後赴任してきた社長を見たらよく分かるだろう。最終的に米国で会社経営に成功できる組織リーダーは、力や恐怖を与えた者なのだよ。攻撃されたら力や権力で押し返す。良い人や親切な人では経営はできない。強い人、強い会社だけが生き残れる」

後年、中国の方から同じことを聞かされました。

たくさん経験した米国でのトラブル

好奇心と探究心が強かったせいか、米国では怖い思いをたくさんしました。

マンハッタンのど真ん中の５つ星ホテル駐車場で午後10時頃、３人の黒人に囲まれ「ホールドアップ」させられたこともあります。日本からの役員を送って戻ってきた後に起こりました。幸い先輩から、いつもこうした場合に備え、「胸ポケットに１００ドル札を入れておけ」と言われたことが生きました。胸ポケットを指さしたところ、１００ドル札を取ると脱兎《だっと》のごとく逃げ去っていきました。

また、赴任して6ヵ月後の深夜3時頃、借りていた家のドアチャイムが鳴りました。鍵穴から見ると、黒人の大男が腕を組んで立っていたのです。その時は3ファミリーが地下、1階、2階と同居していた家だったことが功を奏しました。地下の米人若夫婦に頼んで警察に連絡してもらい、5分くらいでパトカーが到着しました。借家は大通りに面した1メートルくらい高いところにあり、道路から丸見えで、しかも隣が資材置き場でした。こうした家は危険と言われていましたが、十分に米国事情を学習せず決めてしまったことが災いしました。その1週間後にシカゴへの長期出張だったため、家族は大いに心細かったようでした。即刻、引っ越したことは言うまでもありません。

ヒューストンでも一人で運転中に黒人街に迷い込み、数人の黒人の連中に囲まれそうになったり、夕方、白人の若者4人に「ジャップ」と言われ囲まれたこともあります。ロスアンゼルスでは6車線の高速道路で出口を間違えて降りられなくなり、慌ててスピードを出しすぎてポリスに捕まりました。映画のシーンでよく見る、両手を車につけた格好をさせられチェックを受けました。ニューヨークでは好奇心から、有名な治安の悪いサウスブロンクスを通ってくれとタクシー運転手に頼んで驚かれたりしたこともあります。幸い災難はありませんでしたが、この世の終わりのような無法地帯の光景を見ることができました。最近は良くなったニューヨークの治安ですが、当時は物騒でした。ただ「君子は危うきに近寄らず」を大いに勉強しました。

ニューヨークでは三度家を替わりました。2軒目の大家はギリシャの出身で、ご主人がマンハッタンで射殺されたことを後で聞きました。実は、この家は気に入っていて、仲良くしていた隣家の米国人の頼みで日本人の駐在員の高校3年生のお嬢さんを無料で預かりました。この件について、その隣家の人が大家さんとも親しいということで、離れて住んでいる大家さんについつい連絡を怠ってしまいました。しばらくして大家さんが突然現れ、これまでの表情を激変させ、「すぐ出ていけ！」と言われてしまったのです。隣家の人の懸命の説得も全く効果がありませんでした。

日本では知り合いの学生を同居させることの抵抗のなさを説明して、間違いを心から謝ったのですが、そこは契約社会の米国であり、主人を不幸な出来事でなくされたためか激情タイプの大家さんとの性格の違いがもろに出て、即刻引っ越しすることとなりました。近所の人から情報が漏れたようで、また貸しと誤解したかもしれません。金銭など一切取っていませんでしたが、日本的な「まあまあ話せば通じる式の仲良し主義」は通じませんでした。

「ついうっかり」は米国社会では許されません。結局、保証金も返されず散々な思いのホームステイとなりましたが、そのお嬢さんはその後も元気に通学し、地元のトップクラスの高校を優秀な成績で卒業して、私の大学の後輩になってくれました。

5年の米国駐在はあっという間に終わりました。帰国の際は、会社の日米両国の皆さんや、隣近所の米国人の家族たちが送別会を開いてくれて感激しました。ニュージャージー州とニューヨーク州をつなぐハドソン川にかかり、数え切れないほど渡ったジョージ・ワシントン橋を通過する時は感極まり涙してしまいました。その後、1年間本社で過ごし、次の赴任国に向かいました。

2 イタリアと欧州で文化の大切さを理解できました

二番目の赴任国はイタリアです。新設されたイタリア初代社長としてミラノに赴任しました。長く代理店をしていたイタリア人が経営する会社を丸ごと買収し、従業員約40人を全員採用して船出しました。代理店の会長がそのまま会長で社長が営業部長に就任しました。販売は初めての米国同様、これまで採用してきた15のレップ任せでやることにしました。一般に「イタリア人は働かない」のイメージが付きまといますが、実際は大違いで、真逆の実に素晴らしい国でした。全員が実によく働いてくれました。ただ性悪説がはびこるイタリアビジネスでは大いに泣かされたり、裏切られたりしたことも数多かったのですが、本社経理部が実施する社内全部門の経営力コンテストで2年連続1位だったことを経理担当の常務からそっと知らされ、社内全員で大喜びしました。

マキャベリの性悪説に触れ、ビジネスに活かす

イタリアに赴任して1年はイタリアを徹底的に勉強しました。6ヵ月は単身赴任で、家族が日本からやってくる前にイタリア事情の研究やイタリア語の学習も始め、イタリア中を回り、異文化に

どっぷり浸かりました。早いうちにフィレンツェでイタリア史などで著名な塩野七生《しおのななみ》さんにもお会いしました。薦められて性悪説の巨匠マキャベリの本も読み始め、イタリアビジネス事情も勉強しました。特に『チェーザレ・ボルジアあるいは優雅なる冷酷』と『君主論』を読んで衝撃を受けました。チェーザレは、父である法王アレッサンドロ6世の教会勢力を背景に、弟妹を利用し、妻方の親族フランス王ルイ12世の全面的援助を受け、自分の王国を創立しようとします。塩野さんの語る「優雅なる冷酷」とは何か。わくわくする毎日で好奇心に火がついてしまいました。マキャベリズムの体現者、チェーザレ・ボルジアにショックを受け、性悪説の研究に飛び込んでいきました。塩野さんの本は誠に面白く、歴史に裏打ちされた軸の確かさが圧巻です。日本人についての警鐘を鳴らしておられます。「違和感を覚えるのは『信じすぎ』だと言うこと。民主主義も万全ではない。それなのに民主主義は絶対的な善でそれに任せればすべて上手く行くと思っている」。

マキャベリの両著の中での数々の衝撃的な文章は、日米のビジネスしか知らない自分の経験にぐさりと刺さるものがありました。チェーザレは「裏切りと肉欲と途方もない残忍さを持った人物」であると同時に、「支配者として有能であり、兵士にも愛されていた人物」と評され、マキャベリズムの体現者とされています。

その後は、舞台になった北イタリアからローマにかけて、町から町の店回りをしながら、それらの都市やイタリアの人々をつぶさに観察してイタリア文化を満喫しました。さらにマフィアの巣と言われたシシリー島にもしばしば足を運び、島の商売に携わる者の多くはマフィアに関係していると教えられました。彼らとすっかり仲良くなり、今でも火を吹いて溶岩を垂れ流す世界屈指のリゾート地タオルミーナや、美しい州都パレルモなどは彼らが心を込めて案内してくれました。また彼らから、北と南の全く異なる地方の共通した価値観は「人間は悪《あ》しき者であることを学ぶべきであり、しかもそれを必要に応じて使ったり使わなかったりする技術」と教えてもらいました。イタリアから英国へ赴任する時には全国各地の特約店が送別会を開いてくれましたが、シシリーのシラクサという町の特約店は店を早めに閉じ、町一番のレストランを借り切って従業員全員で送別会を開催してくれました。マフィアの親分のような社長から「ケン（私のニックネーム）、ありがとう！ 元気でな!!」とハグをされた時にはぐっと込み上げてくるものがありました。まさに映画のゴッドファーザーのシーンという感じでした。

　恥も外聞も捨て、ミラノでは先行すること5年のライバル会社のイタリア人女社長から、現地化の秘訣を教わりました。「脇の甘い日本人は、しっかりした現地人で才覚のある営業部長と経理部長、そして秘書を雇え！ 良い営業部長はなかなか見つからない」と言われ実行しました。しかし後述するように、この良い営業部長の育成は大変な難産でしたが、初めに採用した秘書と代理店時代からの経理部長が大変な活躍をしてくれました。特に秘書は実に8年半、私がロンドンに転勤するまで勤務してくれました。おかげで彼女の父の葬儀、恋人との出会いと結婚式、男の子の誕生に遭遇し、大切な人生を共にしました。彼女は我が社の業績拡大に尽力してくれ、イタリア語やイタリアのしきたりも懸命に教えてくれました。秘書は優秀な現地人を使うことです。

イタリアの販売組織も米国同様、レップを使っていました。1年間、市場を黙って回り、その後ローマとミラノを業界で初めて直販にする宣言をしました。ところが、今までの代理店時代から圧倒的に存在感と力を持っていたローマとミラノのレップが怒り出しました。ただ、その少し前にローマのレップ内で大きな倒産があり、私と倒産した店のある町まで同行し、それまでの無責任なフォローぶりに大きな鉄槌《てっつい》を下していました。その際、私の上手でないイタリア語での叱り方にもかかわらず、彼は空港で思わず泣いてしまいました。それが幸いして彼の怒りのトーンはかなり減っていたため、思いのほか早く納得してくれたのです。この後、ミラノのレップは日頃からよくフォローしていたことと、一番のローマが折れたため、こちらもしぶしぶ了解してくれました。

直販セールスマンの採用は社内や社外に悟られないよう、ミラノのMとローマのRを取り、「MR作戦」と名付け、ひそかに実施しました。残りのレップたちも、業容が拡大するたびにレップのコミッション（販売委託手数料）を減らしてきたため、したたかなベニスのレップなどが会議で不平を言うことがありましたが、妥協は絶対せず思い切って立ち向かっていきました。ベニスの商人にぴったりの商才あふれるやり手の方でした。ただ、彼らのトータル収入が増えればいいわけであり、売り上げが一気に拡大していたから議論は大いにしましたが、あまりもめなかったのが幸いでした。その後、彼は実によくフォローしてくれました。彼が紹介してくれたベニスの市長との交流は忘れられません。

それからは会長、社長、マネージャーの個室を廃止し大部屋スタイルにしたほか、様々な就業規則や販売条件の改訂など次々と施策を打ち出していきました。もちろん陽気で、食の国であり、オペラや芸術など文化の大国でもありますから、様々な楽しいイベントや、日本の著名化粧品の現地法人会社のイタリア人社長や部課長、社員の交流会なども実施し、社員が日に日に自信を深めていきました。「強さ、厳しさに、とぼけや愛嬌《あいきょう》も必要なのが現地法人の社長」と先輩に聞いていましたから、この面は大いに工夫しました。業績は予想以上に急伸していきました。

同業他社のイタリア人女社長のアドバイスは的確でした。秘書と管理部長はしっかりと補佐をしてくれましたが、代理店時代の社長で新会社の営業部長に任命したイタリア人は大騒動を起こしてくれました。本社は米国でもそうでしたが、日本式の経営、販売を絶えず求めてきましたし、世界の現地法人の競争も、まさにこうしたことを基準に競争していました。現地人営業部長にも直販や売掛金の回収、マーケティング、商品政策、価格戦略、社員教育など、代理店時代に経験のない要請をせざるを得ませんでした。もちろん私も一緒に市場を回りながら教え込んでいきましたが、残念ながら2年我慢した末、これ以上は無理と自分も本社も結論を出し、イタリア人会長も納得してくれましたので解雇することとしました。この頃までに私はイタリア全土をほぼ回っていましたし、数多くの特約店を訪問し仲良くなっていました。また、後述するワールドサッカーのイタリア大会ではスポンサーとなったことで、会社のブランドイメージは一気に全土へ浸透していました。契約内容など弁護士とも相談し、会長と私で契約を解く交渉をしました。思いのほか抵抗もされず了解してくれ、一件落着とほっとしましたが、大変なショックがその後を襲いました。

変革に抵抗はつきものですが、何と3ヵ月後に東京で開かれた本社の株主総会に本人が現れました。株主でもない彼が突然出席したことは驚きでしたが、退職金交渉が目的だったのです。その後、彼はミラノに戻り、トップクラスのホテル宿泊代とビジネスクラスの往復航空運賃、退職金は何と給与の24ヵ月分、さらに弁護士代も要求してきました。前代未聞のこの行為は本社を驚かせて、当時の専務で海外本部長から直接心配のお電話をいただきました（スイスの山奥のホテルで夏休み中でしたが、時差を間違えられ、深夜にたたき起こされびっくりしました）。この請求はイタリア人会長と本人に会い、きっぱり断りました。会長にはしっかり釘《くぎ》を刺しておきました。「ぐずぐず言っても絶対払わないから説得してください」と。しばらくその彼と押し問答がありましたが、結果は彼が断念して一件落着しました。退職金の方も代理店時代からのことも勘案し、最終的に6ヵ月で抑え、弁護士代は拒否しました。

ただ本社は、その後についで大いに心配したようで「もう心配ありません」と大声を出しても余震は残りました。営業部長を少し痛めつけたかなという思いはありましたが、部下たちが後押ししてくれたことで業績には何も影響はありませんでした。ただ、この後、外部から採用した2人のイタリア人営業部長は試用期間中にいずれも失格となり、私自身が営業部長兼任で、イタリア人の営業課長とマーケティング課長、2人の商品別企画課長の4人で新たな気持ちで再出発しました。本社は心配し続けましたが、才覚のある4人が競い合い、見事に動いてくれて、結果的にこれが第2弾ロケットとなり、業容はさらに拡大していきました。適材適所を心がけ、「イタリア人主導の営業部5人6脚」の絵を描いて皆と苦労を共にしました。その中から次の営業部長が生まれました。

不思議な国イタリアをお伝えします

イタリア生活8年半では、数々の盗難や詐欺事件に遭遇しました。まず緊張して締めてかかろうと決意し、スタートは中古のボルボを購入して社長車にしました。会長や同業他社の社長もベンツの新車に乗っており、カッコ良さを何より気にするファッションの町ミラノですから、皆が不思議がりました。会社まで車で10分にもかかわらず多くの交通事故を見ていただけに、棺桶《かんおけ》のように丈夫な車は安心感がありました。結果的にはこれが、公と私を一緒に考えがちなイタリア人社員に良い結果をもたらしたようです。それは同じ市内にある、もう1つの業務用機器の販売会社にも良い影響を与えました。社長はイタリア人でしたが、共に競い合い、この会社も締まった会社になっていきました。

ただ、社員大会や福利厚生では気前を良くし、自腹も惜しまない態度を忘れずに示しました。イタリアでケチと思われたら一巻の終わりです。業績も上昇し大きく利益を出した時に、満を持してベンツに切り替えました。ところが、この車が真昼間に、近くのよく知っているレストランで、わずか50分スパゲッティを食べている間に盗難にあいました。ブレーキとハンドルの間を太いワイヤーでつなぎ、ロックしていたにもかかわらずでした。警察からは、日本人＋ベンツは恐らくマークされ、プロ窃盗団に盗まれ、今頃は部品に解体され、中東あたりに運ばれたのではないかと言われました。

どうやらマフィアの手口のようでした。本社に報告し、自分から罰として車格を2段階下げて次の車を手配してもらいました。幸い保険は出ましたが、6割くらいのカバーだったと思います。

そうしているうちに今度は事務所が狙われ始めました。空港と市内の間に位置する事務所は、代理店から現地法人に変わる時に、いくつかの中から選んだ頑丈なビルの3階にありました。1回目は鍵が壊され、事務所内が荒らされました。何人かの机の引き出しから私物が盗まれたのです。皆に厳重に注意しましたが1ヵ月後、頑丈にした鍵をこじ開けて再び入られてしまいました。その時は被害は少なかったのですが、さらに頑丈な鍵と市販している監視カメラを玄関に設置しました。三度目はその2ヵ月後、ドアの横の壁に50センチ四方の穴を開けられ、監視カメラも壊されてしまいました。盗難被害は全くなかったのですが、三度の事務所荒らしはさすがに大きな衝撃で、このビルの持ち主に厳重に抗議し、マスコミ報道や警察官の見回り、壊されない監視カメラをあちこちに設置してもらうなど、抜本的な対応策を講じました。幸い、それからはぴたりと被害がなくなりました。

こうした時に「トップはくよくよせず、一層堂々としていろ」と、昔の上司で国際本部のトップに発破をかけられ、そのように振る舞いました。この件以外にも炎暑の中、路上で車をパンクさせられ、修理中に後部座席に置いていた上着が盗まれたり、友人の娘さんたちが卒業旅行で我が家に宿泊した時、ミラノ土産をトランクに入れておいて盗まれたり、ナポリでは警察官からいわれなき交通違反を宣告されたり、一方通行を平気で逆走してくる車に遭遇し事故を起こしそうになったり……と、たくさんの負の思い出は、逆に「何くそ！」という気持ちにさせてくれました。ただ、ミラノ中央駅横の公園で、ある朝、ジプシー10人余りの朝礼を見たのには驚きました。「日本人をどうやって襲うかの打ち合わせでもしていたのだろうか」と皆で言い合ったこともあります。イタリアと中国は高血圧の人は赴任しない方がよいという噂も聞きましたが、気の弱い方もやめた方がよいと思います。

イタリアの役所の対応の悪さや遅さは尋常ではありません。滞在許可や会社設立などの申請書の関係でたびたび訪れましたが、絶えずあふれるように申請者が訪れており、順番待ちで気分が悪くなることが多かったのです。また、役所の面々はそろいもそろって横柄な聞き方と冷たい対応ぶりで、参ってしまいました。事務処理も極めて遅く、大きい声でわめき散らすこともたびたびでした。大勢待っているのにコーヒーを飲みにいくからと勝手に出ていく時は「こいつらは！」と怒りが湧いてくることもありました。また、高く積み上がった申請書類は下から処理しますが、その書類を上から下に移し替える業者がいたのには驚きました。米国とその後に赴任する英国とは大変な違いがありましたが、中国でも似た経験を多くしました。こうしたことをイタリア人に不満げに言う人がいましたが、これは天に唾をする行為で厳禁です。いきなり日本からイタリアに赴任すると文化の違いに翻弄《ほんろう》されてしまい、カルチャーショックに陥る人が多かったように思います。しかし、幸い2ヵ国目であったことと、社内のイタリア人たちと秘書が懸命にカバーしてくれ、地方を回れば回るほど、ますますイタリアが好きになっていきました。

赴任して2年目にイタリアでワールドカップが開催されました。我が社はスポンサーを1982

年からやっていましたから、我が社のブランドイメージは高く、これを機会に確固とした強い意志で一気に販売活動と広告宣伝に注力し、まずミラノとローマに集中しました。ミラノは、空港の出口と、総大理石でできている世界一の大きさと美しさを誇る中央駅の入り口と出口に大電飾看板を設置したほか、ミラノ名所のお城の横とサッカー場の2つのゴール後ろに看板を設置しました。ミラノは結局、市内6ヵ所に設けました。サッカー場のゴール看板は大好評のため、ローマ、トリノ、ジェノバ、ベニス、ボローニャに追加したほか、ローマ空港の中央部にも大電飾看板を設置しました。売り上げはぐんぐん上がり、社内の士気は一気に高まりました。にわか仕立ての社長兼営業部長の私のイタリア語も少しずつ上達していきました。その後訪問していただいた2人の本社社長から「これはすごい軍団だ。皆の目つきが違う!」と褒めていただいたことが、一番社員のモチベーションに効果的でした。イタリア人営業部長の退任や、しつこい事務所荒らしなどなかったかのように元気な会社になっていきました。

イタリアでの人脈づくり、組織づくりは面白い

イタリアでは駐在期間が8年半だっただけに人脈づくりが進みました。ローマ、トリノ、ミラノ、ベニスの市長のご支援は忘れられません。ローマ市長はその後、イタリアの副首相に昇られました。ローマの有名なコロシアム(闘技場)の上にある公園は、普段夜は開放しない規則になっていましたが、我が社の「インターナショナル・ジャズフェスティバル」のために1週間開けてくれました。

市長が夏の人気イベントにしようということで切符を全部購入してくれ、連日超満員で、市長とローマ在住の日本大使と一緒に堪能しました。また北のトリノでは、市長が同じように4万5000枚のチケットを買ってくれ、中心部のサンカルロ広場（イタリアの2大広場）を開放してくれました。開演時には何と6万人の観客が集まり、テレビ中継までしていただきました。両方とも、米国時代に仲良くなったニューヨークのプロモーターが超有名人気アーティストたちを連れてきてくれました。最後は、ブルースの王様B・B・キングが「ケン（私のニックネーム）、上がってこい」と言って舞台に呼ばれ、「チベディアモ・プロッシモアンノ（来年もお会いしましょう）」とイタリア語で叫んだところ、6万人が「オーッ」と返してくれました。今でもその時の興奮が忘れられません。

翌朝はアーティストの希望で、郊外の小高い丘のレストランで心地良い風に吹かれて、おいしいスパゲッティを堪能しました。ジャズを知っている方でしたら憧れのプレイヤーたちでしたから、今でもその時の写真を大切にしています。イタリアにいて主催者である私がニューヨークにいたことが、この食事のきっかけになったのです。その米国プロモーターが「初めて会ったニューヨークのカーネギーホールのジャズフェスティバルの時と、今回10年ぶりに会ったケンが全く変わっていなかった。米国もイタリアも本当に楽しそうに仕事をしている」と言ってくれたのがうれしかったです。「文化は国と国の国境をなくし、良い触媒の役目を果たしてくれる」と心から実感します。またワールドサッカーも、様々な出会いと人脈づくりに貢献してくれました。17歳以下の世界選手権ではペレさんと食事をしたり、貴賓席から一緒に降りて優秀プレイヤー賞を贈呈しました。ペレさんの謙虚な明るい姿勢は忘れられません。

その他、ミラノのホテル王、有名なオペラのスカラ音楽院の院長さんなど、本当に心から面倒を見てもらいました。海外の人を興奮させる楽しみと人脈づくりの楽しさを学んだイタリアでした。組織づくりで大事なこともイタリアで学びました。トリノからジェノバ、ミラノ、ボローニャ、フィレンツェ、パルマ、パドバ、ベニスの北部地方は欧州で一番裕福なゾーンであり、なじむまでに時間がかかりました。一方、ローマから下のナポリ、シシリーなどの南部は人懐っこく、会ったその時から親しくなれる人も多かったのです。この国の組織づくりの要諦は全土を回ってみてよく分かりました。やはり大らかで情が深く、寛大な性格の中に厳しさを備えている人が組織づくりに力を発揮し、そうした人の下に人が集まります。そのような会社づくりをやれば損得勘定を抜きにした人が集うものと理解しました。雇用や外部組織、レップなどとの関係づくりも寛大さが大切で、日本や韓国、中国などの緊張した職場の雰囲気だけでは良い人が集まらないと考えました。ただ、そうした中にも信賞必罰を徹底し、貢献に対しては十分に報い、怠惰に対しては厳罰で処するルールづくりとその徹底、要するに「法」による統治の部分を欠かしてはいけないということです。この案配が大変難しいのですが、ひとたび軌道に乗れば乱れることは少ないと思いました。

たかだか200年の歴史の米国と違い、2000年以上の歴史を持つ国の組織づくりの醍醐味《だいごみ》でした。イタリアではマキャベリも言っているように「賞すべき功績のある者には必ず賞を細く長く与え、罪を犯し罰すべき者は必ず一気に罰する」ことが大切です。部下の失敗はその責任を問い、業績不振はその原因を厳しく尋ねる。外部との交渉についても、不正や不利益についてはしっかり指摘することが欠かせず、遠慮はいりません。ただ、弾圧で部下や外部の人を恐怖に陥れたら、その組織の存続は難しくなります。特に部下については、どんな人物にも「最適な仕事」を提供してやり、それぞれが競い合いながら業容を発展させていくことを、4人の営業課長と仕事をして学びました。4人の営業課長は私が英国に赴任するまで、それぞれのキャラクターを発揮し、全力で支えてくれました。こうした寛大さと非情さをあわせ持つトップがイタリアでは高く評価されます。おおむね欧米の経営学では、「人は、責任と権限を与えられた時に自発性を発揮して働く」という人間観を前提としており、ムチでたたくような労働観を排除しようとします。この違いを米国とイタリアで学ぶことができました。これは最終赴任地の中国で大いに生きました。

3 ロンドンに赴任して欧州全体を見ることとなりました

欧州の責任者（副本部長、副社長）としてロンドンから西欧、東欧、ロシア、ウクライナ、トルコの各国を絶え間なく回って、「欧州人とビジネスで渡り合う価値観」や「有事に性悪説をさわやかに使い分ける彼らの器量」を大いに勉強しました。結局、戦争中のユーゴスラビアと北の隅にあるアイスランド以外は全部訪問しました。そうした中でも各国の社長たちと議論をし、中にはケンカになったこともありました。「良いケンカは大いにやろう」が、米国、イタリア、欧州でビジネスを重ねた結論です。多くの経験を通して、私は愛されるよりも恐ろしがられる方が、リーダーにとって安全な選択だと確信しました。しかし、すぐになれるものでもありません。

欧州社長会議は年に2回実施したほか、欧州代理店大会は年1回開催しました。それ以外にサッカーワールドカップや欧州選手権には優秀特約店をお招きしました。ベルリンではエレクトロニクスショーが毎年あり、大きなブースを構え毎年参加しました。こうしたイベントを通して欧州の人たちと交渉したり、彼らを観察したりすると様々なことが分かります。マキャベリは「人間の暗さから、いかに生きるべきかという処世術」を提起したと言えます。欧州人は米国人の明るくカラッとした処世術には欠けています。また、日本人のように善や思いやりで世間を渡ることはしません。特にビジネスの場は権力争いの場になることが多く、極めて厳しい議論となり、人間のずるい面や残虐さを背負っている欧州人という場面に遭遇しました。

オランダ人の例を述べてみたいと思います。一般的にオランダ人はのんびりしていてジョークなどが好きで、知的かつ努力家が多いと聞いていました。アムステルダムやロッテルダムをしばしば訪問して、信頼できる国民性と信じていました。ところが、そのオランダの社長に激怒したことがあります。イタリアの社長時代に、オランダからイタリアへの商品の横流しが止まらないことがありました。一般の販売価格より大幅に安く売られており、特約店から激しいクレームを受けました。ミラノからアムステルダムに電話し、社長のオランダ人に抗議しました。信頼は裏切られ、しかも信頼されているから余計欺きやすいのかもしれません。抗議しても何回も繰り返し起こされただけに、この時ほどオランダがインドネシアなどでしつこく植民地経営をやり搾取してきたことを思い出したことはありませんでした。ずる賢さや権謀術数のＤＮＡが脈々と流れている一端を知った思いでした。

ロンドンに赴任し、会議などで彼にこのことを蒸し返したことがあります。信義を守らず、ぐずぐず横流しを続けた１９０センチの大柄の彼でしたが、にこにこしながら、平然として笑顔で話す度胸に閉口してしまいました。結局、謝ることはなく、巨漢の彼はいざとなると恐ろしがられる経営者で、成績も良くリーダーシップを持ち合わせた男でした。確かに、異文化コミュニケーション研究のチャンピオンであるホフステッドとトロンペナースはオランダ出身ですし、世界初の貿易会社である東インド会社で世界を相手にビジネスをしてきた人たちです。さわやかに性悪説を演じきるタイプは、海洋帝国を築いたオランダや英国に多かったように思います。欧州では特にマキャベリの精神が生き続けているのだと思いました。

日本、米国に住んでビジネスを行った後、欧州の風土の中で長く生活すると、その牧場的風土は極めて魅力的で、国ごとの文化の違いに圧倒されます。そして文化の違いを学習することがいかに交渉の場面で有効かを学ぶことができました。地中海の温暖な気候の中で、さんさんとした太陽を浴びて育った野菜や果実の恩恵を受けて生活を満喫し、文化の高揚に精を出すイタリアの人々、一方、日光が乏しい英国やオランダ、ドイツと北欧の陰うつさは尋常ではありません。高緯度のために昼間の時間帯が短いのが原因で、とりわけ冬には顕著です。英国は海流の関係で緯度が高い割に冬の寒さはさほどではないですが、ドイツは厳しく、マイナス15度くらいになってしまうところが多いのです。当然土地もやせ、麦も育ちが悪く、パンもまずくジャガイモが中心です。だから夏になると、長期休暇を取り南に向かいバカンスや食を楽しみます。ヨーロッパを北から南へ行くにつれて人間の気質は感情的・情緒的になっていくのがよく分かります。あのゲーテも著書『イタリア紀行』で、まぶしいほどのイタリアの光を絶賛しているではありませんか。そうした気候や風土の違いの中からギリシャやイタリア、フランス、ドイツで哲学や法律が生まれ、芸術が花開き、科学が発達していったのだということが分かりました。

「自然の声を聞け。文明の発達こそが元凶」と言ったルソーも、「人間は本来善であるが、多人数の社会や組織に入ると虚栄心、競争心や功名心、利己心、そして他人より優越したい欲望、支配欲、権力欲が生じ、闘争や嫉妬が生まれる」と主張しました。米国や欧州でも、こうした経験をたくさんしました。とりわけ嫉妬は、欧米に駐在する日本人から一番受けたのが印象的でした。イタリアで世界トップクラスの経営内容や多彩な人脈形成が実ると、「あれはイタリアだから」という欧州の現地会社の日本人トップが言い始めたことを聞き、思わず「何と狭量な日本人！」と心の中で叫んでしまいました。

4 中国で困難な中国ビジネスにどっぷり浸《つ》かり、一番学習できました

智を去って明あり。賢を去って功あり。勇を去って強あり

これは、私の中国ビジネスの師匠から教わった韓非子《かんぴし》の言葉です。師匠は前述した「香港の家電王」と呼ばれ、一代で巨万の富を築かれた蒙民偉さんという方でした。彼は人口700万人ほどの香港で、電気釜を天びん棒に担ぎながら実演販売し、800万台を売りまくった立志伝中の人です。また晩年は清華大学や北京大学をはじめ中国の著名大学、香港大学をはじめ香港の有名大学多数に学生会館や図書館、生物研究所を寄付しました。上海、東京、神戸にも不動産を持っていました。この師匠が全力で、難しい中国ビジネスを手取り足取り教えてくれ、『論語』もよいが、『韓非子』と『兵法三十六計』を読みなさいとアドバイスされました。松下幸之助氏が蒙さんの力量に感心し、唯一販売会社にせず代理店として支援したと聞きました。氏の半生記自伝の『同じ釜の飯』(中野嘉子・王向華 著)を読むと中国ビジネスの秘訣がよく分かります。年に何度か、香港、北京、上海、東京でお会いし、「平沢さん、誕生日に中国にいるのだったら、香港にいらっしゃい。皆でお祝いします」と言っていただき、ほぼ毎年伺いました。イタリア赴任が長かったことから、いつも香港一のイタ

リアンレストランでごちそうになり、中国ビジネスの極意を教えていただき、人脈づくりを手伝っていただいたことは忘れられません。

その師匠は残念ながら6年前に鬼籍に入ってしまわれました。

ロンドンから、これまで全く訪問したこともない中国に赴任して驚きました。社内が乱れており、おびただしい売掛金の未回収や旧型在庫があふれ、不正、告発や高価な贈答文化がまん延しており、桁違いに多数の日本人が駐在していました。まず1年間、中国語を覚え、中国中を回り、会社の問題点を把握し、中国と中国人、そして商習慣を勉強しました。

冒頭に挙げた韓非子の3つの名言の意味は次のようになります。

・「智を去って明あり」＝智はなるべく使わないようにして部下に権限を移譲する。すると大勢の智を使え、自分はもっと大切な組織全体から見ることが可能となる。

・「賢を去って功あり」＝上に立つ者が賢い態度で臨まなければ、部下の方がやる気を出してくれる。

・「勇を去って強あり」＝自分の勇は控えめにして、部下の勇を引き出せ。自分だけが前に飛び出したら部下がついてこない。

すなわち、「自分の知恵を使おうとしなければ、洞察力を深めることができる。自分の能力を発揮しようとしなければ、大きな仕事を成し遂げることができる。自分の勇気を誇示しようとしなければ、組織力を強化することができる」。ということです。

まさに、「海外ビジネスにおけるリーダーの要締」と言ってもよいでしょう。ただ、その前にやらなければならないことが山のようにありました。

赴任して約一年経過したところで、以下に挙げた大リストラと大改革を猛スピードで実施しました。当然、準備はひそかに行い、実行は一瀉千里《いっしゃせんり》でやりました。あちこちから大きな雑音が出ましたが、信念を持って貫徹しました。特に中国の改革は徹底してやらねばなりません。

①統括会社（含む販売会社）の日本人を21人から6人にしました。（5000人いた5工場を除く）皆中国好きの人たちなので、本社人事部と綿密に打ち合わせ、良いポジションで帰任してもらいました。

②同様に、中国人を210人から100人程度に減らしました。現地法人人事部長と各拠点役職が懸命にフォローしてくれたおかげで、訴訟などは一切ありませんでした。

③一番大きな北京工場の中国人董事長《とうじちょう》は代わっていただきました。事前に十分な根回しをして優秀な方に董事長に就任してもらいました。大物董事長の交代劇は中国ビジネスの大変さを実感しました。旧董事長には十分な配慮をしましたが、尋常でないどう喝も経験しました。夜も眠れない日もありましたが、諦めずに説得を続け、納得していただきました。

④販売会社の中国人副総経理に退陣していただきました。この方は前述の董事長が連れてきたので問題はありませんでした。

⑤統括会社と販売会社兼任の秘書（この人も董事長が連れてきた方でしたが）は、優秀な若手に

代わっていただきました。従業員が拍手喝采をしてくれ、新秘書は社業に大変貢献してくれたので正解でした。

⑥人事部長を日本人から中国人に代えました。

⑦たまりにたまった代理店の不良在庫を一気に処理しました。

⑧北京、上海、広州の代理店体制を直販セールスマン体制に変えました。他地区は代理店を維持しましたが、力のないところは変えました。

⑨全額現金取引に変えました。商品がトップシェアになったところで、さらに徹底して進めました。

⑩中国中心部にあった武漢の合弁テレビ工場を閉じましたが、もめずに無事閉鎖できました。

⑪沿海部にあった福州のカラーテレビ工場を部品工場に変えました。本来は許されない生産品目の変更を許可していただいたのですが、市長はじめ現地政府が懸命に動いてくれました。

⑫事務所は北京、上海で、質素ながら機能的で便利な場所に移転しました。入り口は元気良く明るくし、社内が見渡せるように大部屋スタイルを貫きました。董事長、総経理も皆と一緒で、風通しの良い透明な事務所に生まれ変わり、笑顔いっぱいの受付に変えました。

①から⑤のリストラは実に大変でしたが、おかげで訴訟もなく、協力してくれた皆さんに感謝の気持ちを忘れないように絶えず配慮し続けました。この結果、社内が大いに引き締まり、本社や事業部、残った社員が奮起してくれ、2つの商品でシェアトップになり、米国や日本の販売台数を超え、

黒字経営に変わりました。従業員の退職はほとんどなくなり、主要都市に大きな広告等を掲げ、テレビ番組のスポンサー「ディスコ・フェスティバル」や電車や街頭広告に集中投下し、上海に完成したばかりの超高層ホテルに上海市政府幹部をお招きして「全国特約店大会（ご夫婦招待）」を実施しましたが、これは大変盛り上がりました。

多くの実施したリストラの中で一番大変だったことは、2つのテレビ工場の撤退と生産品目の変更でした。両方とも1994年に設立された合弁工場でしたが、当初から赤字を垂れ流し士気も上がらない暗い工場で、主力のライバル企業のテレビ工場にも足を運びましたが、全く勝てる戦ではないと判断しました。まして、韓国や中国の地場企業がぐんぐん伸び始めていました。私の出身がテレビ工場だっただけに多くのお叱りを受けましたが、内陸部にあった工場は閉じることにしました。また沿海部にあった工場は該当市の幹部とのコミュニケーションも良かったため、特別に生産品目の変更を許していただき、無料で条件の良い場所に移すことが許されました。前に川、後ろに山という孫子の兵法で言う「勝てる場所」に移ることができたのです。ただ、閉鎖や生産品目変更の費用は思いのほか少なく済みましたが、その分工場総経理が残って1年間懸命にフォローしてくれました。テレビのないAV機器販売は苦労も大変多かったのですが、2つの商品に集中して販売が急伸したため、おかげで店からの評価も変わりませんでした。

そうした中、2002年の日韓ワールドカップの特約店招待は全力で取り組みました。15店の優秀特約店を日本にお連れしました。箱根や伊豆の温泉ホテルでは特約店の皆さんの背中を流し、ほぼ360度海を眺められる下田の露天風呂と食事が大人気でした。また鎌倉の大仏を見学した後、横浜の中華街では日本中華総商会（華僑）の初代会長のレストランで早い夕食を取りました。会長は台湾人でしたが、両者とも喜んでいただき、人脈づくりの大切さを学びました。事前に友人からこの会長の話を聞き、味見がてら彼の店を訪問したことが奏功しました。現在、日本中華総商会9代目の会長は厳さん（EPS社長）で副会長は羅さん（LAOX社長）ですが、親しく交流させていただいています。中国人との息の長い交流は他の国では経験できないことです。このつながりから多くの華僑（華人）人脈ができ、今でも日中関係学会などいくつかの役職を拝命しています。

中国ビジネスの「明」は、信頼できる中国人との人脈です。海外で長くビジネスをやってきて感じることは、本人の意思次第で素晴らしい方と知り合えることです。とりわけ中国が突出しており、上海などは世界のビジネススタープレイヤーが勢ぞろいしています。だからこそ中国語も磨きながら英語ができなくては話になりません。日本では普段相手にしてもらえない人とも気軽に友人になれるのが中国です。北京から成田への機内で、外国人の著名な日本自動車会社社長にお会いしました。食事が終わったところで彼の席を訪ね自己紹介したところ、「座りなさい」と隣の席を指さされました。それからずっと成田のバゲージクレイム（荷物受取所）まで約2時間、ご一緒しました。氏はひそかに合弁会社設立の可否について調査に来ておられたようでした。中国ビジネスのツボや欧州時代のことなど様々なことを聞かれました。最後に一言ジョークを言ってみました。

「表情はスイス人に似ておられますね。笑われても目は全く笑っておられませんでした」

これは大変印象的だったようで、大笑いされていました。その後はこの会社に足しげく通うことになりましたが、グローバルマインドにあふれる会社でした。

米国のトップ航空会社社長ご夫婦には、日本レストランの隣の席でこちらから話しかけました。ニューヨーク勤務時代の話から始まり、米国と中国のビジネスの違いがメインテーマで大いに盛り上がりました。そうした席では、欧米で覚えたジョークをたっぷり披露しました。

また、中国人とは欧米人より本音で付き合うことができ、様々な方々が支援してくれました。北京、上海、広州、福州、大連、武漢、瀋陽……各市の市長や副市長の皆さんそして人民解放軍、武装警察、商務部、国家発展改革委員会、宣伝部、公安局、中央電視台をはじめ多くのテレビ局、消費者協会、清華大学他多数の大学教授、著名映画監督、中国工商銀行をはじめ国営企業幹部など枚挙にいとまがありません。おかげで建国50周年記念パレードに招待され、特別席で見学することができたほか、アジアの政治家や経済界の重鎮が集まる第一回博鰲《ぼあお》会議（海南島）にも招待されました。さらに商務部（中国の経済産業省）の月例部課長会議にも参加を許されたのです。時の女性副首相や現党副主席（当時文化副部長）ともお話しできました。私のような人間でも要人にお会いできるのが中国ビジネスの醍醐《だいご》味《み》です。こうしたことはできるだけ写真に撮り、受付の壁に張り付けたところ、来客者が感心してくれました。とりわけ従業員たちが大変喜び、会社に対する自信を深めてくれました。こういう会社になると不正は起こりません。

中国の宴席には数えきれないほど出席しましたが、独特の配慮が必要です。南部のテレビ会社での提供番組打ち上げの宴会で、市の幹部もお呼びした時です。私が「北国の春」を、一番は日本語、二番は中国語で歌いながら盆踊り風に踊り出したところ皆が後に続き、爆笑の中で大変盛り上がりました。「今度来た総経理は面白いやつだ」と評判になったようです。また北京で、政府の皆さんとの食事会がありました。ホテルのレストラン総経理に頼み、外部から見えない特別室で実施しました。若い飲み役も来て、白酒《ばいちゅう》（52度のアルコール度）を大いに飲み干しました。ここでも中国語の名曲「月亮代表我的心」を披露しました。一番のゲストは中国人なら誰もが知っている有名な方でしたが、肩を組んで歌い、大いに盛り上がり、その後のビジネスは急伸しました。知人の結婚式では舞台に上げられ、「夜来香」を中国語で、しかもアカペラで絶叫風に歌って、列席した中国人ばかり100人くらいの皆さんに大変喜ばれました。中国赴任の先輩から「中国の歌を3曲くらい覚えておけ」とアドバイスされたことが役立ったのです。中国ビジネスは実に面白く奥深いと思いました。

中国でトップシェアを取った2商品は、日本や米国の実績を超えました。北京、上海、広州で業界最初の直販体制が功を奏したのです。その後、青島や大連などに広げていきましたが、基本的な考えはこの例えを踏襲しました。同時に中国の各地を回り、売掛金の未回収と不良在庫の山を目にして、日、米、欧でやってきた方法で取り組みを始めました。幸い、この時の各地の営業所長は、精鋭の日本人営業所長経験者でした。この人たちに中国人の元気な営業マネージャーがついてくれました。日本でも昔から直販体制を貫いてきたので、彼らにとってこのあたりのノウハウはお手の物でした。また売掛金の回収は、新商品の勢いと広告活動や特約店大会で勢いをつけ、現金か前金にして、一気に手形禁止令を出しました。皆が心を合わせ、有力店の店頭も一等地占拠を果たし、大都市の中心部にも話題性のある大型看板を設置して知名度を上げていきました。

中国では少しの油断が取り返しのつかないことになります。消費者問題に巻き込まれないよう、主要都市の消費者協会の幹部とも良い関係を築きました。また、有力新聞社やテレビ局にも総経理自ら出向き、方針を説明したほか、各地の有力特約店にも欧州で人気を博した「30センチの日本のこけし（通産大臣賞受賞、皇室ご用達）」と感謝状を持って巡回しました。こけしの図案は寒ツバキを選びました。極寒の中で一番早く花を咲かせる中国の国花で、新年を祝う花として中国の上流階級に珍重されています。政府の要人にもお持ちしましたが、これは大変喜ばれました。

中国事業の立て直しには、本社や事業部の応援もありましたが、中国内の工場からの協力が大きな力になりました。2つの商品はこれらの工場が生産したもので、まさに持ちつ持たれつの関係で、とりわけ北京と上海工場が全力で支援してくれました。北京工場は総経理が日本人で、董事長と副総経理が中国人でした。北京でSARS（サーズ）が猛威をふるった時は、この中国人副総経理が獅子奮迅の活躍でSARSを防いでくれ、生産要員の増員を実現し、逆にヒット商品の増産を指揮してくれました。周辺の工場から患者が出てきた中で、近隣の村長たちが村民の禁足令を出したにもかかわらず、熱意で説得して禁足令を解除してくれました。また日本人総経理の、従業員に対し身体を張って守り抜いた覚悟の姿勢も特筆されます。日頃、現地に骨をうずめる覚悟の彼は、マレーシアや上海工場の社長から事業部の垣根を越えて就任してきた熱血漢でした。販売会社と一緒に汗をかく姿勢は高く評価されていましたし、SARSで日本に退去した会社が多かった中で彼は帰らず、守り抜いてくれました。後日、彼が書いた『SARSと戦った体験記』は中国語に翻訳され、北京政府の役職者に配布され話題になりました。

一方、オーディオの上海工場は上海市長が外資の優秀会社を年間に1社表彰する「白玉蘭賞」を受賞しました。こちらも副総経理が熱意あふれるキレ者で、販売店を回ったり、工場要員を販売店の店頭に派遣したりして、商品の評価を実感する活動もやってくれました。シェアーが中国で圧倒的に1位になり、大掛かりな宣伝も実施し、美しいモデルを使った「小妖精」キャンペーンが話題を呼びました。たびたび工場のラインも訪ねましたが、従業員教育も徹底しており、気持ちの良い雰囲気にあふれていました。同業者の工場もいくつか訪問しましたが、この工場の士気・マナー・教育は圧倒しており、上海政府や日本人経営者から高い評価をもらっていました。

泰山は山東省泰安市にあり、高さは1545メートルで、頂上に元首相の周恩来夫人鄧穎超《とうえいちょう》の詩碑があります。道教の聖地である5つの山（＝五岳）の一つで、五岳で最も尊いとされており、7000段の階段を部下と上りました。様々な人たちで構成された大きな組織を引っ張っていく立場・地位にある者には、大きな度量が求められ、この山に登ると成就できると中国人の部下に言われ挑戦しました。また近くには孔子の故郷曲阜もあり、こちらも中国人の部下と訪ねました。長江は店回りをした重慶から宜昌まで、中国人と雄大な景色と詩仙李白の世界を楽しみました。2009年完成した長江ダムは世界一の発電量で、幅1・1キロメートル、長さ660キロメートルもあり、景観もすっかり変わってしまいましたが、重慶まで大型の貨物船が入り、西部大開発の中心役を果たしています。また工場の董事会（取締役会）は様々なところで実施しました。有名な桂林のある漓江下りの中での董事会に皆さんが感激されました。まだ国内旅行も少ない時代でしたからなおさらです。黄山はじめ様々な山を中国人と登り、名所旧跡も一緒に回ったら、雄大な中国の魅力が一気に広がり、中国文化や中国語の勉強が進みます。

古来、中国の人々には次のようなことわざが大変好まれているようです。

「人々の上に立つ指導的な立場の者が、さらに多くの支持者や部下や人材を自分に集めたかったら、細かなそれぞれの気質や性格をいちいち気にせず、大らかにすべて受け入れろ」

会社を経営する立場の者は大きな度量が必要という意味です。この山と河の経験は私の中国に対する見方を変えてくれ、中国人から大変喜ばれました。ぎすぎすした日中関係が続きますが、中国人とこの2つ（山と河）を訪ね、歴史や文化と中国語をしっかり学んだら、見方・感じ方も変わるのではないでしょうか。前述したように、私はたくさんのリストラをやりましたが、中国では一切訴訟などを受けることはありませんでした。幸い、良い指南役や従業員、支援者に恵まれたことに心から感謝したいと思います。

5 欧米の後、アジアを駆け巡って感じたグローバル・アジアについてお話しします

これまで述べてきましたように、米国では直販や現金回収などの営業改革と現地人育成、イタリアでは突然初代の社長に、英国では欧州全体の営業改革、そして中国では生産販売の大リストラに挑戦しました。本社からは矢のような「早くやれ催促」が来ましたが、当該国の事情により自分自身で判断して進め方を変えました。

まず米国は、米国駐在3年後のニューヨーク責任者であり、即刻改革を実施しました。イタリアはじっくりイタリアの商慣習、異文化、イタリア語、代理店時代の問題点、ライバル会社の実態、そして社内の従業員の実情を調べ上げ、1年は動きませんでした。その後は一瀉千里に課題の解決に奔走しました。欧州本社では英国に住んで欧州改革を進めましたが、既に8年半欧州にいたわけで、即刻全現地法人、代理店を回り実態の把握に努めました。雑音を気にせず、欧州・ロシア市場の改革の実行に奔走しました。中国はいきなりリストラ、販売拡大と革新に努力したため、精神的にプレッシャーもありました。ただ、米国、欧州と経験してきたせいか、特に中国人たちが喜んで協力してくれました。この間約1年間、中国語を学び、全省の訪問と生産と販売の実態把握を目指し、中国人と

協働しました。なぜなら、初めに基盤づくりをしておかないと、後になってそれをしようにも、大変な力量を要求されることになるからです。中国で失敗する企業が多いのは、ほとんどここを間違えてしまっているからだと思います。どんな激しい嵐にも耐え得る根を張らないと、大国中国ビジネスは破綻します。

1年たったところで一気に大手術を断行しました。米国、中国では現地人よりも日本人の嫉妬、確執に耐えることが多かったのです。マキャベリは実に良いことを言っています。

「大事業を行う場合、どうしても一人に権力が集まってしまうことになるが、それを妨げるのが、人々の嫉妬心だ。この嫉妬心を抑え込む方策は、①それを行わなければ直面せざるを得ない困難な事態を、人々に納得させることと、②強圧的にしろ、他のいかなる方法にしろ、嫉妬心を持つ人々が擁立しそうな人物を滅ぼしてしまうことだ」

そこで迷わず実施しました。改革の途中で様々な嫉妬や抵抗、ケンカや妨害もありましたが、こちらも米国、イタリア、欧州全体の経験が生きました。これに事業部間の確執が渦巻くと始末に負えません。海外に行ってまでと驚く方が多いのですが、実は他社でも、海外現地法人を多く回ってみるとこうした傾向が強かったのです。

一方、後年ニューヨークのＡＩＧ（全米一の損保会社）本社に一人で伺ったことがあります。対応してくれた米国人シニア・バイス・プレシデントやバイス・プレシデント、そして営業部長はそれぞれ3～4社の海外現地法人の代表を経験していて、陰湿なところもなく、私が米国を手始めに4ヵ国の経営経験をした話をすると一気に仲良くなれました。海外で陰湿な経験をさせてはいけません。中国の大手国有企業も変わってき始めています。日本と中国だけを知っている日本人を中国へ送り込む時代ではありません。世界を知っている人を送る時代です。同様にアジア・新興国も破天荒なスピードでグローバル時代に突入しています。皆、目が輝いています。実力を一気につけ、自信を持ち始めてきた中国人、韓国人、ＡＳＥＡＮの人たち、そしてインド人、これからのアジアビジネスはよほどしっかりやらないと負け戦になってしまいます。

文化、考え方、言語が違っても基本的な価値観を共有できれば、そこに強力なエネルギーが生まれます。単に日本での規則やルールを踏襲し明示するだけでなく、その国にふさわしい自社のビジョンを示し、バリューを共有して各部署への期待を表明し、仕事の意義を説くことが重要です。そのためにも、現地の日本人と現地人の両方の価値観（今は世界的価値観）を共有していることが鍵になります。当然、英語と現地語のコミュニケーション能力が必要で「実行力、ハードワーク、問題解決力、論理的説明力、責任感、提案力」などが必要です。「英語は不得手で」などと甘いことを言っている人間は弾き飛ばされます。私も米国、英国、イタリア、中国でそれぞれの言葉を懸命に勉強しました。相手の国の言葉で話すと、特にイタリア人、中国人の喜びようは尋常でなく、それだけで彼らが信頼してくれ、一気にビジネスが進みました。彼らを説得し鼓舞するには現地語の習得が一番です。そして、こうした努力をしている日本人、現地人を大いに処遇することだと思います。次に挙げたのは、言語上達のために私が実行したことです。

・絶対ものにするという強い決意を家族や周辺に宣言する。
・分からない時でもジェスチャー、モノマネ、絵や漫画などを描いて交流する。
・間違っても途中でやめない（途中でやめてしまうのが一番困ると現地人に言われました）。
・日本などで会った外国人にも自分から英語や中国語で話しかける。
・良い現地人を見つけ友人になり、その国の言葉で交流する。日本語も教えてあげる。
・その国の歌を3曲くらい覚えて赴任する。
・夢に見るくらい、その国の言葉に没頭する。
・単語をその国の言葉で何と言うか、常に自問する。辞書を離さない。
・テレビやラジオは流しっぱなしで耳に流し込む。
・赴任前にその国の文化を勉強し、言葉の基礎を身につけておく。赴任当日の朝礼では、その国の言葉で、堂々とにっこりして挨拶する。下手でも構わないから、照れずに最後まで話す。

ユダヤ人、中国人、インド人と仕事をしてみて感じることがあります。世界一商売上手なのはどの国の人でしょうか。

お付き合いしたユダヤ人はニューヨークで同僚だったり、特約店社長や金融関連、放送局の幹部たちでした。中国人は駐在の5年間とその後13年付き合っています。インド人との付き合いはこの4年くらいで、彼ら1人と交渉するのに日本人なら5人必要とか、10人は必要などとよく冗談で言われます。それくらいタフな交渉相手で、アラブ人を加えて4民族が最強の交渉力民族と言う人も多いのです。

ユダヤ商人は紀元前から、中央アジア、メソポタミア、チベット、インドなどに多数居住しており、東洋にも中国・漢の全盛時代に入り込み、彼らは数ヵ所のユダヤ教の教会を持っていました。またユダヤ人の宗教は危険とされ、広東省で4万人のユダヤ人が殺されたとも聞きます。逆に、元朝はユダヤ人を厚遇し、フビライの宮廷には、あのベニスの商人マルコポーロがいました。13世紀の頃、北京にやってきたマルコポーロは『東方見聞録』の中で、大いに栄えているユダヤ人社会の存在を記し、「黄金の国ジパング（日本）」に触れています。

赴任して、才気に乏しかったイタリアの代理店や、社内が乱れていた中国の現地法人を前にして、自分を飾らず、じっと構えて、下の者にありのままの姿を見せる会社づくりを目指そうと覚悟しました。残念ながら、当初はじっと構えてというわけにいかず、イタリアで学んだこと、中国で学んだことで、前述したように毎日が変化と戦いの連続でした。多くの良いケンカをし、現地人と店を回り、山や名所旧跡を訪ねて行動を共にする中で、上下の信頼関係づくりと「法と術」の大切さを学びました。また、海外経営は価値観の違う人との修羅場やどう喝が待っており、これを乗り越えた者のみが成功できると確信しました。歴史の長いイタリアと中国のビジネスの難しさは、治乱興亡で絶えず王朝が倒れて新しい国が興った、その乱世の歴史にあると思います。その中で権謀術数（意図するままに人間関係を操作しようとする操作の術）が育まれたのではないでしょうか。高血圧や気の弱い人は両国への赴任を避けた方がよいと心から思います。

イタリアと中国は、金払いの悪さ、役所の非効率、家族至上主義で人生を謳歌《おうか》が一番、歴史・文化・食の国、自信家、だまされた方が悪い……驚くほど共通点が多かったのです。こうした中では、日本独特の「沈黙は金」「以心伝心」「謙譲の美徳」など今や化石とも言える言葉は全く通用しません。また「起承転結」の説明では外国人に理解してもらうことは不可能です。論理的に表現する演繹《えんえき》法（三段論法）に慣れましょう。結論の序論→3つくらいの根拠・理由→結論の順で話すことです。これは効果的でした。

また日本人の場合、決定権者がはっきりせず、責任の所在があいまいということがよく起こります。これは結局、誰も責任をとらないし、誰も決めないということです。

今、内外で業績好調な企業は、ワンマン経営者がトップの例が多いようです。経営者の顔がはっきりと見える企業は業績が良く、経営の顔が見えない企業は業績が悪い。「集団指導の護送船団方式は機能しない」と500年前のマキャベリも言っています。

私は中国やイタリアなどで生活する時、多少なりともお金が関わる可能性がある場合、いずれのケースでもまず疑ってかかるというのが基本的なスタンスだと思っていました。

米国、英国はじめ海外ではほとんどこれが当てはまっていました。

特に中国では、最初から善意で相手をとらえるようなスタンスでは、まず生き残っていけません。まず自分が生きていくことにプライオリティがある厳しい社会に、日本のような豊かな環境の考え方を持ち込んでも、通用しにくいということだと思います。

「日本も貧しくなった」と言う人もいますが、中国やアジア内陸部の貧しい地域を自分の目で見れば、日本との違いに絶句します。そういうことを学ばず、豊かで安全な日本から相手の批判ばかりしている人が多いようですが、中国やアジアの人たちにとっては全く理解に苦しむはずです。異文化や異なる環境下での考え方を工夫せず、経験もないまま持ち込んでも、うまくいくはずがありません。海外で辛酸を多くなめた人は、よく分かっていて、判断の物差しも自動的に切り替わりますが、海外経験が少ない人は、なかなかこの切り替えができないでしょう。

異文化の中では自国の考え方やベースを押し付けてはいけませんし、こちらの考えたように相手が動いてくれるとは思わないことが重要です。

イタリアや中国の場合、相手の対応や態度は、こちら側に応じて変化します。つまり、ある人には素晴らしく良い人であり、ある人には随分な悪人であるということも起こり得るわけです。同一人物でありながら、良い人と悪い人の両方の見方が存在する。性善説の日本では考えられない変化ではないでしょうか。

なぜ、そういうことが起こるのかと言えば、特に中国の人たちの精神構造には損得勘定（利害）がベースにあるからだと思います。日本の損得勘定の比ではありません。物事を判断する場合には利害をまず計算します。彼らは、この相手に恩を売っておくのが大切かどうかをまず考えます。そして、今あるいは将来の利益につながると判断すれば相手に好感を持たれる対応をします。この相手と付き合っても得にはならないと思ったなら、良い対応はしません。また彼らは、相手がだませるかだませないかを判断の基準に置きますが、だませても結果的に損害が大きいと分かったら直ちに判断を変えてきます。さらに、相手が力のある人物だと分かったら、一気に考えを翻して強い味方になったりします。オペラや京劇の世界を見る感じで、たくさんの経験をしました。

第4章

Global Asia

アジア流交渉術のA to Zを学ぶ

――中国、インド、インドネシア、タイ、ベトナム――

アジアのビジネスは華僑が多くを握っていると言われています。まずここでは、海千山千の中国人やインド人をはじめとするアジアの人々と互角に商取引をするための高度な交渉術を身につけるために、中国人との交渉術について解説します。その後、インド人、インドネシア人、タイ人、ベトナム人について述べていきます。

1 中国人との交渉術

中国人との交渉は極めて困難だと言われるのはなぜでしょうか。米国人や欧州人と長くビジネス上の交渉を繰り返した後中国に赴任し、このことを考え続けました。よく中国は「生命力と交渉力とケンカの強いものが常にトップになる」と言います。中国には中国語で書かれた外国人との交渉術指南書がたくさん存在します。また、米国のディベートにそっくりな「討価環価（値切り交渉）」という駆け引きで交渉に勝つための訓練があちこちでなされています。広い中国を巡って様々な場面で中国人と交渉を繰り返しましたが、彼らが実によく工夫していることに感心すると同時に、共通した特色があることに気づきました。

その特色は次の通りです。

・極力ホーム（自分のいる場所）で交渉しようとする。
・自分たちのペースにはめようとあらゆる手を打ってくる。
・大勢の人間を用意して、数の優位で交渉に当たらせようとする。
・交渉や会議を細部にわたり記録し、それを分析して対策や作戦を練る。
・交渉に時間的な概念を極力入れず、相手の時間の縛りを探り出しておく。
・相手に対し事前に情報を収集し、邪魔や妨害方法を研究して効果的に手を打っておく。
・自分勝手なルールを決め、数の論理などでそれに従わせようと画策してくる。
・契約順守の考えはなく、締結してもそれは通過点だと思う人が多く、平気でひっくり返す。
・これまでの屈辱の歴史から、先進国や日本に対して搾取されてきたという意識が強く、最近は国威発揚のチャンスと一気に打って出ようとしてきている。
・チームワーク意識に欠け、組織で動くことが苦手なため、民間企業では特に個人の力の強さ弱さで交渉のスタートラインの姿勢が決まる傾向が大きい。

こうした前提で、中国人との交渉において数々の失敗の中から考えた「勝つための対処法」を述べてみたいと思います。

交渉の心構え

交渉に入る前に以下の4点を確認しておきます。

①中国語を勉強しておく

中国人は、日本人が一生懸命中国語を使うことをことのほか評価します。米国人や英国人に英語で話す、イタリア人にイタリア語で話す以上に喜んで褒めてくれ、会議の雰囲気が和みます。挨拶程度を脱するくらいのレベルで今後も上達したいという強烈な意欲を伝えておくことが大切です。

②異文化コミュニケーション力を鍛える

この点も極めて重要です。勝つためには何でもありきという中国人の考えに、異文化理解は触媒の役を果たしてくれます。すさまじい大声と迫力の伴う交渉に閉口しないためにも、4000年の歴史や文化、そして広い中国を知っておき、彼らの主張は「大河の一滴」と思えば怒りも薄れてきます。

③「性悪説」を忘れない

先にも触れましたが、「性善説」の孔子も「性悪説」の韓非子も中国生まれです。私のビジネス体験、とりわけ中国ビジネスでは、「性悪説」が突出していました。その本質を、書物や経験者の生の話を参考にして、自分のビジネスに活かしたらよいと思います。

④中国流戦略に翻弄《ほんろう》されない

中国人との交渉における中国人独特の次の3つの戦略をあらかじめ知っておき、これに慌てて翻弄されるようなことがあってはなりません。

・引き延ばし：際限なく引き延ばしてくるから、本音をしまい込んで譲歩は最後の最後まで取っておき、基本は断固拒否する。

・非難やどう喝：相手を威嚇《いかく》し、居心地を悪くさせ、諦めさせようとするから、平気の平左で右から左に受け流す。

・ごまかし：相手をだましても、自分の言いなりにさせようとするから、強く「ノー」と言う。

以上のことから、日本人の良さである勤勉、努力、忍耐、正直、思いやり、礼節などはそのままでは中国人に通用しないと思った方がよいでしょう。そこで次のような心構えが必要とされます。

・直接主張をぶつける。遠慮はしない。怒る時は怒る。メリハリを利かせて全部を語り、場合によってはどう喝も辞さない。

・甘えのない国なので、日本人の「沈黙は金」や「以心伝心」は欧米人以上に能力なしと即断されるので注意する。

・はっきり、具体的に、率直に、明確に、細かく、自信を持って大声で言う。

・感情は極力抑え、語調は変化させない。

・相手を簡単に信じない。相手の言ったことの裏を読み、すぐに謝らない。

・スピードが何より重要。中国ビジネスはドッグイヤーどころかマウスイヤーと呼ばれ、18倍速で走っている国だと思った方がよい。

・断られても絶対諦めない。ただし、それが相手の誘い水であったケースもあるので注意も必要。

・証拠主義の国だから、常に証拠を残しておく。賞と罰を徹底してロジカルに交渉することが大切。

・言葉でなく、すべて行動で判断する。メンツと相手との関係が極めて交渉に影響を与えるので、全身全霊を使って相手と自分の状況を調べ応用していく。

交渉に入る前のポイント

ここでは、実際に交渉に入る前に重要となるポイントをいくつか挙げておきます。

①事前の情報収集と調査研究

まず、良い関係づくりのため、客観情勢をよく調べ、記録し、作戦を練ります。中国に関する情報、ヒエラルキー（上下層関係に整序されたピラミッド型の秩序ないし組織）を重んじ、よく研究することです。特に国や国営企業、さらに民営企業のあり方、改革の進め方は昨今の中国のビジネスのやり方を知る上で大変参考になります。素人になったつもりで、交渉の各段階の経験者、交渉している企業や関連する政府部門を遠慮なく訪ねてみましょう。人に聞くことを恥だと思わないことです。すると、こうした人たちは情報をたくさん提供してくれます。交渉相手のライバル社に聞くことも有効です。相手をけなしたいという気持ちをうまく使うことです。

②相手との距離を縮める

この場合も「性悪説」を腹に収めて、相手の不信感を払拭《ふっしょく》しておきましょう。中国側がくつろいで交渉に入れるよう仕掛けをしておくことです。

③重要な人脈づくり

中国における人脈づくりは極めて重要で、根気よく時間をかけて行います。人脈を築くような関係づくりには最低3年はかかると思った方がよいでしょう。その人が入ってきたり、一緒の写真を見せられたら「オッ！」と言うくらいの人が好まれます。ただ後で失脚するようなケースがありますから、事前に詳細な調査が肝要です。日本人のトップで中国人と1～2回宴席で酒をくみ交わし、宴会上手な中国人に「老朋友（ラオ・ポンヨウ＝親友）」と呼ばれ舞い上がっている人がいます。こうした人の多くが相手の思うつぼにはまって、その後失敗してしまった例を多く見ました。

④交渉場所

会合の場所は大いに配慮しましょう。テーマが深刻で怒鳴り合う場面が想定される時は、社内の会議室は避けます。また宴席にはビジネスを持ち込まないことです。中国人のように、お互いの性格や実力を値踏みし合うのがこうした席だと割り切って対応します。宴席を交渉の場にしてはいけません。

⑤明確な戦略の準備

交渉のとらえ方は日本人や欧米人と全く違います。交渉前には明確な戦略―交渉のルールや目標、複数の譲歩案を用意しておきます。タイムリミットは最初から話し合って合意しておくとよいでしょう。

⑥交渉の時間感覚

中国での滞在スケジュールは大まかに伝えておいて構いませんが、1日程度短く伝えておきます。最後の土壇場で一気に勝負をかけるケースも想定しておかなければなりません。また、「中国の大市場と引き換えに技術をよこせ」が中国の方針ですから、技術情報をどこまで、いつまでに知らせるか事前に決めておくことも大切なことです。

交渉の前提

次に、交渉の前提となることについて見ていきます。

①中国人は時間延ばしの名人

ほぼ中国の全省を回り、いろいろな地方の中国人と交渉してみて思うことは、彼らの交渉スタイルに惑わされてはいけないということです。日本人、欧米人と比べて、彼らの一方的な質問と要求の嵐に閉口したことが多かったです。特にビジネス交渉ではなおさらです。彼らの言っていることを辛抱して傾聴し、まず、その中で誰が決定権者かをしっかり探ることが大切です。

また、日本人とは全く異なる時間感覚に注意しましょう。中国人は時間こそ金であり、効率であり、勝利であると信じています。さらに長いスパンで物事を考えようとし、時間延ばしの名人です。歴史問題などの反日教育もあり、日本人に対する中国人の不信感は一般的に欧米人に対するよりも相当大きいのです。赴任時に「中国人は相手国によって交渉スタイルを変えてくるから注意しろ」と香港で財をなした中国人に言われました。豊かになってきた最近の中国でも、日本人に対して傲慢《ごうまん》な対応をする人もまだまだ多いですから、中国人とのビジネスはいかにして信頼されるかが極めて重要で、人間関係づくりが大切です。

②相手を知る

相手の日本人がどの程度の人間か、観相術が好きな中国人はまず相手を値踏みしてきます。改革開放の前は国営企業の中で集団生活を送っていましたから、集団内の噂やねたみ、そして告発などが極めて多かったため、こうした習慣は今でも残っており、厄介なことを引き起こしやすいのです。それだけに企業内でもこのような風潮は健在で、こうした事情を考えながら行動してくることに注意が必要です。日本企業内の中国人幹部にうまく乗せられ、あげ句にその企業の日本人社長からひんしゅくを買うなどということも起こってしまいます。常に裏を取り、事の顛末《てんまつ》を書き出して証拠を残す習慣をつけましょう。これが後々役立つことが多かったのです。

③論理的な回答の重要性

前述したように外国人との交渉では「積極的な傾聴」が極めて重要で、相手の質問は徹底的に聞き漏らさないことを肝に銘じましょう。時には文書にして確認を怠らないことです。彼らは時間をかけて質問し、その後、得た回答を実によく分析して、その上で相手に威圧をかけてきます。だからこそこちらも論理的なコミュニケーションを心がけ、質問をしていくことが必要です。話の途中で、「なぜ？」「根拠は？」「理由は？」「裏付けは？」「論点は？」「結論は？」など、相手の論理の整合性を確認していきます。議論がかみ合い、互いの考え方が分かり合えたら論理的に回答をしていきます。その際は第3章で触れた三段論法が有効です。結論の序論から入り本論（根拠や理由を3種類くらい用意）を述べ、最後に結論でしっかり決めていきます。中国の人たちは「起承転結」という日本流の言い回しは大嫌いだと思った方がよいでしょう。既知の事柄から思考によって未知の事柄が正しいことを導こうとする「推論による問題解決法」に帰納法と演繹《えんえき》法がありますが、中国人との交渉は演繹法に限ると思った方がよいと思います。ただ、中国人の個人差は日本人の比ではありませんから、相手をよく観察して、それぞれの違いに合わせて対応していかなくてはなりません。

④どう喝や不意打ちに応じない

図表17は中国人のケンカの概念を表しています。私の中国ビジネスの師匠がよくアドバイスしてくれました。「中国人と良いケンカをしなさい。日本人はおとなしすぎる」。中国の人とは激しいビジネス交渉を重ねましたが、このアドバイスが生きました。たくさんのリストラや解雇、工場の撤退もやりましたが、一切訴訟やもめ事はありませんでした。周りの知人、友人の経営者の中には殴られそうなどう喝を受けた人もいたようですが、殴られた人はいませんでした。

中国の人たちは役者が多いのです。中国側の交渉団の中に、時々激しく怒り出し不意打ちをする人がいたり、中にはメンツの国であるにもかかわらず皆の前でどう喝してくる人もいました。こう

図表17　中国人のケンカの概念

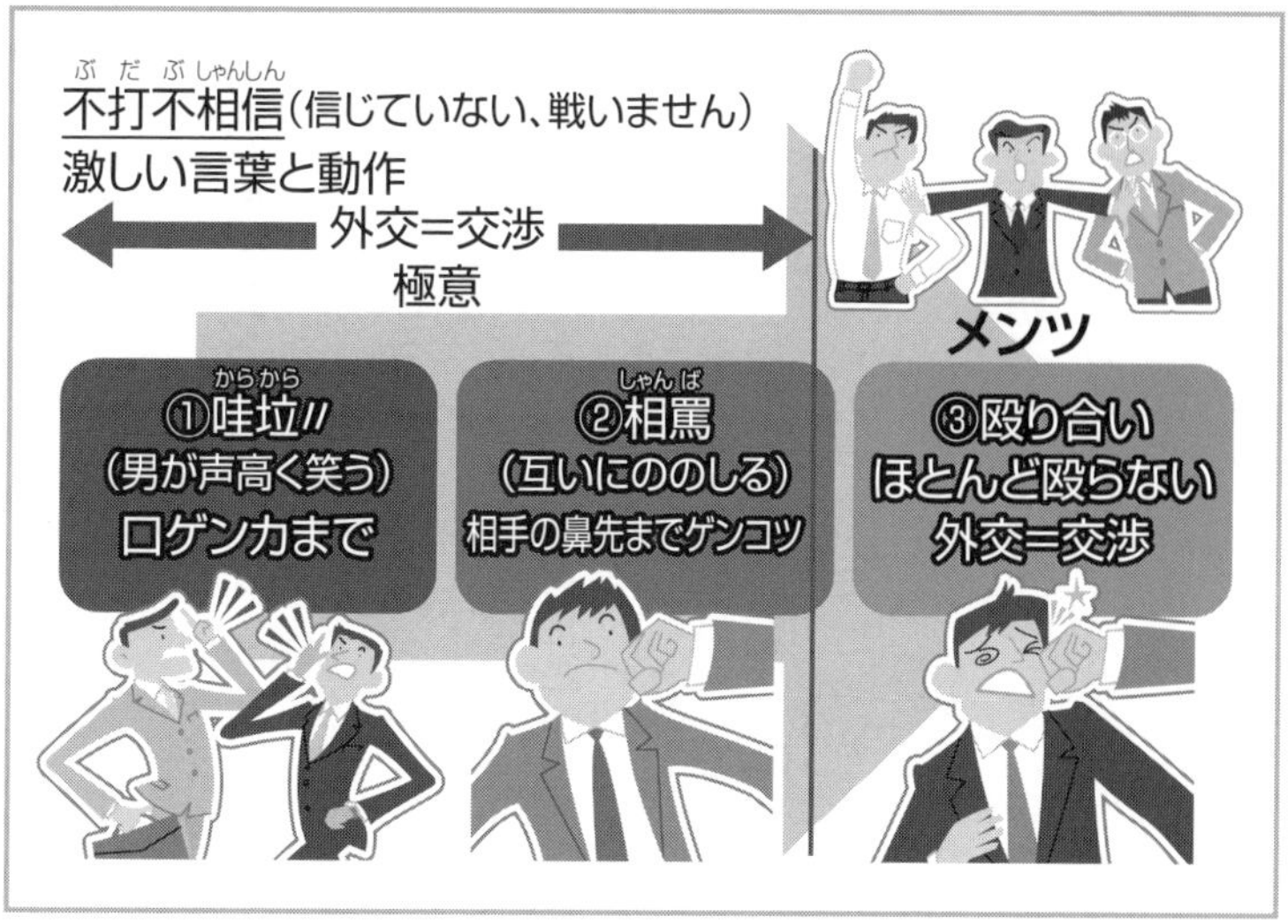

した人たちは例外なく、「中国のことは中国人が一番よく知っている」と大声を張り上げて脅してきました。このようなケースはだいたい事前に予想できますから、あらかじめ周辺に煙幕を張っておくとよいでしょう。

一番大切なことは、そうしたどう喝に応ぜず、どう喝は中国人の伝統文化で空気のようなものと割り切ることです。「来た、来た。」と思って平気の平左でいることが極めて有効です。しかし、その場で譲ってはいけません。そうした忍耐力のある人を中国人は高く評価し、翌日は何もなかったようにケロッとして対応してきてくれることが多かったのです。相手や場合によっては激しく怒ってケンカをすることも有効ですが、翌日はやはり何事もなかったようにケロッとして対応してきました。不意打ちや居丈高《いたけだか》戦術（人を威圧するような態度）をかけてくるケースもありますから、予期して準備しておくとよいでしょう。中国人は、「断固たる態度」「白黒をはっきりつける」「いい加減にしない」「スピード」が大好きな人たちです。

交渉のポイント

次に、実際の交渉の際のポイントを見ておきます。

①相手から話させる

「他人はすべて敵である」という独特の相互不信社会が2000年も続いてきた中国では、相手を知ることが先決です。そもそも善悪の基準が日本とは全く違うわけですから、考え方が一致することなどあり得ないと思った方がよいでしょう。日本人はこれまでのマスコミや教育のせいか、とかく中国人と自分たちが同文同種であると思ってしまいがちです。だからこそ、まず中国人から話してもらったらよいのです。その出方に注意を払い、相手の話を聞き込み、相手を褒めたり、笑顔をふんだんに出しながらもおかしいことはしっかり指摘することです。その中で「個人とはぜひ良好な関係を築きたいし、あなたはまさにそういう人だ」と力説します。中国に「通情達理（トンチンダリ）」と言うことわざがあります。人情と道理の両方にかなうことが正しいという意味で、「うまくいかない交渉事でも両者のメンツが保たれ、双方がうまくいく方法を粘り強く見つけ出せる」という意味と考えたらよいのです。そのためにも相手から話させて、話し好きな中国人にまず主役を与え、その中で冷静に交渉の重要ポイントを自覚し、交渉の筋道を立てていくことが大切です。また交渉の初期には自分の考え方を多く話さないように自分をコントロールすることが必要です。

②原則論から入り、「責任、メンツ、関係、道理」で相手を見極める

まず、大ざっぱに原則論から入ることです。その中から相手の目線が見えてきますから、ここを中心に議論を開始しましょう。ただ、この時点でいきなり論理的な説得や力を誇示した交渉に入ってはいけません。そうは言っても「理屈付け」は説得のポイントですから、最初はあえてきついことも言ってみましょう。すると相手が徐々に譲歩してくる場合があります。この段階では、丁寧に相手側の自尊心を大いに持ち上げ、親身になってじっくり聞き、微妙な問題の裏側を探り（場合によっては証拠を取っておきます）、相手側の感情や性格を知ると交渉はうまく進みます。あくまで距離を置いて状況をよく眺め、戦略的に考えて時期と方向が分かったら、「責任、メンツ、関係、道理」を総動員して相手の関心具合を見極めます。この中で、最初の「責任」が極めて重要です。

中国の新華社の新華網ニュースの中に、日本企業で働いたことのある中国人ソフトウエア担当責任者が述べた以下の一節がありました。

「中国人は日本人のような職業精神、事業に対する一途な気持ちや素質を備えていない。我々は仕事や生活の中で、『だいたい良い』『まあまあ』『いいかげん』『いけるだろう』などのあいまいな言葉をよく使う。これは仕事に対する責任感がないためで、最終的に自分でも恥ずかしく感じるものをつくり出す」

責任について中国人と話す時は、心から相手に敬意を払って、思い切り誠意を見せることが大切

です。傲慢《ごうまん》さや癇癪《かんしゃく》は禁じ手で、自制心と忍耐が極めて効果的です。、最近の中国では「誠信経営」という言葉がよく使われています。我々も、誠実と信用＝誠信と考え、こうした風潮が大いに拡大していくことを願って、困難な中国人との交渉のポイントと考えていくべきです。

また交渉相手が誇張して言ったり、間違いがあったら、細かくノートに記入しておきましょう。後で有効な対策になることがあります。相手があり得ないことを言ったら、はっきりストップをかけます。さらに有効な情報を話しかけてきたら、悟られないように冷静に話を聞き続けましょう。さらに良い情報が期待できるかもしれません。

交渉終結のヒント

ここでは交渉をスムーズに終わらせるためのポイントをまとめておきます。

①落としどころを決めておく

行き当たりばったりではなく、落としどころをあらかじめ決めておきます。「200言って100を取りたい」という中国側の計算だと思って、初めの要求を徹底して下げさせ、脇を固めて、最後のとどめの一手（人や物など）を用意することです。

②仲介役を用意する

双方を立てる折衷案を用意することも考えてみます。その場合は第三者を探してきて仲介役に立てます。相手より立場が上で公正で、その人の権威が双方から認められている人をあらかじめ決めておきます。中国人の高級幹部に辞職を迫る時にも、こうした配慮が有効でした。メンツが効く関係でないと機能しないことが多いのです。

③クロージングはビジネスライクに

討議が散漫になるのを防ぐため、記録を取り、進み具合を実感していきます。中国の交渉では、日中双方の2人の通訳が入るべきで、場合によっては相手の中国人通訳者に解決策を頼むケースもあります。結論のタイミングが来たら、相手が明白な信号を送ってきますから、短くビジネスライクに徹したクロージングを図ることが大切です。このタイミングや瞬間を察知できる能力を磨きましょう。そして交渉の最後には総括を必ずします。一致した点、未決な点を交渉ごとにしっかり書面にして、相手の了解の下に結論を出しておきます。

④キーワードは「功利的説得」

最終決着は壮大な儀式とし、礼儀正しく行い、メンツから始まり、あらゆる手段を動員します。できれば中国側から結論を出させることが有効です。ひな型契約書や交渉の最終目論見書を必ずつくっておきます。交渉の王道である「功利的説得」がキーワードで、相手が得をした部分を細かく分かりやすく説明し、相手が収穫できる成果を大いに取り上げてそれを強調します。

それを分からせ、満足させ、譲歩させるのです。相手も感情的になることが多いですから、冷静に証拠となるような図や表などで示すと混乱を避けることが可能です。

⑤「4ア精神」を貫徹する

とにかく忍耐、忍耐、忍耐で途中からの譲歩はしないことが大切です。最悪、最後の譲歩をする場合でも気前良くしてはいけません。中国では先例ができると変更は不可能だと思った方がよいです。いずれにしても中国人との交渉では精神的な強さだけではなく、肉体的スタミナが要求されます。また論理的に打ち負かしても、相手を打ち負かさない配慮も重要です。交渉途中も中国と中国人の実情を知ることに関心を持ちましょう。それが分かると交渉終結に効果的です。あくまでも「焦らず、慌てず、侮らず、諦めず」の「4ア精神」の貫徹が重要です。その後はビジネス談義をやめて、人間関係再構築の楽しい宴会に入ります。中国語で3曲くらい歌えなくては宴席はリードできません。私はDVDで練習し、中国の要人、友人に披露して喜ばれました。

中国人との交渉術のまとめ

実際に中国人と交渉する際の留意点を10のポイントとしてまとめてみました。

①交渉は運動競技に似ていますからゲームと思い、妥協を楽しみます。交渉結果に左右されない「良い関係づくり」と思いましょう。

②人と問題を切り離して考えることが大切です。交渉者も人間であり、友好関係と実質問題を切り離して考えます。また日本では、権限のない人と交渉しても権限のある人に内容が伝わりますが、中国ではまず伝わらないと思いましょう。だからこそ、素早く権限のある人を見つけて

交渉するとよいのです。

③相手の背後に目を向け、立場ではなく利害を徹底的に追求し、そこに焦点を合わせるとよいでしょう。論争だけでは関係を悪くし、解決が困難になります。立案と決定を分離し、互いの利益を探します。複雑な交渉ほど、慎重な利害分析が必要です。ただ、双方がｗｉｎ－ｗｉｎの関係になれることはまれだと思った方がよいでしょう。

④クセ球を時々投げてきますから、自分も用意はしておくことが必要です。ただ基本的にはやり返してはいけません。違うテーマの時にやった方が良いのです。これは高等戦術だけに、感情を抑制した円熟味が問われます。

⑤中国では、強い者が勝ち、勝った方が正しいという考えが主流です。価値に貪欲な者が勝つのです。そのために、ありとあらゆる要求をしてきます。「ほどほどで良い」は通用しないと思い、日本と違って「出る杭《くい》は打たれてよい」と思って交渉に臨むことが大切です。

⑥客観的な基準を明らかにし、事実について証拠を添えて説明します。勝手に決めようとすると高くついてしまいますから要注意です。

⑦交渉の場面の演習を行っておくと効果的です。また交渉の最後は、前向きの発言で終えるようにします。この演習もやっておくとよいでしょう。

⑧交渉力に自信がなかったら、信頼できる中国人に任せましょう。

⑨中国人は自国で重要な交渉をしたがりますが、できるだけホーム（日本）で行い、アウェイ（中

国）での交渉は避けた方がよいでしょう。

⑩米国流の「原則立脚型交渉術」は中国には合いません。「立場駆け引き型交渉」が多いことを知りましょう。メンツ、関係、道理から関心へのステップ、歴史認識や原則、価値観が全く違うことをしっかり事前に学習しておくことが大切です。中国政府や行政の窓口は立場上、概してウソつきやいい加減な人も多いのですが、一般の中国人は実に親切で義理堅く、良い人がたくさんいます。「違いを知り、違いを乗り越える」精神が肝要です。

中国人はもろに原色で自分たちを表現します。伝統的に異議を唱え、怒りをぶつけますし、自分が悪くても謝りません。納得のいかないことは譲ろうとしません。日本人のように品位や惻隠《そくいん》の情などは重視しないと思った方がよいでしょう。中国語で「我行我素（ウォシンウォスー）」という言葉がありますが、他人が何を言おうが「自分のやり方で」が鉄則だという意味です。また「随心所欲（スイシンスオイ）」すなわち「すべてが自分の思い通り、心の欲するままに」が中心的な考えですから、それぞれが勝手に事を行い、主張します。世間体など全く気にしません。

一方、日本人は遠慮深く、物事を謙虚に語りたがる傾向が断然強いと言えます。世界で20年余り様々な国の人たちとビジネスをやって感じることは、国際ビジネスの「切った、張った」の最前線ではこうした言動は誤解され、自分の立場を極端に悪くします。卑屈に語ることはやめ、我々日本人はもっと誇りを持って21世紀のグローバルビジネスに対処していかねばなりません。世界から日本を見ると、これほど素晴らしい国はありません。ただ、これまでのように豊穣に酔っていてはいけません。20年近い閉塞《へいそく》感が続く日本は今こそこの事実を知って、世界に大きく飛び出していかねばならないと思います。

これからは「自虐性を卒業して自信を取り戻した日本と、世界を知って謙虚さを身につけた中国」になってほしいものです。アジアや世界の良識ある人たちは、再びよみがえる日本と勢いを増す中国に大きな期待を抱いていますし、信頼できる日本人や中国人を待っています。

いつまでも過去の歴史を引きずって、ケンカばかりしている時ではありません。

2 インド人との交渉術

世界一疲れるインド人との交渉の仕方

これまで中国人とは長く付き合い、友人もたくさんいますし、日本人に顔が近いので表情が読めますが、インド人は非常に分かりにくいと思います。一般的にインド人の態度は横柄なケースが多く、これについて友人のインド人に聞いたことがあります。「インド人は社会の底辺の人が断然多く、中位層や上位層は極端に少ない。そのため、海外に来ている人たちは極めて少なく、どうしてもエリート意識から上から目線になってしまう」と言っていました。東京にある各国大使館に数多く出向きましたが、インド大使館は態度が大きく、商務関係の人たちも頭が高かったことを覚えていますす。一方、中国大使館はにこやかに日本語を駆使する人が多く、仲良くなった商務担当公使は昇格され、帰任される時に送別会を実施しました。

最近、知人が言っていました。

「中国人とインド人が商売すると両方とも全く信用していないから、信用できる人間を仲介させたらよい。それは真面目で正直で契約も守る〝日本人〟だ」

最強の中国人とインド人の間に入る日本人が1人でもいれば、彼らは安心すると言います。2つの国は互いに隣接する2つの地域で占領し合って解決に程遠い状態です。それでも中国の主席が訪印した折には両軍が対峙《たいじ》する中で、インド首相の故郷で彼の誕生日を祝福していました。性悪説がはびこるすさまじい交渉の世界が見えてきます。

ただ、互いに相違する点が多いことから、力を合わせれば理想的なグローバルチームをつくれると言う人が多いのも事実です。今後世界展開で絶対欠かせないインド人、その実相を若い時から知って、深く入り込むことが大切だと思います。

日本在住19年で日本人のインドビジネスを先導するインド人の友人、サンジーブ・スインハさん（ＩＪＩＰアセットマネジメント株式会社代表取締役社長）と、インドで臥薪嘗胆《がしんしょうたん》7年にして現地会社と現地人を育て上げ、現在は難しいインドビジネスの水先案内人を務める森六インド元社長・砥川武雄さんに伺ったことと、主宰している研究会などで議論したことを報告します。

インド人との価格交渉のコツ

インドは日本と異なり、正価や値札が基本的にない国です。売り手と買い手の力関係で、自分が主張して説得できたのが価格と思う商習慣の国であり、世界でも稀有《けう》の国と言えるでしょう。インド人とビジネス経験のある日本人は、インド人の交渉力に閉口したという話をよく聞きます。そこで、インド人と価格交渉をする時のポイントをいくつか挙げておきましょう。

・売り手にまず価格を言わせる。その7割引きを目安にして交渉を始める。
・今だけでなく、これを機会にもっと大きなビジネスになることをにおわせる。
・最初は最小単位で交渉し、徐々に数を上げて価格の下げを求める。ひたすら交渉、交渉、交渉、そして商売、商売、商売でいくと道が開けることがあり、その後はうまくいくケースが多い。
・始めは口頭のやりとりだが、交渉が進んできたら、紙に値段を書いて、さらなる交渉に入っていく。
・その際、絶対打ち負かされず、「高い」と繰り返し言い続ける。
・「他にも買うから」や「他の人も紹介するので、もっとまけろ」などと3回くらい言い続け、相手が根負けするのを待つ。すると折れてきて、当初の6割引きくらいで決着する。

インド人の素顔について

①評価する側面

・親切で基本的に親日国。
・信心深い（ヒンドゥー教8割）。
・明るく人懐っこい。
・ざっくばらんで話し好き。
・好奇心・専門性が高い。

・米国知識人におけるインド人の割合─医師38％、NASA36％、マイクロソフト34％、シリコンバレー6％。
・米国で起業している外国人で一番多いのがインド人。
・教育レベルの高さ─世界ナンバーワンのインド工科大学。
・優秀な頭脳─続々生まれるCEO。
・インド思考。
・英語と数学、論理力、ITの力。
・前進、前進また前進の気風。
・小さなことは気にしない

②評価できない側面

・大国意識があり押しが強い。
・権威に弱く権力を笠《かさ》に着る。
・他人を踏み台にする。
・自分のミスを棚上げにし、相手のミスを猛烈に攻撃する。
・人の話を聞かない。
・法律や規則を守らない。
・言っていることは支離滅裂。

・他人にどう思われるかでなく、自分中心で行動する。
・階級意識が強く、下の者に冷酷。
・謙虚さに欠け遠慮しない。
・せっかちでのんびり、時間にルーズで無責任、都合の悪いことは人のせいにする。
・いい加減で雑な対応をする。。
・ずうずうしい割に、やり遂げる意欲に乏しい。
・真正面からぶつかってくる人は少ない。

③インド現地法人経営で感じたこと

・虚偽の履歴書が横行。
・平均3ヵ月で転職を繰り返す従業員。
・同郷者を採用する人事担当者、同じ出身地の従業員同士が固まる。
・縁故採用を求めがち。
・自分の評価が低いと不満を言ってくる。
・強すぎる上昇志向。
・女性蔑視の風潮。
・従業員の遅刻と時間感覚のすさまじい違い。
・日本人への不満（主として現地接待）が強い。

・言語の多さによる障害がある。
・従業員の安全認識が低い。
・何に対しても知らないと言い張る。
・「ノープロブレム（大丈夫です）」を連発する。
・労働争議が多い。
・法律違反を気にしない。
・利益や保身のための文書改ざんが横行。
・目的のためにあらゆる手段を講じる。
・「明日やる」は当てにならない。
・上から下まで賄賂。
・なじまない日本の習慣。
・社会システムが不可解で非効率。
・土地入手の困難。
・会社設立手続きが煩雑。
・不浄の概念会得の要。
・印僑（在外インド人およびインド系移民）はアフリカの沿岸部全域に勢力を持つ。

インド人との接し方のまとめ

・相手の言っていることを全部理解しようとせず、割り切る。
・下に見られると途方もない要求をするので、強い態度で接する。権威に弱いインド人は、威圧すれば静かに聞く。
・場合によっては説教も可能で、上から目線での対応もする。
・お人良しの日本人はだましやすいと思われているので注意する。
・風貌に驚かない。受け身的で従順な面がある。
・イエス、ノーをはっきり言う。

インド人の特性

・ダメもとで過剰な要求をするが、言うことに一貫性はない。
・英語を話せない＝教養なしと判断されるので英語は話せるようにしておく。
・譲ることをされると負かしたと思われるので注意が必要。
・礼儀正しさや気遣い、謙譲をすると自分より格下だと思ってしまう。
・見栄っ張りだから、皆の前で恥をかくことは耐えられない。
・結婚式はど派手で、華やかなことが大好き、質素倹約は嫌い。

・初対面でも平気でプライベートな話題をする。
・時間に対する考え方が根本的に違う。時間厳守はない。
・怒鳴りあっても手は出さない。
・男尊女卑が強い。女性は家事を重視で家族最優先。
・ヒンドゥー語に謝りの言葉は少ない。
・優しいようで腹黒い。告げ口は当たり前と思う。
・名前や顔立ちなどから出身階層が簡単に知られ、カーストの低い従業員が高いポジションにつけないケースが多い。

インド人との交渉に向いている人

・インドから精神的豊かさを感じると思える人。
・遅れているインドに不満を持たず、将来に希望を感じる人。
・家族に対する愛情、責任感を忘れないインド人にほれ込む人。
・積極果敢で、インド人の説得に疲れない人。
・ファイティングスピリットを持ち、頑固さもあるが、それを腹に収めることができる人。
・相手の感情を害せず、自分の権利・要求・願望・意見を直接かつ率直に表現できる自信を持った人。

・インド人との困難なコミュニケーションを、自分や会社を成長させてくれる良い機会ととらえられる人。
・新しい物事を積極的に受け入れられる人。
・未来を不安に思わず、前向きにとらえられる人。
・人間関係づくりに熱心な人。

交渉での留意事項

・日本人との違いが多いからこそ、じっくり相手の話を聞き、自分の考えを述べる。
・善悪は考えず、常に自分が最初、自分の考えがうまくいくためにはどうすべきか、自分ですべて解決したがる人と思う。
・1つの事に集中して考えたがる人だから話題もそのように仕向ける。
・彼らの多様性を理解し、優秀な能力を活用する。
・データを重視し、冷静に分析する力を評価する。
・旺盛なベンチャー精神に応える。
・合弁経営などは常にしっかりウオッチし、相手の暴走を許さない。
・本社が常に絡んで交渉に当たり、駐在員に丸投げしない。
・合弁契約の終了を予想して、それに備えておく。

・合弁経営に極力口出しをさせず、技術支援などは努めて避ける。

インドにどう対処していくか

ＩＭＦの報告でも21世紀の経済大国は、①米国、②中国、③日本、④インド、⑤インドネシアを挙げており、アジアが4ヵ国となっています。21世紀のグローバル経済はインド抜きでは語れません。これからは世界一のスピードで変わるインドに注目すべきです。インド人の自己主張の強さに閉口せず、インド人の交渉術に学ぶことが大切です。日本人をタフネゴシエーターに変えるため、政産官学挙げてインドとの交流に全力で取り組みましょう。

インドへの心理的な距離感を縮める方策を国を挙げて考え、小さい時から交流を始め、企業も若手を抜てきしてインドに派遣しましょう。また、留学生や教授の往来を国の一大施策に格上げすることも必要です。

3　インドネシア人との交渉術

インドネシアでの失敗から得た2つの教訓

商社に勤務されていた時に世界各地で仕事を展開し、ベトナムの後インドネシアで大成功をされた茂木正朗さん（第2章参照）が以下の失敗談をされていました。

日本企業3社、インドネシア企業1社の合弁会社設立時のことでした。茂木さんは責任者で新会社の社長として登記されていました。

日本側3社は払い込みを終えましたが、インドネシアの会社から突然、「お金がないので現物出資にしてくれ」と言われました。出資分の5000万円を彼の会社の土地で代替えしたいということです。結局、彼の不要な土地を5000万円で買わされ、役員として出資比率見合いの経営権も握ってしまいました。結局、この会社は3年で清算されたそうです。この間、多額の費用も発生したとのことで、こうした失敗の中で学ばれた茂木さんの「相手にお金を支払わす踏み絵」のお話は、お人良しと言われる日本人に大変な警鐘になると思います。

茂木さんは、以下の2つの項目を考え抜くことが大切だと言っています。

・インドネシアでビジネスパートナーが本当に信頼できる人かどうか見極めるためにはどうすればよいか？
・インドネシア人のビジネスパートナーから信頼されるには何が必要か？

これまで茂木さんと共に研究会などで議論したことやインドネシアビジネス専門家の意見を以下にまとめました。

インドネシア人の気質

・350年間のオランダその他の植民地下で日本人は戦争を悪と考えるが、インドネシア人は独立（正義）を勝ち取るための聖戦という意識が強い。自由を制限することに抵抗感が強い。またアメとムチのアメを利用されてきた。
・高いナショナリズム。自分たちは大国だという意識が強く、基本的にプライドは高い。
・人に迷惑をかけてはいけないという基本的道徳観念が少ない。そのため宗教に頼る。
・大の話好きで、今日あったことは明日には全員が知る。
・流行に乗りやすい。人からの影響を受けやすい。
・「ノー」とはっきり言わない。どちらにも良い顔をしたがる。二度言って返事がない時は「ノー」とみなす。
・扇動されやすく、子供っぽいところがある。

・感情を表に出すことを嫌う。怒られても黙っているだけ。
・辱めを受けると根に持つ。普段は温厚でも集団になると過激な行動に走ることもある。
・日本は冬があり、インドネシアは冬がない。種は捨てても木になり、実をつけるので急ぐ必要はない。せかされることは嫌いだが、長い目で物事を考えるという感覚もない。
・教育については全国民教育になって歴史も浅く、教師と校舎の数が不足し教師の質も問題である。
・理論的に物事を考えさせる教育が少なく、暗記教育が多い。
・自分で文章を書くことは苦手。
・モノを覚えるのは得意だが、自分で考えて実行する能力が劣る。
・日本人の一般常識が通らないことが多い。公共意識はゼロで我先の人が多い。
・「誰が、いつまでに、何を」をはっきり訴えることが重要である。

インドネシアでのマナー(タブー)

・左手で食事やモノの受け渡しや握手をやってはいけない。左は不浄の手とされている。
・人前で叱ったり、怒鳴ったりしない。
・相手の頭に触らない。子供の頭には神が宿ると信じられている。
・イスラム教では豚肉などのハラル食品、アルコールと賭博は禁止されている。
・無神経に肌を露出しない。

嫌われる日本人

・右手を腰に当て、左手の人差し指で相手を指す。
・両手を腰に当て、相手をのぞき込む。
・見下した態度を取る。
・何をやっているかをしつこく聞く。子供扱いする。
・ほほ笑みのない人。

仕事上の留意点

・インドネシアの文化を理解して、日本人の固定概念にとらわれない。
・同じ人間として上下の区別なく接する。
・工場などでは一緒に食事をする。
・言ったつもりで終わらず、常に伝える努力を忘れない。
・言葉だけの理解でなく、心の理解を深める努力を惜しまない。
・インドネシア人の心を開くのは日本人より簡単だと思う。
・「5つの『あ』」が大切。「あせらず」「あきらめず」「あたまにこず」、しかしあまり「あてにせず」、そして決して「あなどらず」。

・知らないことを見極め、指導することが必要。
・人前で叱らない。
・他人の評価を気にする。
・権力に対して恐ろしいという感覚。日本人は上司を敬う。
・褒められることに慣れて、叱られることになれていない。
・責任を与えられると重圧感を感じ、できれば逃れたいと思う。日本人は名誉と思う。
・問題発生すると他人に向ける努力、日本人は自分の責任追及。
・汗をかくことはネガティブ、日本人はポジティブ。
・純インドネシア人はプリブミ（元からインドネシアに住んでいる人）、中国系インドネシア人はノンプリブミ、日系企業は中国系の優秀な人材採用が多い。今後はプリブミの優秀な人材を受け入れる。
・9・30事件など戦後の歴史（植民地解放・独立に努力した日本人）をよく勉強する。
・ASEANの中で断然多い労使紛争の事例を学習する。
・①法令、②労働協約、③雇用契約、④就業規則、という効力の優先順位を知り抜く。

交渉での留意事項

・インドネシア人は多数決の原理は好まないので、納得いくまで徹底的に話し合う。

・全会一致で合意する習慣があることを知る。
・労使紛争の混乱、活動が複雑化する事例を学習して交渉の進め方を知る。
・農耕民族だから輪を重視し、相談して物事を決めるのが好きな国民だからこれに慣れる。
・出る杭は打たれる気風がある国と思う。
・強いリーダーシップのある人が勝つ。ただし自分の意見をあまり出したがらない人が多いことを知る。
・基本的に仏法的考え方が根差していると思い、交渉に利用する。
・腹芸や甘え的考え方が根付いているのでうまく活用する。
・一般的に、土地がやせている地方の人や会社は交渉力がある。
・基本的に、認められたい、自分の能力を発揮したい、成長したいという日本人との類似点の多い人が相手だと思う。
・努力しても報われないシステムが多すぎて、解決方法が分からない人が多いと知る。
・日本語の堪能なインドネシア人に要注意。仕事や交渉ができる人は少ないと思う。こうした人に意見や判断を求めない。通訳に翻弄されない。
・日本語が完璧なローカル社員と日本語しか話せない日本人幹部は最悪な組み合わせと知る。交渉のタコツボにはまりやすい。
●重要な政府などとの交渉はローカル社員に丸投げしない。自分で出向き、論理的に自分の言葉で堂々と交渉する。
・賄賂を要求されることもあるから、「清濁併せ呑《の》む」ことにも慣れ、日系企業などと交流して、事例を多く持って判断する。ただ、国の汚職などの動向はしっかり把握しておく。
・スピードが大切で、「日本本社に持ち帰って検討します」は通用しないと心得る。
・外資が認められない業種もあるが、極力、合弁は避け独資でやる。合弁の場合はパートナーの良しあしがすべて。外資が認められない業種の場合、現地企業名義で出資して認可を取得するケースがあるが、絶対に避ける。

4 タイ人との交渉術

現在もタイで活躍され、2年間通い詰めて政府を説得し、大きな事業を立ち上げた佐藤大輔さん（アジア・ダイナミック・コミュニケーションズ株式会社 代表取締役）のお話をもとに、タイのビジネス交渉の進め方を紹介します。

日本人から見たタイ人の一般的な特徴を挙げてみると、次のようになります。

・楽天的、刹那的、のんびり（遅すぎる）。
・ストレスを嫌う、責任感がない。
・会社よりも個人や家族を優先。
・プライドが高く、無干渉を好む。
・素直で真面目だが、自主性や創造性がない。
・一般常識が狭く浅い。
・上座部仏教在家信者、タンブン（徳を積むこと）による来世救済、現世の諦観。

しかしながら、これらは在タイ日本人経営者から見た「一般タイ人従業員」の見方であって、日本人経営者のビジネス交渉相手として見るタイ人はもっと複雑で多層にわたります。タイ人の特徴をひとまとめにすることはできません。

タイ社会の特徴

タイ社会は、国王を頂点とする階級社会であり、階級間の壁は厚いのです。最上位階級は、王族や政治家・財閥などの伝統的特権階層が占めます。伝統的特権階層と庶民との間には、日本の平安時代の貴族と平民並みの格差があります。極端な例ですが、国王＝天皇、王族＝源氏、政治家・財閥＝藤原氏・豪族・豪商、庶民＝平民、と置き換えると分かりやすいと思います。在タイ日系企業の一般タイ人従業員はほぼ平民階級に属しています。ビジネス交渉相手となるのは、藤原氏・豪族・豪商から平民まで幅広いのです。

タイ社会の最大の特徴は、タイ人と華僑との同化です。タイはアユタヤー時代から中国との結び付きが強く、アユタヤー陥落後、ビルマから国を奪い返す過程で、潮州から大量の移民を受け入れています。その後、バンコク王朝でも移民は増え続け、タイの商業は華僑が担うようになりました。タイの華僑・華人は現在でも増加しており、人口６７００万人のうち、９４０万人が華僑・華人であるとも言われています（同化が進んでおり、正確なデータは取れない）。現在のタイの政治家や財閥はそのほとんどが華人であり、タイの政治・経済を牛耳っていることから、藤原氏を華人と置き換えてみれば、タイ人交渉相手は、華人、豪族・豪商、庶民という階層に分けられることになります。

華人、豪族・豪商、庶民の各層を見ていくと、まずタイ華人はタイ人に同化しているとは言っても、中国文化を色濃く残しています。タイ華人の宗教は大乗仏教色や儒教色が濃く、タイ人が信仰する事実上の国教の上座部仏教の考え方とは大きく異なります。輪廻転生による運命観（諦観）はなく、現世利益、自力救済、家系主義、資本主義の中国人だと考えて差し支えありません。

次に、上流華人および豪族・豪商と庶民との間にある大きな隔たりを把握しておく必要があります。タイでは身分格差は厳然としてあり、政治・経済を牛耳る特権階層は当然、富みの平均化を望んでいません（2016年、やっと相続税が導入されるが、庶民へのリップサービス程度）。上流華人、タイ人豪族・豪商は、幼少のころから子女教育に金をかけ、将来の経営陣であれば、米国、英国、オーストラリア、日本などへ留学させています。タイ国内の一般的な学校では、優秀な教師が不足し、画一的な詰め込み教育を行っているため、冒頭の「一般タイ人従業員」のようなタイ人が育つ土壌がありますが、上流華人、タイ人豪族・豪商は、この影響を受けず、自由で欧米資本主義的な考え方を持つ人が多いのです。

このように、タイ人には大きく異なるバックボーンを持つ階層が存在しているので、交渉の際には、まず相手のバックボーンを知り、それに合わせた戦略を練ることが重要です。

もちろん交渉相手のバックボーンを知ることは難しいのですが、簡単に分かる場合もあります。最も分かりやすいのがタイの財閥の経営陣で、王族系のサイアム・セメント・グループ財閥を除くその他すべての財閥は華人経営であり、3世・4世は留学経験者、流ちょうな英語を話すと思って間違いありません。また、財閥まで大きくなくとも、会社経営者の多くは中流華人である可能性が高いのです。風貌や漢字が記載された名刺で明らかな場合もありますが、タイ語の名字を見て分かることも多いのです。タイには日本と同様に名字があり、タイ華僑も帰化の際にタイ語の名字を取得しています。この時商売運の良さそうな名字をつける傾向があるため、タイ華人の名字は、めでたい意味のある長い名字が多いのです。また、留学経験があったり高度な教育を受けたりしたタイ人は、積極的に英語で話してくるため、自らそれと分かります。英語が片言または全く話せないのが庶民（下流華人を含む）です。

タイの企業や役所の組織は、このような多層にわたるタイ人によって構成されており、層によって考え方も権限も行動特性も全く異なります。

タイの企業組織の特徴

典型的な企業組織例を挙げてみます。

・絶対的な権限を持つ華人オーナー。
・経営陣は文字通り経営の全権を持っているが、権限は細分化されている。
・経営陣と中間管理職との間には大きなギャップがあり、中間管理職に経営判断はできない。
・中間管理職以下は縦割り組織で、別部署への干渉は行えず、経営への関与もない。
・一般従業員は黙々と職務をこなすのみ。

タイの企業はおおむねこのような具合ですから、案件を下から上へ上げるのは至難の業です。交渉を行う相手は、ピンポイントで当事者または上の階層を狙わなければなりません。すなわち、交渉はまず人脈づくりです。社内で無理なら社外から攻めることになりますが、実は、ここは日本よりも割と簡単で、コネクションをつないでいけば大きな財閥でもない限り、経営陣以上に直接コンタクトするのはそれほど難しくありません。

ただし、上位に行けば行くほど大きな話しか興味を持たないので、当事者の1つか2つ上の階層を狙って行くのが効率的です。

企業との交渉の留意事項

- オーナーは複数の事業を手掛けていることが多く、長期的に大きな利潤のあるビジネスにしか興味がないと思った方がよい。
- 大きなビジネスはオーナーと直接話ができないとまとまらない。合意ができれば、権力は絶対。
- 相手はほぼ華人であり、資本主義の中国人だと思って臨む。
- 経営陣は利益の最大化を求めてくる。
- タイでは立場の強い者が最大の利益を得るのは当然のこと。日本人的な遠慮や棚上げは利益の最小化につながるため、自己の存在意義や提携のメリットを最大限主張する。
- タイのビジネスは「ダメ元」精神が当たり前。初めから無理と分かっていることでも平気で言ってくるので、当然、こちらもダメもとで臨まなければならない。
・条件を下げさせるために時間を引き延ばしてくることがある。
・交渉は絶対に弱みを見せず、堂々と大きく臨み、契約条件は是々非々で、どんなに細かいことも契約書に盛り込む。
・契約条件を後から変えるのは非常に難しいので、10年後、20年後も見据えることが大切。「何かあった場合は善意で処理」では話にならない。
・中間管理職には、職責以外のことは期待しない方がよい。硬直的なセクショナリズムが蔓延していて、余計な責任を負いたくないため、消極的で融通が利かないことが多い。軽く交渉してみて相手にならないようであれば1つ上へのアプローチが必要。
・一般従業員とビジネスの交渉をすることは無意味（権限がないのでできない）。

役所での交渉の留意事項

役所での交渉も企業と同様ですが、独特な部分を挙げてみます。
・一番先にアプローチすべきは最終決裁者またはそれに近い者で、先に通る話を決めておいてから実務担当者と打ち合わせに臨むとよい。
・コネクションがなく、役所に飛び込みで行く場合は、なるべく奥の管理者席に乗り込み、遠慮なく声をかけ、そこから実務担当者を紹介してもらう。企業との交渉と同様、下から行ってはならない。時間の無駄ばかりか、通るものも通らなくなる可能性がある。

・実務担当者がすべての法令を把握しているわけではないので、できる限り下調べをして、実務担当者をうまく誘導していくことが重要。

・タイの役所は書類主義であり、書類上正しければ通り、正しくなければ通らない。実務担当者が書類を作成しやすくするための資料提供を怠ってはならない。書類の体裁以外はつくってあげるくらいの関与でちょうどよい。

・タイのＢＯＩ（投資委員会）は特殊な組織で、法律で禁止されている事業でも、国益に資する事業は認可される可能性がある。非常に優秀な職員がそろっている。

・タイでは賄賂は基本的に不要だが、日本側に弱みがあると付け込まれることがある（特に工場系の許認可や税関）。手続きを間違ったりしても正直に申告し、公正に声を大にして（こそこそとせず）進めることが重要。

5 ベトナム人との交渉術

あるベトナム赴任者の勘違い

まず、私があるセミナーで講義した事例をお話しします。

私の知人で、中国の現地法人の役員をした後、ベトナムに赴任した方のケースです。ベトナムの工場に技術指導で赴任した30代後半の日本人が、現地人から総反撃にあい、帰任することになりました。

その人は、部下に年上の現地人が何人かいましたが、見下す態度と年長者への尊敬もなく、命令口調で一部従業員から反発されました。運転手付きの高級車で出勤し(ローカルの人はほとんどバイク)、本社のルールである朝夕の挨拶もなく、ローカルの従業員とコミュニケーションも取れていませんでした。日本では技術部の課長になって3年目で初めての海外単身赴任。英語も未熟、ベトナム語も全くできず、赴任前研修もありませんでした。

なぜこのようなことが親日国で、日本企業だけにいまだに起こるのでしょうか。

異文化の中での交渉に欠かせないのは、その国の人から信用、信頼されることです。そのためには、相手の国の歴史や文化の理解が肝要で、その上で相手の国の言葉を勉強することが必要になってきます。そこから交渉の礎が生まれます。特に、日本とベトナムとの良好な関係は、有名な阿倍仲麻呂が乗った難破船が西暦753年にベトナムに漂着、その後に仲麻呂は地方政府の幹部になり、大変な善政をしたことがきっかけでした。その後の両国の交流もしっかり勉強すべきです。

ベトナムは中国と陸続きのため、まさに紀元前から中国・中華民族に長く翻弄され続けました。その後も絶えることなく、フランスや日本など他民族の支配を受け続け、さらにカンボジアや米国と戦争を行い抵抗してきただけに、屈強で激しい性格が育ったのだと思います。

この日本人赴任者の勘違いは常軌を逸していますが、同じ電子・電機の業界で中国の後、ベトナムタブチエレクトリックへ社長として赴任され、立派な業績を残され、ベトナムを愛し、今でも後進に指導しておられる伊勢隆俊さんから伺いました。傾聴に値しますので、ぜひお読みください。

ベトナム人と交渉する上で心情的に気をつけなければならない点

・文化の違い、家族重視が徹底していることを理解する。
・プライドが高いので、同じ目線で接する。
・恥をかかせないようにする。人前では叱らず、褒めることを心がける。
・白黒はっきりさせることを嫌う。
・中国人に似ていると言われることを嫌う。

・カンボジアを褒めるような発言は慎む（10年にわたる戦争があり、中国が支援したので中国も嫌い）。
・韓国（特に韓国軍）を褒めるような発言は慎む（ベトナム戦争時の筆舌に尽くしがたい暴挙）。
・「これは日本の常識」などと傲慢さを感じさせる言動は嫌われるので注意する。
・政府や政党、政治や戦争、宗教の話は避ける。
・儒教の精神に反することは、お金のことは除いて避けるのが賢明。
・ヲ族とニ族の違いを知る。「ヲ族」は、相手「を」自分に合わせるような言動を取る民族であり、逆に「ニ族」は、相手「に」自分を合わせるような言動を取る民族である。「ニ族」は、日本、ベトナム、タイの3ヵ国だけとのことで、総じて他の国々は、「ヲ族」と言われている。
・他所で部下の悪口は言わない。直ちに拡散する。
・飲みにケーションは効果なし。やる気を引き出すにはインセンティブを与えるのが効果的。
・絶対に謝らない。謝ることは死を意味すると思う人もいるから追及の仕方に注意する。
・社内情報の持ち出しに罪悪感なし。
・仕事を自己のPRに使う傾向があるので、仕事の重要な部分は部下に教えない。
・時間は守っても納期は守らないことが多いので、納期の確認は徹底する。
・賄賂がはびこっており、犯罪にならないように扱いに慣れておく。
・好きな国は、1位・米国、2位・日本、3位・フランス（戦争した国）。嫌いな国は、1位・中国、

2位・韓国、3位・台湾とタイ。
・社内や交渉相手に何度も確認する習慣を浸透させる。
・契約があっても平気で破るケースが多い（日本研修後に辞めるケース）。
・メモを取らないので、習慣にするよう丁寧に指導する。
・顧客満足という考えはなく、自分の判断と尺度で決める。
・先にモノを渡してしまうと、さらに値切ってくる。
・頭ごなしの命令は聞こうとしない。理路整然と説明して納得させる。
・ちまたで言われる女性上位は間違い。嫉妬深いから要注意。
・好きな話題はサッカー、恐妻家、カラオケ。
・カンニングが常態化しており、罪の意識なし。

ベトナム人従業員が抱く日本人経営者の特性

・決定までに時間がかかりすぎる。
・あらゆることに細かすぎる。
・形式を重視しがちである。
・本社ばかり見ていて自分の考えを打ち出せない。
・外国語が下手。英語もそうだが、ベトナム語に挑戦しようとしない。国を否定していると思ってしまう。
・創造性が欠如している。
なお、ベトナム人が理解できない日本特有の文化・価値観として、義理人情、行間を読む、阿吽《あうん》の呼吸、信頼社会、集団主義などが挙げられます。これらは時間をかけて理解してもらうように努力すべきです。

日本人経営者がベトナム人従業員に求めるもの

・自力で問題を解決し、言い訳をしない。
・上司の要求の背景をよく知ってほしい。
・誠実性と責任感を持ってほしい。
・周りの人たちと協調してほしい。個人プレイが多すぎる。
・信頼できる社員になってほしい。

日系企業のベトナム人社長が見たベトナム人従業員の特性

良い点としては、ポテンシャルがある、頭が良い、勉強好き、勤勉、手先が器用、親日的、などを指摘しています。

悪い点としては、言い訳が多い、人の意見を聞かない、言われたことしかしない、約束を守らない、品質意識が低い、人に教えない、協調性がない、組織への貢献意識がない、周りとの調整や自己管理が下手、計画性がない、などを指摘しています。

ベトナム人の行動や思考様式

国家的観点では、①日米欧の考え方である「制限免除主義」（国家の活動でも商行為など主権行為でない場合は、外国の法律や訴訟は免れない）と、②中国の考え方である「絶対免除主義」（主権国家の活動は、それが主権行為であろうとなかろうとあらゆる外国の法律や訴訟を免れる）という2つの立場がありますが、中国の影響が大きいベトナムは②になりやすかったのですが、最近は①に傾きつつあり、要注意です。

個人的な観点では、現実主義（儒教の精神から過去や未来を憂いない）、家族主義（社会責任や共通の社会規範が希薄）、形式主義（形が整っていれば良しとする気風）が混在しています。

商習慣からの留意点としては、次の3つが挙げられます。

・独資形態による進出が望ましい。
・ベトナム人は契約意識が薄く、ねじ曲げて解釈する傾向があるので、契約書作成時には十分に注意する。
・紛争時には、しっかりした弁護士を立てて交渉する。

■□

最近、親日と言われるベトナムで予想以上に厳しい交渉を強いられるという話をよく聞くようになりました。ご参考になれば幸いです。

第5章

Global Asia

グローバル・アジアビジネスで勝ち抜くための処方箋

第1節 アジアの時代に活躍できる日本人とは

ＡＳＥＡＮはインドネシア、マレーシア、フィリピン、シンガポール、タイ、ブルネイ、ベトナム、ラオス、ミャンマー、カンボジアの東南アジア10ヵ国が加盟し、本部はインドネシアのジャカルタに置かれています。域内人口は約6億7９００万人（２０２２年）で、27ヵ国約4億５０００万人のＥＵ（欧州連合）や、米国・メキシコ・カナダの3ヵ国5億人弱のＵＳＭＣＡ（米国・メキシコ・カナダ協定）より多いのです。国連は、２０３０年には7億人を超え、２０５０年には7億９０００万人になると予測しています。経済成長も著しく、２００５年から２０１４年までに域内総生産は約３倍に増加しました。

この勢いは、２０２０年に予定していたＡＳＥＡＮ共同体が5年前倒しで発足することにつながっています。またＡＳＥＡＮの各国を勉強すると様々な事象が分かってきます。一般的に親日と言われる国が多い中で、とりわけタイ、インドネシア、ベトナムなどはその傾向が強く、駐在員経験者は日本帰任後もこうした国に戻りたいと言う人が多いのですが、これらの国も親日と言えない様子が出てきたのは要注意です。「ほほ笑みの国タイ」は２０１１年の大洪水を克服し、インフラ充実と東南アジアのど真ん中の立地などで、物づくり大国からＡＳＥＡＮのハブを目指しています。これまでは日本人への親近性が追い風でしたが、中国が南進策を進める中、中国への傾斜が目立ってきました。野党の元首相タクシン、その妹で元首相インラックや同じく元首相のアピシットは華僑ですし、最大の財閥チャロン・ポカパンや経済を握っているのも華僑です。

イスラム教徒が90％近くを占めるインドネシアは２０１０年に人口が２・４億人を超え「親日指数世界一」と言われ、中間層の激増だけでなく超富裕層を陸続と輩出してきています。この国も経済は華僑が牛耳っており、２０１５年、ほぼ日本に決まりかけていた高速鉄道を中国に取られてしまいました。

中国とＡＳＥＡＮを結ぶ好立地なベトナムは、２０１２年12月実施のアジア10ヵ国親日度調査でも97％の人がトップに日本を挙げています。したたかな中国は昨年、党主席を北京に呼び、硬軟交えた作戦で中国取り込みを画策しています。中国と陸続きであり、かつて中越戦争で争った国ですが、最近は西沙諸島で争っており要注意です。

３ヵ国（タイ・インドネシア・ベトナム）の政治・社会は安定しており、安心してビジネスのできる市場環境です。また一人当たりＧＤＰで日本を超える人口５１０万人（２０１０年／２０２２年現在５６４万人）のシンガポールはアジア統括本社が次々誕生しています。仲の悪かった隣国マレーシアと共同で、遠大な構想力と広大な敷地と中身の充実度で、これまでの他国の経済特区構想を大きく凌駕《りょうが》する「イスカンダール・プロジェクト」を展開しています。私は一度この地を訪れましたが、規模の大きさと壮大な構想に驚きました。そのマレーシアはかつて台湾、ビルマと並び3大親日国と言われてきました。家電全盛の頃は日本企業が競って工場をつくり、時の首相のマハティール氏も「日本に学べ」の大号令をかけていましたが、現在の政権は中国寄りが目立ちます。南沙《なんさ》問題で中国と争うフィリピンも、日本から4時間という距離の近さと英語が公用語という強み、さらに政治や社会がようやく安定してきたことで、日本企業が熱い視線を向けています。次の政権が中国とどう向き合うか注視すべきです。

また、ラストフロンティアと呼ばれるミャンマーにもついに火がついてきました。最大の障壁だった政治環境も、アウンサンスーチー氏のNLD（国民民主連盟）が圧勝し、「外国投資法」の改正や豊富な天然資源、安価で豊富で質の良い若い労働力や対日感情の良さなどもあり、日本政府の力の入れ方が急転してきました。ただ、選挙前にアウンサンスーチー氏が北京詣でをしたことも含め、予断を許しません。2015年4月、日本のODAで完成したつばさ橋は南部回廊の完成につながり、物流が一気に改善されたカンボジア、ラオスは親中国ですから要注意でしょう。インフラの改善はこれからですが、隣国バングラデシュやインド、そしてその後の西方展開が望めます。

これらの国でほぼ共通して言えることは、宗教や民族、そして言語の多様性、戦争や植民地紛争で大きな苦痛を経験してきたことです。また中国と陸続きで隣接している国が多いため、前述のように中国人華僑（華人）がほぼ各国ビジネスの中心勢力になっており、世界長者番付に名を連ねる人も多いのです。最近、中国政府は「大中華圏」構想の中で彼らを組織化した「中国僑商投資企業協会」の拡充に余念がありません。会長は前述したタイ最大のCPグループ総裁でタイ長者番付首位のタニン・チャラワノン（謝国民）です。その他インドネシア、フィリピン、タイ、マレーシアの大物華人が副会長に名を連ねています。ただ、圧倒的存在感を示すこうした華人実業家たちも、各国政治家に近づいて事業の拡大を実現したケースが多く、これまで各国でも問題が顕在化して大きな怒りが爆発し、華人が標的になってきた例もあります。ベトナムやフィリピンでは領土を巡る中国との軋轢《あつれき》が紛争に発展してきており、日中の尖閣問題も同様です。

こうした経緯を目の当たりにして考えねばならないことは、ASEAN諸国の歴史をしっかり勉強することの重要性です。各国が欧米諸国から植民地としてどれほど辛酸をなめたか、また太平洋戦争やその後のベトナム戦争などを学習すると、ASEAN諸国がどのようにこれらを克服して今日の繁栄を迎えたかがよく分かります。

さらにそうした経過の中で、彼らがいかに「交渉力」を育んできたかが読み取れてきます。特にタイだけは植民地支配をまぬがれたことは驚きで、フランスや英国の植民地だった仏印（フランス領インドシナ）とミャンマーが両隣にあり、両国のバランスを巧みに利用して独立状態を守り抜いたと聞きます。第2次世界大戦でも初めは親日で日本軍に協力、大戦後は宣戦布告の無効宣言を認められました。また、日本軍がマレー半島南下作戦でタイの海岸から上陸することを認め、マレーシアに侵攻を許したことは今でもマレーシアやシンガポールの怒りを買っているようです。さらに400年前のアユタヤー王朝時代にさかのぼると、タイの人たちは日本人、ポルトガル人、中国人を登用しながら、彼らが突出することを防ぐ巧みな交渉力（外交力）が備わっていたと言います。

こうしたASEANのハブを目指すタイの実相に気づくと、海に囲まれ他国と国境を接していない日本の今後に懸念を覚えてしまいます。私は10年以上欧州で駐在員生活を送り、ほぼ欧州全域の国をビジネスで訪問しました。EU誕生後に国境がなくなった後にも多数の国をビジネスで訪問した経験から、多様な文化や社会的背景を持つ人たちと協力して、国際的なビジネスの現場で活躍できる人をどうしたら輩出できるかを考えてしまいます。

そのために、アジアビジネスに向かう日本人ビジネスパーソンに何が必要なのでしょうか。私は次のように考えます。

・自分の気概をもう一度点検する。赴任する場合は5年以上の任期を覚悟し、その地で最期を迎えるくらいの覚悟が必要。
・アジアや世界についての視座をはっきりさせ、アジアやアジアの人々を上から見ず、そこから日本の現状を考える癖をつける。
・異なる国の相手に自分の意図を伝える異文化コミュニケーション能力を再武装する。しかもアジア人としての視点を大切にしなくてはならない。学問だけでなく実践に裏付けられた例から多く学ぶことが必要。
・特に新興国やアジアでは率先垂範して、つらい経験も覚悟する忍耐力とタフさが重要。時には泥水を飲んだり、ハエがとまった食物を食べるくらいの覇気を通して、植民地支配に辛酸をなめてきた国々を心から理解していかなくてはならない。

・企業もアジアに最優秀者を抜てきしていく。社交的で情熱を持って強い人脈をつくれる人、アジアの人たちから尊敬される人を数多く育成する。

・本社が行く手をふさいできた悪例を払拭し、中韓に勝てるスピードで現地人を積極的にトップに登用していく。2015年中国であった「無条件に現地人を信用して大失敗」をした事例などを大いに研究しておくことが大切。

アジアを研究すると、第1章で述べたように、どの国にもその国に大きな貢献をしてきた日本人の先達の素晴らしい事実が分かってきます。それぞれの国で絶賛されており、知らないのは日本人ばかりで、私たちはもっと日本人の素晴らしさについて大いに自信を持たねばなりません。こうしたアジアの国の人たちは、現在続く日中韓3国の軋轢に不満を持っています。今や欧米も、アジアの時代に激しく関与していこうとしています。今こそ日中韓3国は「違いを知り、違いを乗り越えて」、アジアや世界の平和と発展に貢献していかねばなりません。そのためにも、燃え始めたASEANビジネスに日本企業は全力を出さねばならないと心から思料します。政官産学が一体となって、アジアで勢いを増す中国や韓国に負けない体制をつくり直そうではありませんか。

第2節

在日・知日3外国人経営者による鼎談《ていだん》

（「第39回アジア新興国ビジネス研究会」期日2015年11月19日日経新聞社会議室）
「日本人の良い点、改善してほしい点」（討論抜粋、改善してほしい点を重点記載）

アジアの3大大国インド、中国、インドネシアは1955年にインドネシアのジャカルタで、それぞれのリーダーのスカルノ、ネルー、周恩来が呼びかけバンドン会議を開催し、今日の「アジアの時代の礎」をつくりました。本日は、来日され、たくさんの苦労の末に日本でのビジネスを大きく開花させたインド、中国、インドネシアの3人の経営者に本音を語っていただきます。（冒頭挨拶　平沢）

出席者

アルベルトゥス・プラセティィオ・ヘル・ヌグロホ（アルビー）（株）インドネシア総合研究所代表取締役社長。日本在住16年目。国費留学生として来日。東京大学にて物理学を専攻、東京外国語大学にて日本課程を専攻。インドネシア語講師、通訳を経て、（株）インドネシア総合研究所代表取締役社長に就任。企業内グローバル研修など各方面での講演多数。

徐向東　（株）中国市場戦略研究所代表取締役。日本在住20年目。北京外国語大学院卒、北京外国語大学講師を経て、文部省奨学金で日本に留学。日本で博士号取得。日本労働研究機構（現独立法人労働政策研究・研修機構）、中央大学と専修大学講師、日経グループ会社首席研究員、日系コンサルティング会社代表取締役などを経て、2007年に（株）中国市場戦略研究所設立、現在多摩大学客員教授。『「爆買い」中国人に売る方法』など著書多数。

サンジーヴ・スィンハ　IJIPアセットマネジメント株式会社代表取締役社長。日本在住19年目。インド工科大学（IIT：Indian Institutes of Technology）カンプール校にて物理学修士課程を修了後、インドの大手製造業Godrej社に入社。Gentech社にて人工知能の研究開発に従事するために来日。その後、ドレスナー証券、ゴールドマンサックス証券、みずほ証券、UBS証券にて金融のキャリアを積む。2008年に日印の懸け橋となるコンサルティング会社サンアンドサンズアドバイザーズを設立。主な著作に『インドと日本は最強コンビ』がある。

司会　平沢健一

（平沢）　日本人の良いところは何だと思いますか？

（徐）　たくさんありすぎます。昨日、区民会館のジムにカード入りの財布を忘れてきたが戻ってきた。本当に安心・安全の国です。最近の中国の論調も日本がいかに素晴らしいかに変わり始めています。日本の底力はすごい。また個々人が素晴らしく、道徳を守りきちんと生活しています。

（スイン八）　同じ気持ちです。インドでは日本の良さはほとんど知られていません。貧富の差が少なく真面目で頑張り屋さんが多く、真剣で謙虚、犯罪も少なく平和で安全な国です。こんな国はありませんし、今年私も日本女性と結婚し、長女が生まれました。

（アルビー）　ハードな商品がことに良く、いいものをつくろうという気風があふれています。また正直な人が多く、丁寧さとフレンドリーさがいっぱいで、義理が通り安全できちんとしています。平沢さんが主宰する「アジア立志塾」の構想も大変良く、こうしたことを考える国が他にあるでしょうか。

（平沢）　日本人に改善してほしいことは何ですか？

（アルビー）　決断が遅すぎます。スピードがなく、稟議《りんぎ》制度がまだまかり通っています。

本音と建前があり、外国人に理解できない。インドネシアの病院から大きな医療調査の案件があったが、ドイツのシーメンスや米国のGEに取られてしまった。日本はスケジュールに間に合わないと断られたが、納期を合わせると見切り発車で約束した両社に負けてしまった。伝統を重んじることは評価するが、伝えることが下手で論理力が劣ります。政府のクールジャパンに採用されたが、日本人同士でやろうとしても限界がある。留学生や日本にいる外国人を使うことを真剣に考えた方がよい。誰を味方にするかが重要です。イスラムの時代と言われています。世界の4分の1の16億人がイスラム教徒で、海に囲まれた日本の皆さんはあまり知らなかった。世界に恐怖を与えているISは全く別物なのです。宗教の理解は極めて重要で歴史＝宗教とも言っていいと思います。経典にこうしたことは刻まれています。日本に長くいて感じることは友達をつくることだと思います。大好きな日本の童話の『桃太郎』の鬼退治が勉強になります。サル、キジとキビ団子を思い、日本の良さを勉強して自分を見直していきたいと思います。

（スイン八）　15年前に最先端の通信技術を持っていた日本は、携帯で一世を風靡《ふうび》したが、その後は努力不足、特に海外販売に熱心でなかった。日本は組織化されすぎて、調和、安全、平和になりすぎてしまった。終身雇用は国民に安全な方向を考えさせてしまった。海外から良い商売が来ても鈍くて遅い決断が目に余る。5年前、インドの大手都市開発会社があまりに遅い決断であきれ返ってしまった。島国の中が豊かになってそこそこ儲《もう》かっていたから良かったが、今はそうでない。ビジネスは激しい争いの時代に突入した。

ドイツも日本と似たところがあり、本体は保守的な面があるが、新興国に対する攻めは突出している。また現地人を大切にしている。シーメンス・インドはインド人が社長で立派にやっている。海外の激しい争いに極めて柔軟に対応している。日本は人事部がいまだに固すぎる。小売市場ならグローバル時代の今はどこの国でもインターネットが攻略の鍵を握る。しかしインフラ市場は違う。70年代に日本は経済産業省中心によくまとまっていて、世界が恐れていた。その後経済産業省の力が衰えたのか、自由にやってくださいというスタイルになったのではないか。その間に他国が産官連携で攻め、日本は追い込まれてしまったと思う。100年以上続く老舗は日本が断然多く9割だと聞いた。少しずつ改善していく日本のやり方、経済の発展の仕方が問題。組織に恵まれすぎて、うまくできていることを伝える力も衰えてきている。まして語学力は一番劣る国になった。今はインフラ開発の時代、プロジェクト規模も拡大してきたから、日本流の考え方はうまく伝えれば成功する。不足しているのは論理性を持った説明力だ。ロビー活動で資金力のある日本だから、新興国から求められている技術力を政官学挙げて支援する体制づくりを構築してほしい。日本の良さに自信を持って世界に発信していきましょう。

（徐）国民一流、経営者二流、政治家三流ではないか。組織はしっかりしているが、良い技術があっても大きなイノベーションが起き得ない国になってしまった。世界に通用するグローバルリーダーシップを持つ人が極めて少ない。ユニクロの柳井さんはその力を持っておられる人で、中国でも評価が高い。話題の中国のインバウンド需要は日本企業が説明して成果を上げたわけではない。日本にいる中国人がよく説明してくれ、需要が爆発した。このあたりは日本のマスコミも報道していない。日本政府はインバウンド対策として十数億円を使ったと聞くが、どこに使ったのかまるで分からない。この事業に関わっているが、基本的に日本人と日本人でやり取りをしている。中国人がつけたネーミングが中国人の心をゆすぶって大成功している事例も多い。アジアの時代にこうしたことは卒業すべきだと思う。言い方が悪いかもしれないが、日本人にはこうした〝バカの壁〟があるのではないか。

また日本人はロジカル（論理的）でなくいまだに以心伝心がはびこっている。日本はイノベーションを先駆けてやった国なのに、世界に通用しない国になってしまった。得意なのは改善で、改革はまるでダメな国だと思う。今は激しいインターネットの時代。このビジネスのやり方、構想に突出したスピードで対応ができないと世界から取り残される。中国、韓国、インドが特色あるやり方で圧倒的な勢いでめきめき力をつけてきた。皆が同じ方向に行く日本の国民性が力をそいでいると思う。アジアの開発は相互補完の考えが重要。中国となぜそうした考えで一緒に進まないのか。競合マインドが多すぎます。一兆四〇〇〇億円も中国人が爆買いしている事実をもう少し深く考えてほしい。日本は巨大な国とどう対応するか真剣に考えていないのではないか。もっとアジアに友人をつくりましょう。

〈鼎談後の平沢の感想〉

私が主宰するアジア新興国ビジネス研究会などで長くお付き合いしている3人の方だけに、素直に討論いただけました。日本人の異文化コミュニケーション力は「日本企業に勤める外国人の不満」と重なると思います。私が教えた大学や企業の異文化コミュニケーション講義でよく分かったことです。

特に、中国人やインド人のイエス、ノーをはっきり伝え、短時間で持論を論理的にまとめ、大胆に決断して実行する勢いに翻弄する場面が出てきました。ウソも方便がまかり通るのが国際外交、ビジネスの厳しい世界です。日本に長く住まわれ、心から日本を好きになられた3人の方にお礼を申します。さらに日本との大きな懸け橋になってください。

第3節　日本再生！　世界56ヵ国でのビジネス経験から読み解く「グローバル・アジアで勝つための処方箋」

ハングリー精神と危機感を持とう

海外勤務は自分を鍛える最大の人間力育成道場だと思うことが大切です。毎日毎日、次から次へと課題や難題が押し寄せてきます。いちいち日本に問い合わせていたら解決する機会を失うこともあります。私が米国に赴任した1982年以降でも、米国では中国の影は全く見えず、かろうじて1987年頃、韓国企業の駐在員をニューヨークで少し見かける程度でした。それが今は様変わりです。韓国から中国、インドそして現在はASEANの国々もグローバルを目指す時代になってきました。彼らのハングリー精神と危機感は半端ではありません。「自分で考え、自分で仕掛けて結果の責任を取る」、そうした駐在員が成功する時代です。特に新興国でのビジネスは、忍耐＋「気合と根性」＝「苦労は買ってでもする」の心構えが大切です。貪欲に何でも首を突っ込んで、何でも吸収してやろうという気持ち、自分次第でいくらでもチャンスあり！　です。例えばインド駐在の韓国企業の駐在員は「成功するまで帰らない」が合言葉と聞きました。

私自身も悩みましたが、危機感の中で真剣にやればやるほど本社との板挟みになり苦しんでしま

図表18　日本人の異文化コミュニケーションの特徴

外国人とのロールプレーに見られる日本人の特色	日本企業に勤める外国人の不満
●自分の考えを明確に述べられない。物事を正確に実行するための質問をしない。沈黙は立場を悪くする。	●イエス・ノーをはっきり言わない。
●相手の意図・真意を傾聴できない。（質問や確認不足）	●質問にはっきり答えない。
●攻撃的な人に対し気遅れし、攻められると感情的になる。	●話が遠回し、スピード不足。
●相手との会話の中で問題が出ても代替案を柔軟に出せない。	●自分の仕事の結果に対しフィードバックがないか遅い。
●イエス・ノーが分かりにくい。（否定的なことを遠回しに言い、言いたいことの結論が遅い）	●自分のやる仕事が明確でない。
●自分の回答の理由づけが十分にできない。	●仕事を依頼する時、十分に説明がない。（なぜ、手順、優先順位…）
●難しい局面でニヤニヤしてしまう。笑顔を見せて相手との距離を縮める。	●命令系統があいまいで自分の上司が誰か分からない。

います。また、駐在員と現地人との距離感・温度差や意識の違いは言語を絶することもあります。本社から問題児扱いされることさえあるのです。すると現地人から消極的な協力しか得られないケースも出てきます。ここは達観することだと思います。人生最大のチャンスを選ばれて与えられたと思うことです、成し遂げたら破天荒のチャンスが待っています。

常に学習の心を持とう

海外では自分から仕掛けて、自分で責任を持って成長しなくてはなりません。自律的学習のチャンス到来と思いましょう。語学や異文化理解は自分以外すべて我が師と思うことです。社内はもちろん周囲の人、同業他社さえ自分の先生にしましょう。異文化理解ということは、異なるということを理解することで、島国根性を捨てて心を開き、すべての人から謙虚に学びましょう。すると、ある日から吹っ切れてぐんぐん上達が始まります。その間に現地の商習慣や価値観、スピードの大切さが分かってきます。語学の学び方は後述しますが、島国日本から離れ、現地人たちの中に一気に入り込み、諦めずに貪欲に取り組んだら道が開けます。**図表18**は日本人の異文化コミュニケーションの特徴を示したもので、私が企業や大学の異文化コミュニケーションの授業で教えてきた事例です。読んでいただければ分かりますが、外国人の皆さんが持つ不満は、どの国の皆さんもほぼ一緒でした。日本人が特殊なのだと自覚しなくてはなりません。左右の7項目をぜひ卒業すべきだと思います。

こうした経緯を会得した人こそ、本格的な現地人との強いビジネスや人脈ができていくはずです。

多様な価値観を受容する力を持とう

価値観とは人々の物事に対する価値判断のことで、子供の時に家庭教育や社会教育によって身につけたものですから容易に変えられません。海外の人の価値観を知るためにはその国の文化を知ることが大切です。文化は異文化理解の触媒になります。そのために、オランダの文化人類学者のホフステッドのタマネギ理論が勉強になりました（**図表19**）。ヨーロッパ駐在時にオランダはしばしば訪れました。ホフステッドは、文化は自然環境、社会環境、歴史的背景に依拠するから順番を間違えずに理解していくべきだと言っています。まずタマネギで言えば、その外皮ともいうべき、その国のシ

図表19　多様な価値観を受容する力

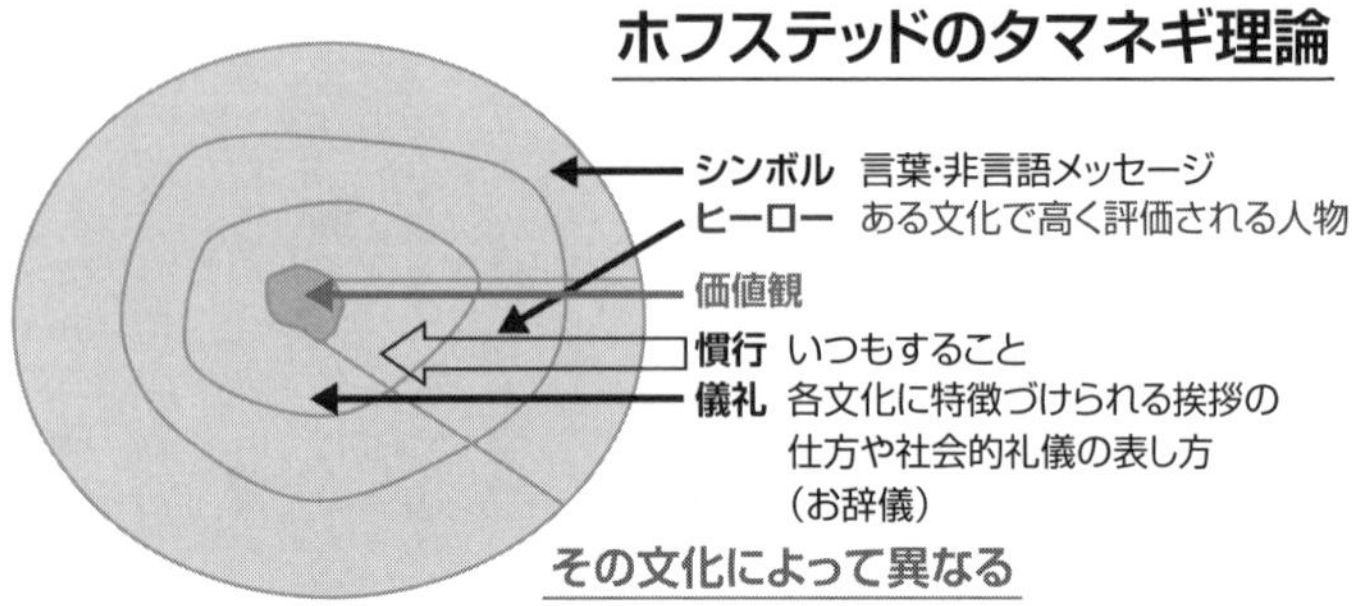

文化は自然環境･社会環境･歴史的背景に依拠する。

価値観　**人々の物事に対する価値判断、子供の時に家庭教育や社会教育によって身につけたもの。容易に変えられない。**

ンボルである言葉を学習し、言葉以外の非言語メッセージを会得すべきです。次に、ある文化で高く評価される人物をしっかり勉強しましょう。私は中国については周恩来、米国についてはリンカーンの本を全部読みました。その後に各文化に特徴づけられる挨拶の仕方や社会的礼儀の表し方を学習して実行するのです。この順番は大変効果的でした。タマネギの芯に当たる部分のその国の価値観は、こうした活動（慣行）を通して確実に分かってきました。

世界についての一般教養を身につけよう

米国、欧州、中国の現地法人で現地人と一緒に仕事をしてみて感じたことは、世界の地理、歴史、文化、宗教、哲学などへの好奇心を持ち、一般教養に磨きをかけていくことの重要性でした。好奇心が極めて重要です。

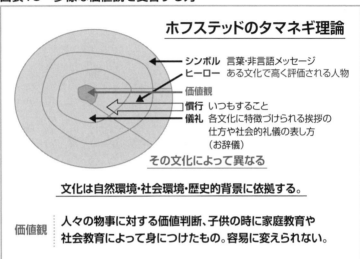

図表20　世界の地理、歴史、文化、宗教、哲学など好奇心と一般教養

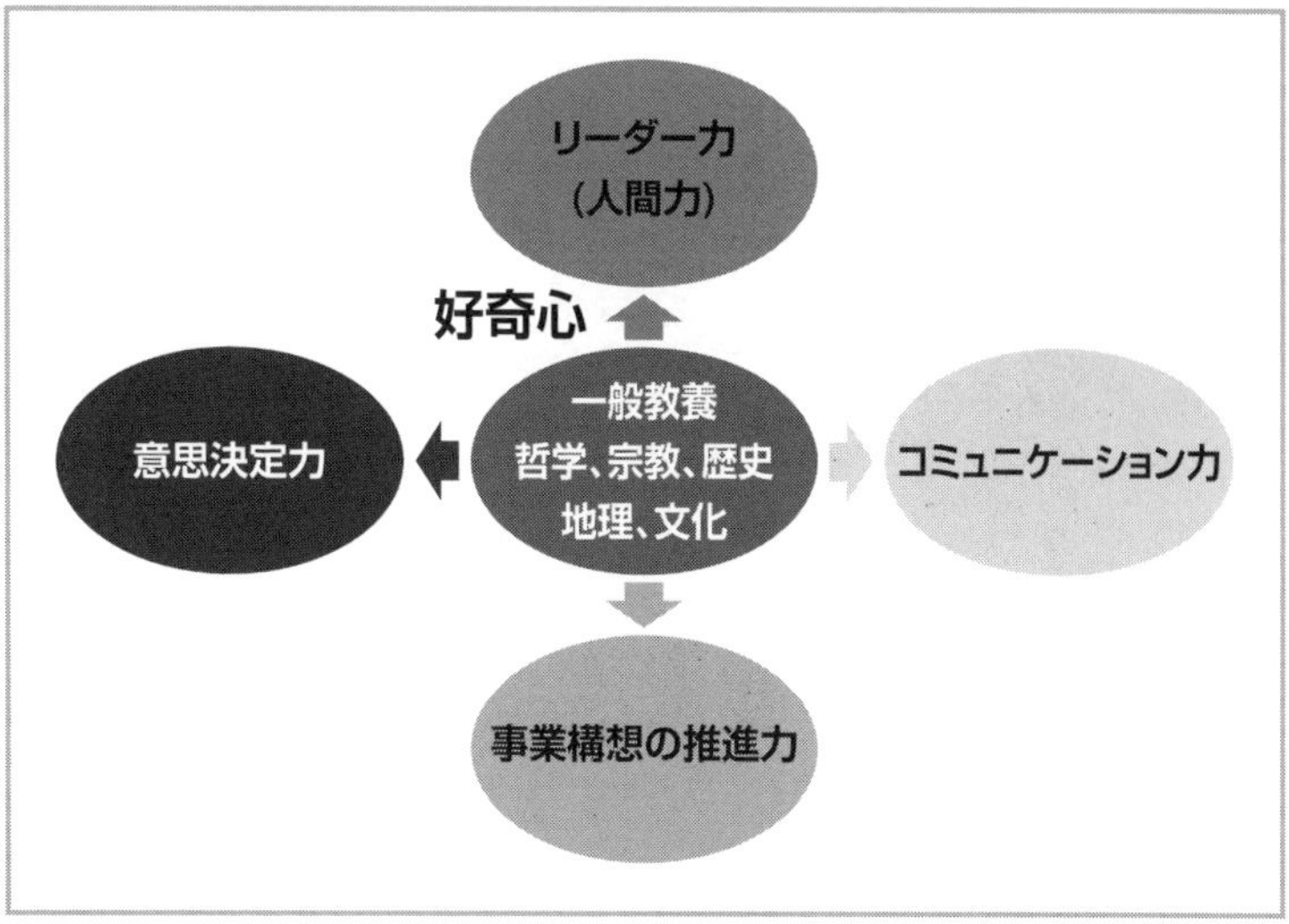

規模を問わず外国人の従業員は現地法人の経営者に大きな期待を抱きます。日本の子会社の社長ではないわけで、海外の現地法人ではこうした一般教養を保持する人こそが、現地人とのコミュニケーション力を高めていくことができる人だと思います。その上で意思決定力や事業構想の推進力を持った人が現地でさらにリーダー力（人間力）を磨くことにより、不動の現地法人経営が達成されるものと思います（**図表20**）。中国で経営し、アジアの国々とビジネスをやってみて分かったことは、特に中国やアジアの人たちが日本人に期待することはこのようなことだということです。

今、アジアの人たちは世界で一番目が輝いています。世界についての一般教養を胸に秘め、上から目線をすっぱり断ち切り、彼らの中に進んでどんどん入っていきましょう。

自分の考え方を的確に表現する力と論理力を養おう

しっかりした自分の軸で自分の言葉を駆使する。これができると自信につながります。相手への共感と信頼を精いっぱい表現しましょう。日本でないから遠慮はいりません。失敗を恐れないチャレンジ力が試されます。

また、大切なのは傾聴する意欲と能力です。思う存分相手を受け入れるという表現（相づちやうなずき）に徹すべきです。笑顔とユーモアの腕を磨きましょう。

論理力は、日本人で苦手とする人が多いようですが、筋道を立てて考え、「主張」「データ」「論拠」の3つに絞って話す訓練をすることが大切です。この3つが整合性を持っていれば相手の説得は難しくありません。その種の良い本を1冊読破し、日頃から訓練すればわけなくできます。そして、A3サイズの用紙1枚にまとめる、3つに絞って話す、初めに結論を言ってその後に論拠や根拠を3つ言い、最後にとどめの結論を言う。これを実践すれば相手は大きくうなずいてくれます。いつも「なぜ？」を自問して、視野を広げて大局観を持ち、全体を見て筋道を考えましょう。

外国人と仕事をするなら、クロスカルチャーコミュニケーション力、すなわち「異文化が抱える様々な問題を理解して、グローバルなビジネス環境でも多様性を活用しつつ、しっかり相手に自分の考え方を的確に表現し、理解してもらい協働してもらう力」を育むことです。米国人であろうと欧州人であろうと、中国人やアジア人であろうと、「違いを知り、違いを乗り越えて仕事をする喜び」

を持てるようになったら最高です。クロスカルチャーコミュニケーション力は、意欲があれば誰でも身につけることができます。

外国人の心が分かる柔軟性とユーモア、エチケットを持とう

海外で暮らすというのは楽しいこともたくさんありますが、想像以上に大変なことがたくさんありました。しかし、こうしたことを解決していくと、どんな状況下にあっても柔軟に対応できる力を養うことができるようになります。柔軟に対応できる人は外国人の心が分かる人であり、こういった心構えが複雑な思考力を育むことにつながり、本人の成長が図れることになります。グローバルビジネスの世界は、目まぐるしく変化します。この状況に対応するためには柔軟な考え方と行動が大変重要です。私は日本の経験を長くしてから37歳で米国赴任しただけに、当初はスピードと変化に仰天する毎日でした。それまでの日本のビジネスは比較的決められた範囲内での仕事が多く、海外とは大違いでした。幸い、会社や友人にガッツのある人たちが多かっただけに、その後の欧州や中国の変化にも踏ん張ることができました。柔軟性という見地からも、やはり若いうちに海外で異文化経験をすることが大切です。

また、ユーモアも極めて重要です。海外には「ユーモアコンサルタント」もいると聞きました。「日本人は生真面目でつまらない」と米国で言われたことがありました。そう言われた人が思い余って「トイレに入ったままなかなか出てこない」という事件もありました。なぜか米国では日本人駐在員

によるセクハラが起きた時代でもあったのですが、そうした人も内にこもる人が多かったように思います。「日本人は〝タコツボ（内向き、収縮）〟、欧米人はサッサと掃く〝ほうき（外向き、拡散）〟だ」と言った異文化コミュニケーションの先生もいました。駐在した米国、イタリア、英国、中国では、ジョーク、ユーモアに富んでいた人の評価が高かったと思います。笑いは、いつの時代も、世界のどこでも人間関係づくりの潤滑油になります。100歳を超えてもお元気な医師であった故日野原先生にハグをされた時に笑いの大切さを教えられました。

またエチケットも重要です。国によって違うことも学びましょう。例えば名刺などは、米国でその場のメモ代わりに使われたり、投げてしまう例も多くありました。「腕組みは敵対を示すからやるな」と言われました。握手も、男性ならぐっと力強く握ってアイコンタクトをしっかりやれと教わりました。日本人は頭を下げて目をそらしがちですが、「自信のない日本人」と思われてしまいます。レディファーストは言わずもがなです。

日本の深い知識と自信を身につけよう

日本史・日本文化の基礎知識をしっかり理解して外国人と付き合いましょう。すると相手からの評価が変わってきます。日本の歴史とともに世界史とアジア史（特に近代史）、天皇、宗教、歌舞伎や能などの日本文化などを勉強しましょう。親しくさせていただいた中国一の映画監督　陳凱歌氏や歌舞伎で人間国宝の故　中村富十郎さんから学びました。世界を回ってきて、日本は世界一住みやすい国だと思います。役人の賄賂の少なさ、伝統と近代の織りなす文化の格調の高さ、四季が伝える自然美の素晴らしさ、種類が豊富で匠《たくみ》が提供する食文化、治安の良さ、謙虚さ、親切心やおもてなしの心、時間厳守、清潔、サービス、公共道徳、義務と権限のバランス、名誉心、忠誠、分かち合い、犠牲、平和と国際貢献など、息がつけるオアシスの国です。こうしたことを英語で言えるように訓練することが大切です。ただ、あまりに素晴らしい国になりすぎ、豊穣に酔いすぎて、この素晴らしさを知らない若者が多すぎることを感じます。しっかり自信につなげ、艱難辛苦に進んで飛び込む人を陸続と輩出する国に洗い直さなくてはいけないと思います。

英語をマスターしよう

英語に自信のない日本人が、経営者から一般社員まであふれているのが日本です。世界56ヵ国を回ってみて、残念ながら突出しています。にもかかわらず、ちまたでは、またまた英会話学校がブームを起こしています。テレビ通販でもスピードラーニングなるコマーシャルも登場しているほどです。

私は、全く英語ができないまま、赴任前教育もなくニューヨークに赴任して、絶望の中からスタートしました。ところが、最初は苦手だった英語が、志願して米国全土の拠点を一人で6ヵ月回って自信がつきました。イタリア語も中国語も学んでみて結論は一緒です。自分の気持ちで決まります。言葉もゴルフも上達の秘訣は「絶対やり抜く強い意志と訓練」、すなわち自分次第です。

以下に、英語をマスターするための具体的な方法を挙げます。

まず、英語は難しくないと考えること。今やアジアの時代で、話す英語はインターナショナル英語です。英語のレベルなど全く気にすることなく始めればよいのです。また、日本人が気にすることはまず文法ですが、特に会話では文法を重視する必要はありません。些細《ささい》な間違いは無視して進みましょう。私は全然問題なく上達できました。

次に、内容が理解できなくとも悩まないこと。一番いけないのは、悩んでしまい消極的になることです。するとビジネスに弱さが目立つようになり、どんどん深みにはまります。そして間違っても途中でやめないこと。一緒に仕事をした米国人も英国人も異口同音に「途中でやめられるのが一番困る」と言っていました。時制の誤りなど平気でやり過ごせばよいのです。

英語でメールか手紙を書く癖をつけることも大切です。私は常に、コンパクトな辞書や電子辞書を離しませんでした。また、単純で分かりやすく表現し、大きなジェスチャーをする訓練を心がけました。失敗をたくさんやり、修羅場をくぐって考えつきました。大切なのは相手の話を理解でき、相手に自分の考えが伝わることだと。

俗語、専門用語、省略語、和製英語を避けることも大切です。動詞と名詞を強調すると意味が通じやすくなります。そして英語が上達したら、相手の使っている英語のレベルに合わせて自分の言葉を選ぶと喜ばれます。

また、日本人は演繹法の表現が不得手ですが、克服しましょう。「結論→理由（3つくらい必要）→結論」の言い方に慣れましょう。そして、すべてを確認し、もう一度確認してダメ押しをする習慣をつけましょう。

中国語をマスターしよう

私の中国での経験を振り返ってみると、1つの言語を苦しい思いでマスターできたら、それからは楽でした。秘書は絶対現地人にし、現地語を教えてもらうことが語学上達の鉄則です。世界で20億人くらいの人が中国語を話せるので、これからは英語＋中国語の時代と言ってもよいでしょう。また中国人は、中国語を話す外国人（特に日本人）に対して、強く尊敬の念を示してくれます。

赴任前が第一勝負で、語学と異文化、赴任国のビジネス事情は必携です。赴任後は中国人と交わって、中国語づけ（周囲が先生の環境づくり）になりましょう。探せば留学生はじめ中国語を教えてくれる人は必ず見つかります。

中国語が分からない時は、ジェスチャー、物まねや絵で説明します。知らない単語や読めない単語は別の言葉で言ってみましょう。自分が話したいこと、言いたいことを中国語で何と言うか（書くか）遠慮なく聞きましょう。テレビやラジオはつけっぱなしで耳に流し込むと効果があります。少し上達したら、中国語のジョークや早口言葉を教えて（書いて）もらいます。これは効果がありました。

発音、文法、用法を間違えても気にせず、大きな声で話しましょう。中国特有の四声と声調は難しいのですが、音を聞いたらピンインで表示（聴力を鍛える）してみるとよいでしょう。私は北京人の秘書を個人教授と思って学習しました。そして赴任最初の日の朝礼から中国語で挨拶しました。すると、中国人の態度が変わりました。（初めは赤ペン入りの草稿を用意してもらい、何回も練習しました）。

前にも述べましたが、赴任前に、歌を中国語で3曲くらい歌えるようにしておくとよいでしょう。私の場合、結婚式や会社の忘年会、新年会や得意先、政府の幹部との会食など、嫌と言うほど歌う機会がありました。

最後にお勧めします。英語プラスワンに挑戦してください。このプラスワンには赴任国の言語や中国語がよいと思います。ぜひやってみてください。前述したように37歳で始めた英語、43歳で始めたイタリア語、54歳で始めた中国語、いずれも私は必死でやりました。何より現地の人たちが喜んで応援してくれました。苦しくても楽しい思い出でした。するとビジネスはうまくいきます。

成功の経験（修羅場克服経験）を持とう

成功の経営経験を持って海外に赴任したり、海外の方とビジネスをすることは極めて重要です。また海外では、日本で味わえないような修羅場経験が待っており、修羅場を通じて自ら進化できる貴重な経験ができます。何しろ国内での常識や価値観を根底から揺さぶり、日本で培われたアイデンティティを根本的に否定するような事例に遭遇します。日本人と一緒にやっていた時には考えられないシーンが数多く出てくるのです。それぞれの国の人を管理する場合、日本人を管理する手法とは違うやり方が必要になってきます。こうしたことは誰も教えてくれず、自分で解を見つけ出す

図表21　海外リーダーシップ力とは

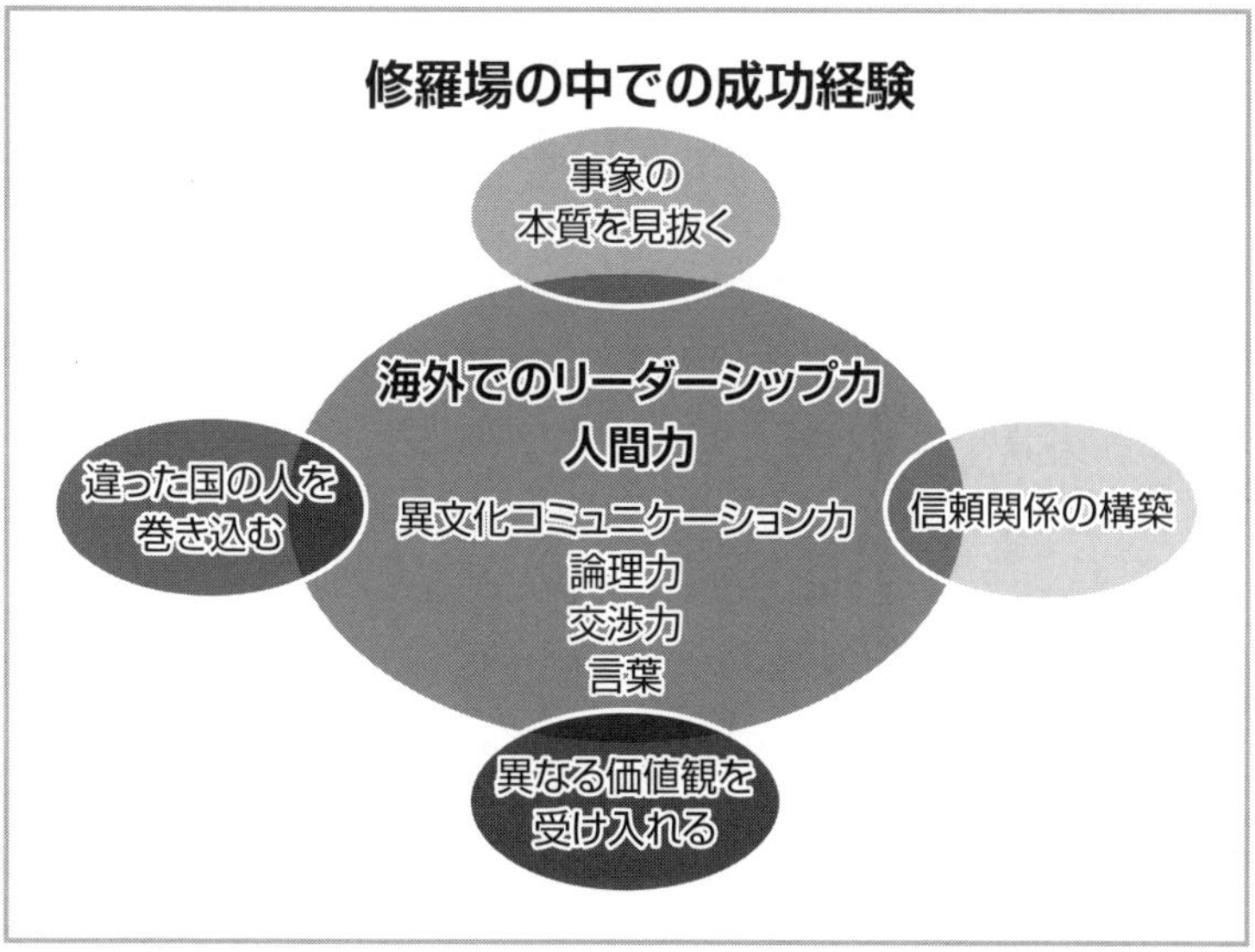

しかありません。そのためにも、国内でこうしたことに対応できる経験を積んでおくことが大切です。想定できなかったような困難をはねのけたり、新しいことを構想し解決したりしたケースを多く持っていることが極めて有効です。

海外リーダーシップ力とは**図表21**に示したことだと思います。違う国の皆さんをその気にさせ、共創・協創してもらうには万国共有の「人間力」がなければなりません。事象の本質を見抜いて、違った国の人を巻き込み、異なる価値観を受け入れ、信頼関係を構築する。これほどやりがいのある仕事はありません。ただ、日本企業の本社部門や役員は、このあたりの支援マインドが不足しています。それは、自身にこうしたつらい経験がないせいだと思います。人事部門は積極的にグローバルの前線に出て、どう喝経験をしてほしいと思います。中国、韓国企業の幹部たちと接してそのように思います。論理力に優れ、交渉力を兼ね備え、その国の言葉も話せる。それが当たり前の時代になってきました。

グローバル・アジア・リーダーシップ力を育もう

アジアの時代がやってきました。米国も欧州や中東、ロシアから引き始め、中国や朝鮮半島問題の解決に注力し、アジアにシフトしています。私は前述した修羅場体験で述べたように、海外に出ていく人たちが困難な問題を解決して行く中に、グローバル時代に日本がもう一度輝く国になっていく処方箋があるのだと思います。また、海外から日本を訪れる人たちが激増しています。日本や日本企業、日本人と触れる外国人に、日本の本当の姿を見てもらうチャンス到来です。行く人来る人が交錯するこの機を逃してはいけません。特にアジアの人たちへの対応は極めて重要です。

残念ながら、大多数の日本の経営者や大学の研究者なども、海外の修羅場、とりわけアジアを経験し、それを乗り越えた人が多くありません。「国際経営」や「異文化マネジメント」は生々しい海外の修羅場を経験しなくては語れるものではありません。経営は論理的でよいのですが、実際の経営管理は論理的だけで語れない部分が大変多いのが実情です。

図表22を見てください。日・中・印・ASEANをつなぐとダイヤモンドの形になります。前述したようにアジアの富裕層や中間層の消費は、これから様変わりし、拡大していきます。日本は残念ながらその東隅に位置しています。龍の中国、象のインド、虎のアセアンの中で、アジアに猛牛の様

図表22　日・中・印・アセアン4極ダイヤモンド体制

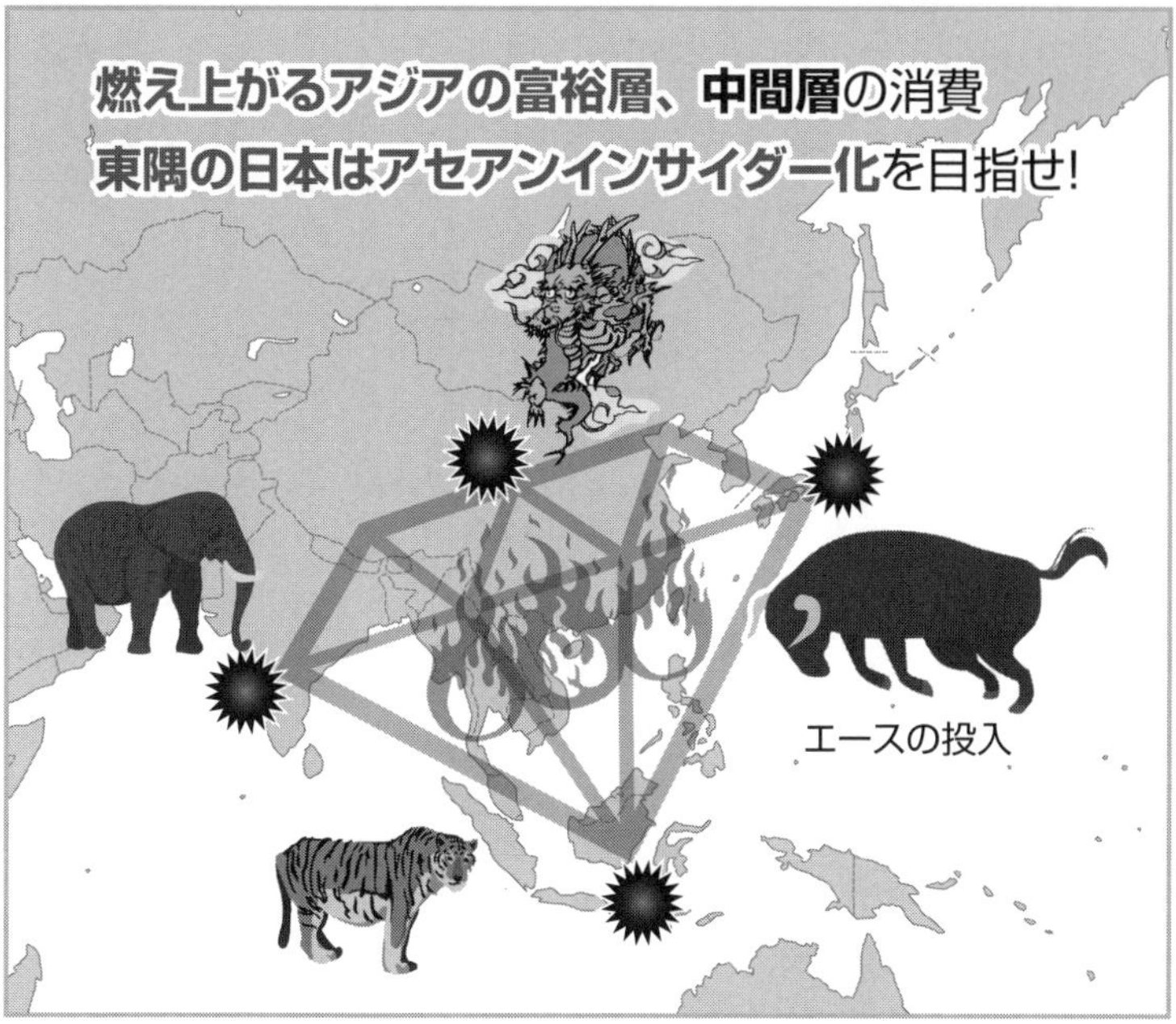

な強い日本のエースを投入しましょう。アジアの国々はそれを待っています。

浅学非才の身でありながら、グローバル・アジアについて述べてきましたが、日本人が今こそ「生命力を持って困難を引っくり返すような力」をもう一度育む最後のチャンスが来たと思います。明治維新での国づくりが第1の開国、第2次世界大戦後の国づくりが第2の開国、そして世界に例のない20年以上続いたデフレの脱却を第3の開国にしていくためにも、アジアの国々の人たちから尊敬される「グローバル・アジア・リーダーシップ力」を持った人たちを次々輩出していく素晴らしい日本を目指しましょう。

おわりに

伊勢志摩サミットが開催され、東京オリンピックが開催されます。日本が再びアジアのリーダーになり、世界から慕われ尊敬される最後のチャンスが来たのではないでしょうか。

中国人、韓国人、インド人、ＡＳＥＡＮの人たちも世界の視点で発言しないと認めてくれない時代になってきたと思います。

２０１１年の東日本大震災は、世界やアジアの冷酷な目が日本から一度引き始めたきっかけになったと考えるべきだと思っています。また２０１５年から２０１６年に世界で起こっていることは、明治維新からこれまでの１５０年とこれからの50年の大きな時代の流れの転換点になる予感がします。

日本は今こそ、明治維新と第2次世界大戦後の復興、世界が目を見張った2つの歴史に学び、「第3の開国」をしなくてはなりません。そして政官産学が心を合わせて、坂本龍馬の名言「日本を今一度せんたくいたし申し候」の精神に立ち返るべきだと考えます。

そのヒントは中国、韓国との歴史的和解にあると思います。こうした点を踏まえて、いくつかお話ししたいと思います。
①今や中国を中国国内だけで見ていてはいけません。ＡＳＥＡＮビジネスの8～9割を握ってい

るのが華僑で、そのビジネスが沸騰し始め、まだまだ長く続き、これから拡大していきます。アジアと連動して考え、彼らと競争でなく共創・協創していくべきです。お互いの得手不得手を研究し合い、協力し合い、大きく世界に打って（売って）いこうではありませんか。

②日本の縮小するマーケットを中国＋アジア合算で考え、その先鋒《せんぽう》役を商売が得意の華僑、中国人に委ねることです。もちろん丸投げではありません。信頼できる相手を選ぶべきで、そうした日本人の目利きを育成しなければなりません。マキャベリも言っています。「隣国を援助する国家は滅ぶ」と。ですから違いを知り、違いを乗り越えて手を組むということです。私は本音で中国のトップたちと付き合うことができました。一度もだまされませんでした。中国こそ本当の強い人脈ができる国と確信しています。欧米人とも良い交流をしてきた自負があります。欧米中亜の長い経験から言うと、世界は間違いなく「性悪説」で動いています。今は日本だけが特殊な閉鎖的文化となっており、これを打ち破らなくてはいけません。

③よく中国人にだまされたと言う日本人の方にお会いしますが、それは自分の力量不足ということです。中国文化を研究し、中国語を学び、世界を知り抜く人には良い人脈が必ずできます。外国の人はビジネスで日本に来るとフラストレーションがたまると言います。まず日本人から変わりましょう。グローバル・アジアの人材は、あいまいな日本人の価値観を捨て、しっかりした歴史観を持ち、堂々とアジアの人たちと協働していかなければなりません。そうすれば必ず中国や韓国の人たちからも好かれ、尊敬され、信頼されます。

④中国としっかりした関係ができれば韓国やロシアも変わってきます。両国のビジネスパーソンたちとも仕事をして痛感します。北朝鮮も大きな衝撃を受けることは間違いありません。
⑤またASEAN諸国も大歓迎するでしょう。「第3の開国」とは戦後70年続いた中国、韓国との関係を劇的に改善することです。ドイツがフランスとできたことを、私たち日本人ができないはずがありません。10年半の欧州駐在で確信しました。中国経済が今、大変なことになり、リーマンショック以来の危機が来るのではないか、との観測がなされています。だからこそ、天佑《てんゆう》神助《しんじょ》（天や神の助け）と思って強い決心で協働していくべきです。このチャンスを逃すと国家だけでなくビジネスもますます袋小路に入っていくのではないかと危惧します。

前述したように、今年は伊勢志摩サミットに世界のリーダーたちが参集するほか、23年前から日本が主導し、アフリカの首脳たちが一堂に会するTICAD（アフリカ開発会議）もケニアで8月に開催されます。日本がまさに世界の中心で輝く一年になると安倍総理も施政方針演説で述べられました。外国人観光客は2000万人を突破し、今や4000万人を目指す時代になってきました。オリンピックまでに東京が様変わりして生まれ変わります。ニューヨーク、ロンドン、パリ、シンガポール、香港、北京、上海など世界の魅力的な国際都市で生活し訪問してきた中で考えることは、東京こそ未来へ挑戦する日本の決意が実感される魅力的な都市になるのではないでしょうか。我々一人ひとりも世界の人たちから尊敬されるように生まれ変わらねばなりません。大金を投じるオリンピックは起死回生の大チャンスです。まずはアジア各国と、英語はもちろん、アジアの言葉でお互いに遠慮なく忌憚《きたん》のない会話ができるようにしていきましょう。そして、たくさんの友人をつくっていきましょう。

中国の友人たちが異口同音に言っています。「平沢さん、日本に行った友人・知人がこぞって、『日本があんなに素晴らしい国とは知らなかった』と言っていますよ」。

誤解されている「おとなしい日本人」を返上して、「元気いっぱいの積極的日本人」に変わっていく。そのチャンスこそがオリンピックの最大の財産であり、オリンピック後にも輝く日本になっていく布石になると考えます。

グローバル・アジアを支援する機関・企業（順不同）

以下に、グローバルビジネス、アジアビジネスの支援を活発に行っている機関・企業を紹介します。

①国際交流基金アジアセンター

世界の全地域において、総合的に国際文化交流事業を実施している日本の専門機関です。アジアセンターは、2014年4月に国際交流基金内に新設された特別ユニットで、アジアの中で、人と人をつなげ、ネットワークを広げ、アジアの新しい文化を共につくることを目指しています。音楽、演劇、映画、スポーツから日本語教育、学術まで、様々な分野で事業を実施しながら、アジアの人々の交流活動を応援していきます。

②独立行政法人日本貿易振興機構（ジェトロ）

70ヵ所を超える海外事務所ならびに本部（東京）、大阪本部、アジア経済研究所および国内事務所をあわせ約40の国内拠点から成る国内外ネットワークをフルに活用し、対日投資の促進、農林水産物・食品の輸出や中堅・中小企業等の海外展開支援に機動的かつ効率的に取り組むとともに、調査や研究を通じて我が国の企業活動や通商政策に貢献しています。赤坂の本部6階にある一般に開放しているライブラリーはアジアやグローバル関連の蔵書も多く出色です。

③一般社団法人日本在外企業協会（略称・日外協）

「海外投資行動指針」の普及のために、我が国の主要経済団体の総意として1974年に設立されました。日外協の活動は、海外事業運営、国際人事、現地労働問題、海外安全対策、海外医療事情に関するセミナー・研究会の開催、機関誌発行、政府に対する建議など多岐にわたっています。会員企業は日外協が開催する各種行事・会合に参加できます。当面の課題について専門家の話や企業の事例を聞き、参加者同士で意見交換・交流ができるとともに、各人のネットワークを広げることができます。国際経営情報月刊誌『グローバル経営』は、グローバルで起こっている様々な問題についてタイムリーな特集を組み、記事の正確性と問題提起力に定評があります。

④日本政府観光局（JNTO）

政府観光局とは、主要な市場に海外事務所等を設置し、外国人旅行者の誘致活動を行う政府機関のことで、世界の主要な国々が政府観光局を有して、熾烈《しれつ》な外客誘致競争を展開しています。日本政府観光局（JNTO：Japan National Tourism Organization 正式名称：独立行政法人 国際観光振興機構）は、東京オリンピックが開催された1964年、我が国の政府観光局として設立され、50年以上にわたって訪日外国人旅行者の誘致に取り組んできた日本の公的な専門機関です。

ＪＮＴＯは世界14都市に海外事務所を持ち、日本へのインバウンド・ツーリズム（外国人の訪日旅行）のプロモーションやマーケティングを行っています。

⑤国際機関 日本アセアンセンター

ＡＳＥＡＮ加盟国政府と日本国政府の協定によって１９８１年に設立された国際機関です。正式名称は「東南アジア諸国連合貿易投資観光促進センター」と言い、日本とＡＳＥＡＮ諸国間の「貿易」「投資」「観光」という3分野における経済促進と、「人物交流」の促進を主な目的として活動しています。ＡＳＥＡＮ諸国から日本への輸出の促進、日本とＡＳＥＡＮ諸国間の直接投資、観光および人物交流を促進するため、ＡＳＥＡＮ商品の展示・商談会、各種セミナー・ワークショップの開催、ミッションの派遣・招へい、人材育成、文化紹介イベント、各種出版物の発行および情報提供など、多岐にわたる事業を実施しています。

⑥一般社団法人 アジア経営者連合会

日本およびアジア各国で活躍する新興企業や中小企業の経営者や、日本で活躍するアジアの経営者が集う機関です。それぞれに抱える様々な課題に対して、相互に助け合い、アドバイスし合い、共に成長をしていく目的で設立され、2年に1回開催されるアジア経営者サミットは２０００人を超える参加者となっています。アジア進出支援、18の各種委員会活動、海外ビジネスフォーラムを開催しています。

⑦一般財団法人 日中経済協会

日中経済関係等に関する情報資料の収集、分析および総合化ならびにその普及等の情報サービス、経済・技術交流の促進、人材交流の促進等必要な事業を行うことにより、日中経済関係の円滑な発展を図り、もって日中両国の良好な善隣友好関係の確立に資することを目的として設立された機関です。長年にわたる対中交流の実績と豊富なノウハウを活用し、日本企業の対中ビジネスを支援しています。様々な交流活動や海外事務所等を通じて収集する最新の情報・データを、協会の設立趣旨に賛同いただいた賛助会員を中心に、各種講演会・セミナーや出版資料、ホームページ等から提供しています。

⑧日中投資促進機構（JC-IPO）

日中両国の健全かつ安定的な経済関係の発展に寄与することを目的として、1990年3月に設立されました。「個々の企業の対中投資事業が円滑に発展することが中長期的な投資拡大の最大の保障である」という設立の趣旨に則り、中日投資促進委員会との緊密な連携の下、一貫して中国の投資環境の整備と改善に取り組んでいます。また、中小企業から大企業まで多くの企業が中国ビジネスに関わる中、投資関連情報の提供、事業運営サポート、トラブル相談とその解決支援など、幅広い分野で対中投資に関わる実務サービスを提供しています。

⑨日中関係学会

1992年に発足して以来、21世紀の日中関係を見据え、広い視野に立って、着実に歩を進めて参りました。会員は現在、約400名。本部は東京で、関東支部（関東日中関係学会）、東海支部（東海日中関係学会）、関西支部（関西日中関係学会）の3つの支部があります。会員は学者、ビジネス、マスコミを中心に、教師、公務員、ビジネスマン、エコノミスト、学生、一般市民など多岐にわたっています。神田学士会館を会場に評価の高いセミナーや留学生支援、トップ企業の現役部長による「中国ビジネス事情研究会」、季刊誌が好評です。

⑩一般社団法人日本中華總商会

1992年に在日華僑・華人企業及び中国資本企業の相互協力並びに日本企業との交流を促進し、世界各地の華人組織との連携を深め、会員企業の発展と地域経済の発展に寄与することを目的に設立された。華人経営者企業230社余の他、日本企業約80社が賛助会員で、国際交流を通じてアジアの繁栄に貢献することを目指します。

⑪株式会社ブレインワークス

アジアマーケットへの参入に対し、弊社では自らのベトナム進出経験を活かして、サービスを提供いたします。例えば、ベトナムへの進出を検討する企業にとって、自社の商品やサービスに対する現地のニーズを知ることは大切なことです。そして、現地における人材の採用や教育も必要不可欠。現地の街角でマーケットを肌で実感することもアジアビジネスでは多くの成功者が実践してきた行動の1つです。このようなアジアビジネスにおけるブリッジサービスが提供できるのも、私たちが10年以上のベトナム・ホーチミンでのビジネス活動がベースになっているからです。もちろん、成功もあれば、多くの失敗も経験しています。その1つひとつの経験を、これからアジアビジネスで飛躍しようとする企業の皆さまにお伝えし、〝ペースメーカー〟として共に走り、考えていきます。各種セミナーも高い評価をいただいております。

⑫株式会社トランスエージェント

アジアの協働を支援するマーケティングエージェントです。事業目的（理念）は「仁の循環、合一の実現」。主な事業内容は、交渉力向上支援研修、協働力向上支援研修、コンサルティング型研修、リーダーシップアカデミー、グローバル人材育成支援、ＢｔｏＢ営業支援「営業人クラブ」の運営です。中国上海にも支店を有しており、特にグローバル、アジア、中国のビジネス研修に定評があります。

⑬アジア立志塾

これまで新聞社で約5年間45回開催の中国ビジネス研究会と、4年半40回開催のアジア新興国ビジネス研究会を合体し、2016年4月に誕生しました。グローバルビジネスの担い手を育成するための塾です。商社やメーカーのグローバルビジネス経験者（帰任者）や大学教授、現役で活躍中の知を活用し、次の赴任者、若手の育成を目指します。メンバーには日本人だけでなく欧米人、アジア人も多く、日本人が弱いとされる論理的思考力、交渉力、異文化理解力を深めるとともに、異業種、異世代交流を図り、「グローバル・アジアの松下村塾」を目指しています。

著者略歴

平沢　健一

早稲田大学第一商学部卒業。15年間日本ビクターで国内営業、本社国内課長後、1982～87年米国ニューヨーク駐在、テレビ初代マーケティング部長、ニューヨーク営業所長。88～96年イタリアミラノ駐在、JVCイタリア初代社長。96～98年英国ロンドン駐在、JVCヨーロッパ副社長、欧州副本部長。98～2002年中国北京・上海に駐在、日本ビクター理事、JVC中国社長、会長。この間4ヵ国20年間海外現地法人経営。56ヵ国をビジネスで訪問。大学・大学院で「異文化マネジメント」と「グローバル経営」を講義。現在、株式会社トランスエージェント会長、G&C（グローバル&チャイナ）ビジネスコンサルタント代表、（一財）海外職業訓練協会理事、（株）イチビキ特別顧問、NPO法人日本交渉協会特別顧問、北京金杜法律事務所顧問、日中関係学会理事、アジア立志塾代表、海外赴任前研修で3500人以上を指導中。主な論文・著書に『中国ビジネスハンドブック』（共著・監修、日本在外企業協会）、『中国人の実相と今後の中国ビジネス』（同）、『中国ビジネス研究』（同）、『中国ビジネス超入門―成功への扉を開ける―』（産業能率大学出版部）、『中国に入ったら中国流の交渉術に従え』（日刊工業新聞社）、『グローバルビジネス士魂商才』（トランスエージェント）他多数。企業、協会、大学など各地でグローバル、アジア、中国をテーマに講演。

〝グローバル〟から〝グローバル・アジア〟の時代へ
アジアビジネス成功への道

〈検印廃止〉

著　者　　平沢　健一
発行者　　坂本　清隆
発行所　　産業能率大学出版部
東京都世田谷区等々力6-39-15　〒158-8630
（電話）03（6432）2536
（FAX）03（6432）2537
（振替口座）00100-2-112912

2016年　6月30日　初　版1刷発行
2023年　12月20日　　　　5刷発行
2024年　10月31日　第2版1刷発行

印刷所・製本所　渡辺印刷

（落丁・乱丁本はお取り替えいたします）　ISBN978-4-382-05739-5